GRUNDLAGEN UND GEDANKEN ZUM VERSTÄNDNIS
DES DRAMAS

Für den Schulgebrauch zusammengestellt

JOHANN WOLFGANG GOETHE: FAUST I

Von

HELMUT KO

VERLAG MORITZ DIESTERWEG

6360 Frankfurt am Main · Berlin · München

Die Reihe wird herausgeberisch betreut von H.-G. Roloff.

ISBN 3-425-06360-X

8. Auflage 1978

Umschlaggestaltung: Reinhard Schubert, Frankfurt am Main.
Druck: Druckerei Hugo Haßmüller, Frankfurt am Main.
Bindearbeiten: Großbuchbinderei A. Hiort, Wiesbaden.

Inhalt

Vorwort

Neue Ergebnisse der Faust-Forschung haben eine Neubearbeitung des von *Rudolf Ibel* herausgegebenen Heftes „Goethe, Faust I“ in der Reihe „Grundlagen und Gedanken zum Verständnis klassischer Dramen“ erforderlich gemacht. Insbesondere *Paul Requadts* 1972 erschienenes umfangreiches Werk „Goethes Faust I. Leitmotivik und Architektur“ muß als ebenso bahnbrechend für die Interpretation des ersten Teils der Tragödie gelten wie *Wilhelm Emrichs* „Symbolik von Faust II“ (1. Auflage 1943, 2. Auflage 1957) für das Verständnis des zweiten Teils. Auch eine große Zahl von inzwischen erschienenen Aufsätzen in verschiedenen literaturwissenschaftlichen Zeitschriften mußte aufgearbeitet werden; hier ist der bedeutsame Anteil der anglo-amerikanischen Goethe-Forschung besonders zu erwähnen.

Die Zitate aus der wissenschaftlichen Literatur sind durch Quellenangaben für den Studierenden der Literaturwissenschaft brauchbarer geworden; ein umfangreicheres Literaturverzeichnis soll Wege zu einem weiteren Studium weisen.

Der Bearbeiter ist sich dessen wohl bewußt, daß der Umfang des Heftes ihn gezwungen hat, manche Ergebnisse der Forschung unberücksichtigt zu lassen oder nur kurz zu erwähnen. Die Kommentierung des Textes ist auf das Notwendigste beschränkt worden.

Allgemeine Grundlagen

Der Stoff

Das Leben und Wirken des historischen *Johann Faust*, der um 1480 wahrscheinlich in Knittlingen geboren und um 1540 in Staufen im Breisgau gestorben sein dürfte, ist durch mehrere zeitgenössische Urkunden belegt; auch wird er von Philipp Melanchthon, Martin Luther und Ulrich von Hutten erwähnt. Er dürfte bemerkenswerte naturwissenschaftliche, medizinische und theologische Kenntnisse besessen, seine Berühmtheit aber durch Auftreten als Gaukler und Wahrsager auf den Märkten erworben haben. Um das Leben dieses Magiers rankten sich wahrscheinlich sehr bald Legenden. Um 1570 dürfte in Wittenberg eine Geschichte seines Lebens in lateinischer Sprache verbreitet gewesen sein; diese ist verschollen. Die Gestalt des Johann Faust wurde offenbar mit Zügen des Paracelsus angereichert; von diesem her stammt wohl das Motiv des religiös motivierten Erkenntnisstrebens.

Die erste literarische Darstellung der so verwandelten Figur findet sich in der *„Historia von D. Johann Fausten"*, die der Frankfurter Verleger *Johann Spies* im Jahre 1587 herausgebracht hat. Dieses *Volksbuch* „enthält die Geschichte eines Mannes, der einen Bund mit dem Teufel macht; das ist ein mittelalterliches Motiv, das auch in den Geschichten von Simon Magus, Theophilus usw. vorkommt. Aber zu dem Teufelsbund-Motiv kommt hier etwas hinzu, was keine dieser anderen Sagen enthält, etwas, was den Geist des 16. Jahrhunderts atmet und früher nicht möglich gewesen wäre. Der Mann, der hier den Bund mit dem Teufel macht, hat sich ‚fürgenommen, die Elementa zu spekulieren' (Kap. 6). Es heißt: ‚Dem trachtet er Tag und Nacht nach, nahme an sich Adlerflügel, wollte alle Grund am Himmel und Erden erforschen ... ' (Kap. 2). Nicht also Gier nach Reichtum und Lebensgenuß treibt ihn, sondern Drang nach Erkenntnis" (Trunz S. 461). Das Buch sollte nach der Absicht des Verlegers, eines strenggläubigen Lutheraners, abschrecken und warnen; am Schluß bereut Faust und wird vom Teufel geholt.

Das Volksbuch wurde vielfach neu aufgelegt, in fremde Sprachen übersetzt und umgearbeitet. Eine gekürzte Ausgabe der Bearbeitung des Nürnberger Arztes *Nikolaus Pfitzer* (1674) aus dem Jahre 1725 hatte Goethe wohl schon als Knabe gelesen; er hat die Pfitzersche Ausgabe später aus der Weimarer Bibliothek entliehen. Neben dem hier wiederaufgenommenen Helena-Motiv finden sich erstmalig das Motiv der Liebe zu einer „schönen, doch armen Magd" sowie ein Hinweis auf das Buch Hiob.

Die erste bedeutende dichterische Bearbeitung des Stoffes ist die des Engländers *Christopher Marlowe* (schon zwischen 1587 und 1593 entstanden). Von England aus kehrt der Stoff nach Deutschland zurück; Marlowes Drama sinkt ab zum Schauerstück und entfaltet als *Puppenspiel* neues Leben. Im Puppenspiel ist der Faust-Stoff Goethe zuerst in seiner Jugend nahegebracht worden (s. „Dichtung und Wahrheit", II. Teil, 10. Buch; HA Bd. 9, S. 413). Den Text Marlowes lernte Goethe erst 1818 in der 1817 erschienenen ersten deutschen Übersetzung kennen.

Schon vor Goethe hatte sich *Lessing* für das Faust-Thema interessiert. Bekannt ist sein Fragment, das er 1759 im 17. Literaturbrief veröffentlicht hat. 1786 wurde aus Lessings Nachlaß ein Entwurf zu einem Faust-Drama publiziert, zu einer Zeit, in der Goethe intensiv mit seinem „Faust" beschäftigt war. Die Idee Lessings, daß ein „denkender, einsamer Jüngling" durch seinen Wissensdurst ein geeignetes Opfer für den Teufel sei, mag Goethe besonders beeindruckt und angeregt haben.

Wie sehr der Faust-Stoff den geistigen Bedürfnissen der Zeit entgegenkam, zeigt die Tatsache, daß damals zahlreiche Faust-Dichtungen entstanden sind. „Die übrigen Faust-Dichtungen, die neben Goethe entstanden, sind für sein Werk belanglos geblieben. 1775 veröffentlichte der Wiener *Paul Weidmann* einen ‚Johann Faust' als ‚allegorisches Drama'. Das Faust-Drama des Pfälzers *Friedrich Müller* (auch Maler Müller genannt) erschien 1778 unvollendet. Faust im Stil des Sturm und Drang als ‚großer Kerl' und Kraftnatur, der ‚Mut genug hat, alles niederzuwerfen, was in Weg trat (sic!) und ihn verhindern will — Wärme genug in seinem Busen trägt, sich in Liebe an einen Teufel zu hängen, der ihm offen und vertraulich entgegentritt'. Der Sturm-und-Drang-Dichter *Friedrich Maximilian Klinger* schrieb einen Roman ‚Fausts Leben, Taten und Höllenfahrt' (1791). Faust wird hier mit dem Erfinder der Buchdruckerkunst gleichgesetzt. Er schließt den Teufelsbund, um mit des Teufels Macht u. a. die Ungerechtigkeiten der Welt zu bekämpfen ... und endet als Zweifler und Verzweifelter, der vom Teufel selbst den Tod fordert" (Ibel S. 9 f.).

Als alleinige *Quellen* Goethes müssen, jedenfalls als er seinen „Faust" begann, das *Volksbuch* und das *Puppenspiel* gelten.

Von einigen Forschern wird der Frage nach den literarischen Quellen weniger Wert beigemessen, weil sie der Ansicht sind, daß der Dichter zunächst einmal von dem Erleben und der Erfahrung der gesellschaftlichen Verhältnisse und der geistigen Strömungen seiner Zeit ausgegangen sei und dieses in den vorgefundenen und herangezogenen Stoffen objektiviert und gestaltet habe. So sagt *Lukács* (S. 130): „Es sind große reale historische Lebenstendenzen, welche die dichterische Arbeit des Volkes auf das Wesen gebracht und auf diesem Niveau zu Gestalten verdichtet hat. In solchen Gestalten sah der junge Goethe die tiefsten Probleme einer Epoche lebendig, sinnlich greifbar und doch alle Tiefen spiegelnd vor sich, und zugleich sah er in ihnen die Sinnbilder der quälendsten Fragen seines eigenen Lebens und seiner eigenen Zeit. ... Diese Identifizierung des eigenen Schicksals mit der Sage und die daraus folgende allmähliche originelle Umwandlung der Sage ist ... eine eigenartige und selbständige Weiterbildung des Selbstbewußtseins des nationalen Lebens, ja des Lebens der Menschheit überhaupt." Neuerdings vertritt *Rolf Engelsing* die Ansicht, daß der Faust-Stoff Goethe „gar keine Konzeption lieferte, sondern den Anhaltspunkt und die Mittel für die Objektivierung und Ausgestaltung einer selbständigen Konzeption darbot, die die Tragödie Fausts und Margarethes zugleich war" (S. 127)

Anstöße seien auch nicht so sehr die Liebe zu Friederike Brion oder die Enthauptung der Kindesmörderin Susanna Margarethe Brandt am 14. Januar 1772 in Frankfurt gewesen (auf diese hat *Beutler* zuerst 1940 in seinem Kommentar S. XL hingewiesen), sondern Charakter, Leben und Schicksal des Frankfurter Ratsherrn Johann Erasmus Senckenberg, der als eine schizophrene Persönlichkeit das Urbild Fausts und Mephistos zugleich gewesen sei. Sozialgeschichtliche Ereignisse Frankfurts seien vom Dichter mit Hilfe des Faust-Stoffs poetisch objektiviert worden.

Die Entstehung des Werkes

Die ersten Szenen des Werkes dürfte Goethe Anfang der 70er Jahre geschrieben haben. 1773 erwähnt *Friedrich Wilhelm Gotter,* ein Bekannter aus der Wetzlarer Zeit, den „Doktor Faust" in einem Brief an Goethe; am 15. Oktober 1774 berichtet *Heinrich Christian Boie* in seinem Tagebuch, der „Doktor Faust" sei fast fertig; am 23. Dezember 1774 rühmt *Karl Ludwig v. Knebel* in einem Brief die „herrlichen Szenen" des „Doktor Faust". Als der Dichter 1775 nach Weimar gekommen war, las er erste Szenen des Werkes vor. Das Hoffräulein *Luise v. Göchhausen* fertigte sich Abschriften von Goethes Manuskript an; diese entdeckte *Erich Schmidt* 1887 in ihrem Nachlaß und veröffentlichte sie. Sie sind als *„Urfaust"* bekannt geworden. Der Urfaust enthält zwei Szenengruppen, die Gelehrtentragödie und die Gretchentragödie. Die scheinbar ohne kompositorisches Prinzip zusammengefügten Szenen sind ein dichterisches Zeugnis der Sturm-und-Drang-Epoche Goethes. Sie sind von unmittelbarer, expressiver Kraft der Sprache, sie atmen den Geist des *Titanismus,* der in dieser Zeit ein Wesensbestandteil von Goethes Selbstverständnis war.

„Die Handlung beginnt mit dem nächtlichen Monolog, springt nach dem Abgang Wagners gleich zum Gespräch Mephistos mit dem Studenten über. Unmittelbar nach der Szene in Auerbachs Keller beginnt die Gretchentragödie. Es fehlen somit Fausts zweites Selbstgespräch und der Entschluß zum Selbstmord, der Osterspaziergang und alle Szenen, die zur Begegnung und zum Pakt mit Mephisto führen, aber auch die Hexenküche, Walpurgisnacht, Valentins Ermordung und ‚Wald und Höhle'" (Ibel S. 12). *Forschertitanismus* und *Liebe* sind Wege der Entgrenzung des Ichs und zum Aufgehen im All. „Darum steht neben dem Titanismus des Forschers die Gretchenhandlung. Das Gegenbild des Forschertitanismus ist das trockene Sachwissen; daher die Universitätssatire. Das Gegenbild der religiös-allhaltigen Liebe Gretchens und Fausts ist die genüßliche Nüchternheit Mephistos und Marthens. Das sind die konstituierenden Grundzüge des ‚Urfaust'" (Trunz S. 469).

Erst in *Italien* wurde der „Faust" von Goethe wiederaufgenommen. Im Garten der Villa Borghese entstanden die Szenen „Hexenküche" und wahrscheinlich auch „Wald und Höhle". Er schrieb in einem Brief vom 1. März 1788, der in die „Italienische Reise" aufgenommen wurde:

„Es war eine reichhaltige Woche die mir in der Erinnerung wie ein Monat vorkommt. Zuerst ward der Plan zu ‚Faust' gemacht, und ich hoffe, diese Operation soll mir geglückt sein. Natürlich ist es ein ander Ding, das Stück jetzt oder vor fünfzehn Jahren auszuschreiben; ich denke, es soll nichts dabei verlieren, besonders, da ich jetzt glaube, den Faden wiedergefunden zu haben. Auch was den Ton des Ganzen betrifft, bin ich getröstet; ich habe schon eine neue Szene ausgeführt, und wenn ich das Papier räuchere, so dächt' ich, sollte es mir niemand aus dem alten herausfinden. Da ich durch die lange Ruhe und Abgeschiedenheit ganz auf das Niveau meiner eigenen Existenz zurückgebracht bin, so ist es merkwürdig, wie sehr ich mir gleiche und wie wenig mein Inneres durch Jahre und Begebenheiten gelitten hat. Das alte Manuskript macht mir manchmal zu denken, wenn ich es vor mir sehe. Es ist noch das erste, ja in den Hauptszenen gleich so ohne Konzept hingeschrieben; nun ist es so gelb von der Zeit, so vergriffen — die Lagen waren nie geheftet —, so mürbe und an den Rändern zerstoßen, daß es wirklich wie das Fragment eines alten Kodex aussieht, so daß ich, wie ich damals in eine frühere Welt mich mit Sinnen und Ahnen versetzte, mich jetzt in eine selbstgelebte Vorzeit versetzen muß."

Das Italien-Erlebnis ist offenbar ein entscheidender Anstoß nicht nur für die Wiederaufnahme der Arbeit am „Faust", sondern auch für die Weiterbildung des Motivs und die Umformung im Sinne eines mehr klassisch geprägten Kunstwerks gewesen. In dem Gegensatz des „nordischen" Zauberwesens und des vorahnenden Hinweises auf die klassische Schönheit Helenas in der Szene „Hexenküche" sieht *Fritz Strich* (S. 78 f.) ein Zeugnis der „südlichen Wandlung" Goethes und seiner Abwendung von der nordischen Nebel- und Zauberwelt. Die Vollendung des Werkes gelang aber noch nicht. So gab Goethe als letzten Band seiner gesammelten Schriften, mit deren Publikation er 1786 begann, im Jahre 1790 einen Torso unter dem Titel „Faust, ein Fragment" heraus. Die Szene „Auerbachs Keller" ist jetzt versifiziert; der Anfang der Schülerszene ist neugestaltet; die zweite Hälfte der Paktszene folgt danach. „Hexenküche" und „Wald und Höhle" sind eingefügt; die Domszene schließt das Fragment. Der Prosaschluß des Urfaust ist eliminiert.

Eine weitere Arbeitsepoche setzt mit dem Einwirken *Schillers* ein. Dieser schreibt in seinem Brief vom 29. November 1794 an Goethe, nachdem er dafür gedankt hat, daß Goethe ihm die Zusendung des Anfangs der „Lehrjahre" angekündigt hat: „Aber mit nicht weniger Verlangen würde ich die Bruchstücke von Ihrem ‚Faust', die noch nicht gedruckt sind, lesen; denn ich gestehe Ihnen, daß mir das, was ich von diesem Stücke gelesen, der Torso des Herkules ist. Es herrscht in diesen Szenen eine Kraft und eine Fülle des Genies, die den besten Meister unverkennbar zeigt, und ich möchte diese große und kühne Natur, die darin atmet, so weit als möglich verfolgen."

Zur Weiterarbeit kann sich Goethe aber noch nicht entschließen: „Ich wage nicht, das Paket aufzuschnüren, das ihn gefangen hält" (an Schiller am 2. Dezember 1794). Erst 1797 entschließt er sich, die Arbeit am „Faust" weiterzuführen; er schreibt am 22. Juni 1797 an Schiller: „Da es höchst nötig ist, daß ich mir in meinem jetzigen unruhigen Zustande etwas zu tun gebe, so habe ich mich entschlossen, an meinen ‚Faust' zu gehn und ihn, wo nicht zu vollenden, doch wenigstens um ein gutes Teil weiterzubringen, indem ich das, was gedruckt ist, wieder auflöse und mit dem, was schon fertig oder erfunden ist, in große Massen disponiere und so die Ausführung des Plans, der eigentlich nur eine Idee ist, näher vorbereite ...". Bereits am nächsten Tag (23. Juni) antwortet Schiller: „So viel bemerke ich hier nur, daß der ‚Faust' (das Stück nämlich) bei aller seiner dichterischen Individualität die Forderung an eine symbolische Bedeutsamkeit nicht ganz von sich weisen kann, wie auch wahrscheinlich Ihre eigene Idee ist. Die Duplizität der menschlichen Natur und das verunglückte Bestreben, das Göttliche und Physische im Menschen zu vereinigen, verliert man nicht aus den Augen; und weil die Fabel ins Grelle und Formlose geht und gehen muß, so will man nicht bei dem Gegenstand stille stehen, sondern von ihm zu Ideen geleitet werden. Kurz, die Anforderungen an den ‚Faust' sind zugleich philosophisch und poetisch, und Sie mögen sich wenden, wie Sie wollen, so wird Ihnen die Natur des Gegenstandes eine philosophische Behandlung auflegen, und die Einbildungskraft wird sich zum Dienst einer Vernunftsidee bequemen müssen." Der Briefwechsel mit Schiller der Jahre 1797 und 1798 sowie auch Goethes Tagebuch zeugen immer wieder vom Fortschritt der Arbeit. Am 5. Mai 1798 schreibt Goethe an Schiller: „Meinen Faust habe ich um ein gutes weitergebracht. Das alte, noch vorrätige, höchst konfuse Manuskript ist abgeschrieben, und die Teile sind in abgesonderten Lagen nach den Nummern eines ausführlichen Schemas hintereinander gelegt. Nun kann ich jeden Augenblick der Stimmung nutzen, um einzelne Teile weiter auszuführen und das Ganze früher oder später zusammenzustellen. — Ein sehr sonderbarer Fall erscheint dabei: Einige tragische Szenen waren in Prosa geschrieben, sie sind durch ihre Natürlichkeit und Stärke in Verhältnis gegen das andere ganz unerträglich. Ich suche sie deswegen gegenwärtig in Reime zu bringen, da denn die Idee wie durch einen Flor durchscheint, die unmittelbare Wirkung des ungeheuern Stoffes aber gedämpft wird."

Aus den Jahren 1797 bis 1799 stammt auch das unter Handschriften überlieferte bekannte Schema, in dem bereits auf den zweiten Teil, besonders auf die Helena- und die Herrschertragödie hingewiesen wird:

„Ideales Streben nach Einwirken und Einfühlen in die ganze Natur.
Erscheinung des Geists als Welt- und Taten-Genius.
Streit zwischen Form und Formlosen.
Vorzug dem formlosen Gehalt oder der leeren Form.
Gehalt bringt die Form mit, Form ist nie ohne Gehalt.
Diese Widersprüche, statt sie zu vereinigen, disparater zu machen.
Helles, kaltes wissenschaftliches Streben — Wagner.
Dumpfes, warmes wissenschaftliches Streben — Schüler.
(Lebens — Taten — Wesen.)
Lebens-Genuß der Person — von außen gesehn — 1. Teil. —
    In der Dumpfheit Leidenschaft.

Taten-Genuß — nach außen — 2. Teil. — Und Genuß mit Bewußtsein.
Schönheit.
Schöpfungs-Genuß - von innen - Epilog im Chaos - auf dem Weg zur Hölle."

Ohne daß der erste Teil fertiggestellt war, begann Goethe schon die Arbeit am zweiten Teil. Am 21. September 1800 las er Schiller bei einem Besuch in Jena Teile der „Helena" vor. Die Schlußredaktion des ersten Teils erfolgte im Frühjahr 1806. Die Drucklegung verzögerte sich jedoch wegen der Kriegsereignisse. Die Dichtung erschien erst Ostern 1808 im 8. Band der im Verlag Cotta herausgegebenen „Werke" unter dem Titel „Faust. Der Tragödie erster Teil". Vorangestellt war hier schon der „Prolog im Himmel" als Prolog für beide Teile des Werkes.

Zur Wirkungsgeschichte

Bei der Betrachtung der Wirkungsgeschichte des Faust-Werkes kann man die des „Faust I" kaum von der des zweiten Teils trennen. Das Gesamtwerk hat, sobald es als solches vorlag, als Ganzes gewirkt, und besonders der Schluß des „Faust II" ist Gegenstand unterschiedlicher Deutungen geworden.

Eine umfassende und auf der Auswertung des gewaltigen Quellenmaterials beruhende Darstellung der Wirkungsgeschichte des Werkes hat *Hans Schwerte* in seinem Buch „Faust und das Faustische. Ein Kapitel deutscher Ideologie" (Stuttgart 1962) gegeben. Der sich für die Einzelheiten Interessierende sei auf dieses Buch verwiesen.

Das Thema „Faust" ist offensichtlich von Anfang an nicht nur ein Thema der Literaturgeschichte, sondern auch ein Thema der Geistesgeschichte und der Ideologiegeschichte gewesen. Dazu sagt *Schwerte* (S. 7): „Der merkwürdige literatur- und geistesgeschichtliche Bogen von der ‚Historia von D. Johann Fausten', gedruckt 1587 bei Johann Spies in Frankfurt am Main, bis zu der symphonischen Kantate ‚Dr. Fausti Weheklag' in Thomas Manns Roman ‚Dr. Faustus', gedruckt 360 Jahre später, 1947, in Stockholm, ist im letzten Jahrzehnt oft bedacht worden. Goethes Dichtung, in sechzig Jahren geformt, mehrfach in sich gestuft, und Spenglers morphologische Geschichtsphilosophie bilden in diesem weit ausschwingenden Bogen die beiden über ein Jahrhundert auseinanderliegenden Scheitelpunkte. Spenglers faustische Hymnik war bereits Abgesang. Von da an begann, im ganzen gesehen, die Kurve sich endgültig wieder zu senken, bis zu dem scheinbar abschließenden Ausruf unserer Jahre ‚Faust ist tot'."

Die Ideologisierung der Faust-Gestalt, die hier nur, soweit es sich um die Zeit nach Goethe handelt, und nur in den wesentlichen Zügen nachgezeichnet werden kann, hat das wissenschaftliche, nur am Werk orientierte Verständnis lange Zeit entscheidend gehindert, und erst um die Mitte des 20. Jahrhunderts und danach konnten in größerem Umfange Arbeiten vorgelegt werden, die von den Schlacken allzu grober und einseitiger Ideologisierung gereinigt waren. Für das Verständnis der beiden Teile bahnbrechende Gesamtinterpretationen sind *Wilhelm Emrichs* „Die Symbolik von Faust II" (1. Auflage 1943) und *Paul Requadts* „Goethes Faust I" (1972).

Nach einem überwiegend pejorativen Gebrauch des Adjektivs *„faustisch"* im 17. und 18. Jahrhundert (Belege bei Schwerte S. 27 ff.) werden sowohl dieses Wort als auch die Faust-Gestalt selbst durch Goethes Werk wesentlich aufgewertet. Daneben aber erheben sich schon sehr früh kritische Stimmen, die weniger das Werk als solches (auch solche gibt es freilich) als vielmehr die Faust-Figur und die durch sie repräsentierte Idee kritisieren. (Neben positiven Darstellungen, z. B. von A. v. Arnim, Rosenkranz, Carus finden sich schon früh zahlreiche kritische Betrachtungen der Faust-Gestalt, z. B. von Wieland, Jean Paul, Schubarth, Pustkuchen, Börne, Heine u. a.; besonders ablehnend nahmen literarische Vertreter der Kirchen Stellung — Belege bei Schwerte S. 42 ff.). Eine „ideologische Aufhöhung" beginnt mit der Reichsgründung: „Das imperiale Reichsdenken hatte von ‚Faust' Besitz ergriffen. Der nationale Aufschwung und Ausgriff wurde ‚faustisch' interpretiert — und umgekehrt: ‚faustisch' wurde ein ‚visionäres' Leitwort nationalen Selbstbewußtseins und ideologischer Selbstberuhigung und Selbstverherrlichung, bis in die Schützengräben des Ersten Weltkrieges, bis in die nationalen Manifeste der Weimarer Zeit und noch in die des Nationalsozialismus. ... Die nationale Ideologie hatte das heimlich vorbereitet stehende Fahrzeug des ‚Faustischen' gekapert und segelte in ihm mit breit geschwellten Segeln auf dem scheinbar so glatten Meer geschichtlicher Zukunft und Sendung dahin" (Schwerte S. 148 f.).

Faust wurde nunmehr zur positiven Symbolfigur *deutschen* Wesens hochstilisiert, die „faustischen Werte" wurden unter national-imperialem Vorzeichen umgedeutet. Dazu führt Schwerte (S. 155) aus: „Diese ‚Umwertung der Werte' hatte durchaus nicht Nietzsche vorgenommen, wie es noch Spengler anzudeuten versuchte. Sie wurde von ‚reichisch' gesinnten Gelehrten aus gutem nationalem Gewissen vollzogen ...". Schwerte nennt in diesem Zusammenhang die Namen bekannter Gelehrter wie Loeper, Hermann Grimm, F. Th. Vischer, Kuno Fischer, Treitschke, Scherer, Erich Schmidt, D. F. Strauß. Für *Houston Stuart Chamberlain* (S. 476) ist Faust „wohl Mensch im umfassenden Sinne, trägt aber den unverkennbaren Charakter des deutschen Menschen".

Oswald Spengler schließlich belegte die ganze europäische Geschichtsepoche, die der *„faustischen Seele"* entsprungen sei, mit dem Attribut „faustisch". Faust wird für ihn Symbol des modernen europäischen Menschen überhaupt. Die faustische Kultur sei „Willenskultur" (S. 397); „Vervollkommnung des Ich, Rechtfertigung des Ich durch Glauben und gute Werke, Achtung des Du im Nächsten um des eigenen Ich und seiner Seligkeit willen ... und endlich das Höchste: Unsterblichkeit des Ich" (S. 398). Der faustische Mensch wolle über das Fremde herrschen; Wille, Kraft, Raum, Gott seien die Urworte, die das Wesen und Handeln des faustischen Menschen und seiner Kulturepoche bestimmten (S. 400 ff.). Das faustische Dasein wird von Spengler schließlich definiert als „das *tätige, ringende, überwindende* Sein“ (S. 407).

Dieser positiv-ideologischen Aufhöhung der Faust-Gestalt folgt in dialektischem Umschlag die Auffassung Fausts als einer *negativen* Symbolfigur. Sie begann mit der Interpretation *Hermann Türcks* um die Jahrhundertwende („Eine neue Fausterklärung“, 1901). Die Entwicklung Fausts wird von Türck gedeutet als ein Absinken ins Philistertum, als eine Absage an die Genialität. Fausts Abwendung von der Magie sieht Türck als eine Verneinung des Genietums. In ähnliche Richtung zielt die Interpretation *Wilhelm Böhms* („Faust der Nichtfaustische“, 1933; „Goethes Faust in neuer Deutung“, 1949). Faust sei erfüllt von einem „geistigen Titanismus“, der immer wieder in eine „schmelzende Sentimentalität“ umschlage (2 S. 29); er sei ein „Dämon im Titanisch-Sentimentalen“ (2 S. 263). „Das Ich Fausts ist in ein besseres und ein schlechteres aufgespalten, so zwar, daß am Ende der Exposition das schlechtere das entscheidende Übergewicht gewonnen hat“ (2 S. 51). Faust ist für Böhm ein „Bankrotteur und gewissenloser Abenteurer“ (2 S. 39); er erweise sich immer wieder als der „Unverbesserliche“ (2 passim). Faust „strebe“ nicht; er sei „unersättlich“ (2 S. 77). Goethe habe sich keineswegs zur Menschlichkeit seines Helden bekannt, sondern er habe ein warnendes Beispiel eines verblendeten und unverbesserlichen Menschen geben wollen. Deshalb sei das Werk als eine *Satire* zu betrachten (2 S. 40 ff.).

Die Deutung Fausts als einer negativen Symbolfigur gelangte nach dem zweiten Weltkrieg, als das titanische Streben Fausts fragwürdiger denn je erschien, zu neuer Aktualität. Neben Böhm, dessen Faust-Kommentar 1949 erschien, bekannten sich mehrere namhafte Faust-Interpreten zu einer solchen negativen Wertung. *Reinhold Schneider* kritisierte die Faust-Gestalt vom Standpunkt der katholischen Theologie her; ähnliche abwertende Kritiken finden wir verständlicherweise bei einigen ausländischen Interpreten (z. B. *Eudo C. Mason,* „Goethe's Faust“, Berkeley and Los Angeles 1967, besonders S. 334 und 375; *Albert Fuchs,* „Goethe-Studien“, Berlin 1968, besonders S. 33 und 62). Die das Faustverständnis der Nachkriegszeit beeinflussende Stimmung beschreibt *E. W. Eschmann* (S. 616): „Die Gestalt Fausts, zwecklos, es abzustreiten, ist heute unpopulär geworden. Für die schrankenlose Herrschaft der konventionellen Faust-Auffassung muß bezahlt werden. Über ein Jahrhundert lang ist Faust mit dem Typ des rücksichtslosen Scientisten, des technischen Großorganisators, des autoritären Sozialisten gleichgesetzt worden. Nicht verwunderlich darum, daß heute die Enttäuschung an diesen Idealen zurückschlägt und vom ‚Dämon Faust‘, von ‚faustischer Blasphemie‘ usw. die Rede ist, wiederum am wirklichen Gehalt des Gedichts vorbeiurteilend.“

Marxistische Interpreten sehen im „Faust“ ein *geschichtsphilosophisches Entwicklungsdrama*. In Faust verkörpere sich die Menschheit in ihrer geschichtlichen Entwicklung. *Georg Lukács*, der Begründer der marxistischen Faust-Deutung, nennt das Werk eine „Abbreviatur der Menschheitsentwicklung“ S. 144). Das Autorenkollektiv *Albrecht, Bastian, Mittenzwei* stellt fest: „Folgende grundlegende Erkenntnisse sind für das Verständnis des Werkes wichtig: I. Der ‚Lebenslauf‘ Fausts stellt nicht nur die Entwicklung eines Einzelwesens dar, sondern er ist zugleich und vor allem Sinnbild der ganzen modernen Menschheitsgeschichte. II. Die Polarität von Faust und Mephisto ist das dialektische Grundprinzip dieser Entwicklung“ (S. 424). *Gerhard Scholz* nennt „Faust“ ein geschichtsphilosophisches „Menschenbefreiungsdrama“ (S. 84). Faust erscheint hier als der Repräsentant des geschichtsphilosophischen Optimismus; Mephisto vertrete den geschichtsphilosophischen Nihilismus. Der Charakter der Zeitalterdichtung werde durch die Lebensverlängerung Fausts unterstrichen; damit zeige Goethe, daß es sich bei seinem Helden nicht um ein Individuum, sondern um die Menschheit handele. Wie die Menschheit in ihrer Geschichte, so müsse auch Faust Schuld auf sich laden, damit die Geschichte ihren notwendigen Progreß weitergehen könne. Aus der kleinen Welt breche Faust auf, um zur Erkenntnis zu gelangen, aber er könne in diesem beschränkten Bereich nicht stehenbleiben: „Im Sinne der Gattungsperspektive muß Fausts Entwicklung über Gretchens ‚kleine Welt‘ hinweggehen, auch im Sinne der subjektiven Erhaltung und Entfaltung seiner Persönlichkeit muß Faust sich eines Tages, nachdem alle Höhen und Tiefen der Leidenschaft gewirkt haben, von Gretchen lösen, um sich frei entwickeln zu können“ (Albrecht S. 438 f.). Die Welten, die Faust im zweiten Teil des Werkes durchläuft, entsprächen den Epochen der neueren Geschichte: die Hofwelt repräsentiere die Feudalgesellschaft, die Helena-Episode sei ein geistiger Ausdruck der erwachenden bürgerlichen Gesellschaft der Goethezeit, am Ende des Gesamtwerkes werde Faust Vertreter des bürgerlichen Kapitalismus, dessen zutage tretenden Konflikte seine Überwindung nahelegten. Das bringe Faust zur Vision einer freien und sozialen Gesellschaft von höchster Produktivität, in der die Widersprüche der kapitalistischen Entwicklung überwunden seien. „Die Schlußszene soll die von Goethe nicht mehr konkret vorstellbare weitere progressive Entwicklung der Menschheit versinnbildlichen“ (Albrecht S. 454).

Im Laufe des 20. Jahrhunderts hat sich die Faust-Interpretation von den positiven und negativen Überhöhungen des Werkes und der Titelgestalt gelöst. Die Zerstörung der Faustmythen des 19. und des beginnenden 20. Jahrhunderts dürfte dazu die Voraussetzung gewesen sein. Das Faust-Werk ist inzwischen in einer kaum noch übersehbaren Fülle von Arbeiten namhafter Gelehrter interpretiert worden. Eine in vieler Hinsicht und im Grundsatz wohl abschließende Auslegung des „Faust I“ hat 1972 *Paul Requadt* geliefert.

Requadt gibt seinem Werk den Untertitel „Leitmotivik und Architektur". Er weist darauf hin, daß auch der „Faust I" ein streng komponiertes künstlerisches Gebilde ist, dessen Architektur durch ein das ganze Stück durchziehendes Bündel von Leitmotiven, die sich auch in den zweiten Teil hinein erstrecken, gebildet wird.

Schließlich ist in diesem Zusammenhang noch auf die *dichterische* Verarbeitung des Faust-Mythos einzugehen. Der „Faust" *Nikolaus Lenaus* (1834 — 1836) steht in einem engen Zusammenhang mit der schon früh einsetzenden und bis zu Reinhold Schneider sich fortsetzenden *katholischen* Faust-Kritik. Lenaus Faust bereut und begeht Selbstmord; doch er bleibt Mephistopheles verfallen. Schwerte (S. 69) spricht von einem „bewußt antigoetheschen Faust, den der Teufel holte". Am Ende der dichterischen Auseinandersetzung mit der deutschen Faust-Ideologie steht *Thomas Manns* Roman „Doktor Faustus" (1947). Er bietet eine souveräne Darstellung, Deutung und Kritik der Verbindung der Ideologie des Faustischen in ihren verschiedenen Ausprägungen mit dem Deutschtum. „Thomas Manns Roman bündelte die verschiedenen Auflösungsschichten (des Faustischen, H. K.) in seinem deutsch-faustischen Abgesang des 19. Jahrhunderts exemplarisch zusammen" (Schwerte S. 9). „Im poetischen Bereich beendete Thomas Mann die Geschichte des ‚faustischen' Menschen. Der Dichter nahm sich selbst aus der Geschichte dieser nationalen Fiktion und ihrer Absurdität im Zeichen Fausts nicht aus. Das Ende Adrian Leverkühns war, poetisch, das Ende des faustischen Deutschen, beschrieben in liebender Verzweiflung. ... Nach Thomas Manns Faustus-Roman (1947), der aus Spürsinn und Selbsterkenntnis die gesamte, vielverzweigte Problematik des ‚Faustischen' im 19. und 20. Jahrhundert in der eigenen poetischen Fiktion noch einmal zusammenfaßte, sie episch in Handlung setzte und auflöste, ist der faustische Deutsche aus Dichtung und Geschichte als ‚Leitbild' ausgeschieden" (Schwerte S. 238 f.).

Die moderne Faust-Interpretation

Das Verständnis des Werkes ist durch eine generationenlange interpretatorische Arbeit möglich geworden, an der zahlreiche verdienstvolle Philologen und Philosophen teilgenommen haben. Ohne deren Leistung wären Faust-Forschung und Faust-Auslegung nicht auf dem jetzigen Stand. Während sich nach dem zweiten Weltkrieg die deutsche Forschung mehr der Interpretation des zweiten Teils zuwandte, hat zum Verständnis des „Faust I" vor allem die *anglo-amerikanische Faust-Forschung* Wesentliches beigetragen. Auf ihre Ergebnisse konnte auch *Requadt* aufbauen.

Zu den Anstrengungen und Ergebnissen der anglo-amerikanischen Forschung schreibt Requadt (S. 14 f.): „1940 veröffentlicht A. R. Hohlfeld mit seiner Arbeitsgruppe den ‚Wortindex zu Goethes Faust' und schafft damit ein unentbehrliches Hilfsmittel für dessen Deutung. Im gleichen Jahr erscheint R. M. Brownings wichtiger Aufsatz ‚Über die Struktur des Urfaust'. Dem amerikanischen Forscher Stuart Atkins, der 1958 mit einer literarischen Analyse des gesamten ‚Faust' hervortritt, überträgt 1959 und 1965 eine deutsche und eine internationale Fachzeitschrift das kritische Referat über die Faustliteratur seit 1945. In England sind es Barker Fairley mit seinem essayistischen Faustbuch (1953), Eudo C. Mason (2), der die mannigfachen Gedanken früherer Arbeiten in seinem letzten Buch über Entstehung und Sinn des (ersten) ‚Faust' noch einmal sammelt (1967), schließlich L. A. Willoughby mit seinen gezielten, den ‚Faust' direkt oder indirekt berührenden Studien. ... Bei allem handelt es sich kaum um die Auslegung einzelner Fauststellen, sondern um das Ganze, und auch hier nicht um eine neuartige ideenhafte Auffassung, sondern um die Gesamtstruktur, vornehmlich des ersten ‚Faust' und des ‚Urfaust'. Die Einheit der Dichtung wird selten mehr in Zweifel gezogen, die starke Integrationskraft Goethes über Jahrzehnte hinweg bestätigt. Am weitesten greift R. M. Browning in seiner Arbeit ‚Über die Struktur des Urfaust' aus, denn er überrascht mit der These, daß man bereits auf dieser Frühstufe deutlich ein organisierendes Kunstprinzip erkennen kann. ... Browning bleibt hier nicht bei ungefähren ästhetischen Eindrücken, sondern markiert scharf den Goethe eigenen Rhythmus von Diastole und Systole, und zwar in Fausts wie (zumindest andeutungsweise) auch in Gretchens Lebensbewegung." Requadt fährt später (S. 25) fort: „Wir gingen davon aus, daß die Erforschung des ersten ‚Faust' seit dem Kriege in Deutschland ins Stocken geraten ist, weil politische Bedenken sie hemmten und weil man noch an den unfruchtbaren Faustproblemen des Positivismus haftete. In diesem Zeitraum hat fast allein die anglo-amerikanische Forschung neue Ausgangspunkte für eine Deutung gewonnen: die inzwischen auch historisch begründete Hypothese, daß das Gestaltungsprinzip des ‚Urfaust' und (wie wir hinzufügen) auch des vollendeten ersten Teils der Wechsel von Ausbreitung und Einschränkung, also das morphologische Prinzip Goethes, ist. Ferner die im wesentlichen von englischen Germanisten vertretene Auffassung, daß auch schon der erste ‚Faust' durch ein Netz von Symbolen, Motiven, Bildern und semantisch aufeinander abgestimmten Worten zusammengehalten wird. Barker Fairley verwendet in diesem Zusammenhang das Wort ‚Leitmotiv'."

Goethe über „Faust I"

Die Reflexion des Dichters über sein Werk entzündet sich an der Bewußtseinswandlung, die sich auf der *Italienischen Reise* vollzog, sowie an der geistigen Kommunikation mit *Schiller*, der zur theoretischen Durchdringung des Stoffes Wesentliches beitrug. Im Alter hat Goethe im Zusammenhang mit der Arbeit am zweiten Teil erneut über den „Faust" als Dichtung nachgedacht. In seinen Äußerungen aus dieser Zeit geht es ihm immer wieder darum, den Unterschied des ersten und des zweiten Teils herauszustellen.

Während Schiller auf die „symbolische Bedeutsamkeit" des „Faust", auf die Notwendigkeit einer „philosophischen Behandlung" des Stoffes, auf seine Unterordnung unter eine „Vernunftidee" (an Goethe am 23. Juni 1797), auf den Gegensatz von „Verstand und Vernunft", die „bei diesem Stoff auf Tod und Leben miteinander ... ringen" (an Goethe am 26. Juni 1797), hinweist, setzt sich Goethe mit den Szenen des Urfaust auseinander, deren Prosa er „in Reime bringen" will, „da denn die Idee wie durch einen Flor durchscheint, die unmittelbare Wirkung des ungeheuern Stoffes aber gedämpft wird" (an Schiller am 5. Mai 1798). Er wird sich auch des „nordischen" Charakters seines „Faust" bewußt: „‚Faust' ist die Zeit zurückgelegt worden, die nordischen Phantome sind durch die südlichen Reminiszenzen auf einige

Zeit zurückgedrängt worden ... " (an Schiller am 5. Juli 1797). „Ebenso will ich meinen ‚Faust' auch fertig machen, der seiner nordischen Natur nach ein ungeheures nordisches Publikum finden muß" (an Schiller am 28. April 1798).

Daß der *zweite Teil* ein mit mehr *Bewußtsein* geschriebenes Werk sein werde, wird schon aus dem *Schema* aus den Jahren 1797 bis 1799 deutlich. Die späten Äußerungen betonen immer wieder diesen Unterschied im Bewußtseinsgrad der künstlerischen Produktion, auch den mehr *„fragmentarischen"* Charakter des ersten Teils: „Auch muß man bedenken, daß der erste Teil aus einem etwas dunkeln Zustande des Individuums hervorgegangen" (zu Eckermann am 3. Januar 1830). „Der erste Teil ist fast ganz subjektiv. Es ist alles aus einem befangenern, leidenschaftlichern Individuum hervorgegangen, welches Halbdunkel den Menschen auch so wohltun mag. Im zweiten Teil ist aber fast gar nichts Subjektives, es erscheint hier eine höhere, hellere, leidenschaftslosere Welt ... " (zu Eckermann am 17. Februar 1831). „Der zweite Teil sollte und konnte nicht so fragmentarisch sein als der erste. Der Verstand hat mehr Forderungen daran als an den ersten. ... Die Fabel mußte sich dem Ideellen nähern und zuletzt darein entfalten, die Behandlung aber des Dichters eigenen Weg nehmen. ... Die Behandlung mußte aus dem Spezifischen mehr in das Generische gehen, denn Spezifikation und Varietät gehören der Jugend an" (aus Riemers Mitteilungen über Goethe 1830/31, zitiert nach Trunz S. 455 f.). Ähnlich äußert sich Goethe zu Heinrich Meyer am 20. Juli 1831, zu Sulpiz Boisserée am 8. September 1831 und zu Wilhelm v. Humboldt am 1. Dezember 1831.

Struktur und Gestaltung

Die Theorie, der „Faust", insbesondere der erste Teil, sei ein wenig strukturiertes Konglomerat von Szenen, muß heute als widerlegt gelten. In extremer Form hatte *Gustav Roethe* diese Auffassung vertreten (sog. „Fetzentheorie"): „Es gibt Dichtungen uneinheitlichen Ursprungs, denen der Dichter selbst nachträglich durch gründlichen Umguß etwas wie Einheit verliehen hat. Goethe ist das kaum gelungen, wo er's versuchte; im ‚Faust' hat er es nicht einmal versucht" (S. 644). Von den neueren Forschern vertreten nur noch wenige die Ansicht, das Werk sei ohne eine strenge Struktur.

Besonders *Emil Staiger* betont wiederholt den uneinheitlichen Charakter sowohl des Ganzen als auch einzelner Szenen. Er macht auf die „Nähte, Mängel und Widersprüche" aufmerksam und stellt fest, „daß hier keine geschlossene Dichtung, sondern, wie Goethe selbst sagt, eine ‚Schwammfamilie' von Szenen vorliegt, deren Zusammenhang fragwürdig und durch die seltsamsten Zufälle eines langen dichterischen Lebens bedingt ist" (1 S. 365). Zu den letzten Szenen des ersten Teils sagt Staiger: „Dieser Zusammenhang ist zerrissen. Goethe hat die Geduld verloren und mit groben Stichen einige Reste und Fetzen zusammengenäht. Man gebe das unumwunden zu und suche die mißliche Sache nicht durch vage, jeder Stütze im Text entbehrende Konstruktionen zu retten" (1 S. 362 f.).

Die von Staiger gerügten Unstimmigkeiten sind freilich nur dann von schwerwiegender Bedeutung, wenn man im „Faust I" die klassische Struktur eines Dramas sucht. Einige neuere Forscher haben aber inzwischen überzeugend dargelegt, daß die Architektonik des Werkes eine ganz andere ist. Sie ist strukturiert durch den Wechsel von *Systole* und *Diastole,* durch ein Geflecht von *Leitmotiven* und *Symbolen,* die sich durch das ganze Werk hindurchziehen und in wechselseitigen *Spiegelungen* wiederkehren, durch *Konfiguration* und durch *Dialektik,* fortschreitend durch *Polarität* und *Steigerung.*

In diesen Kategorien sieht *Requadt* das „Fundament dieser Dichtung": „Den zusammenwirkenden Aufbauprinzipien des ersten ‚Faust' ist letztlich die Spiegelbildlichkeit gemeinsam. Die Diastole ist nicht ohne vorausgegangene Systole, die Konfiguration bezieht meist zwei Personen aufeinander: Faust und den Theaterdichter, Faust, Wagner und den Schüler, Mephisto und den Direktor, Gretchen und Marthe, und in den ‚wiederholten Spiegelungen' im engeren Sinne ziehen sich Bilder und Motive durch das ganze Stück, in immer neuen Facetten aufleuchtend. Inmitten eines solchen Verweisungszusammenhanges treten sie aus dem Text heraus, konturieren sich aneinander und erzeugen einen Sinnüberschuß, der ihnen nicht innewohnte, verstände man sie isoliert. Diese Architektur, die statt der Akteinteilung nach außen hin nur eine Szenenreihe zeigt, verstärkt (mit Musil zu reden) die ‚Inbeziehungen'. Der Grundriß des ‚Faust' ist durch die Konfiguration vorgezeichnet, die großen Handlungsumschwünge erfolgen bei dem Übergewicht des Helden durch sein Schwanken zwischen Ausbreitung und Einschränkung, während die Feinstruktur des Stückes durch die Leitmotive hergestellt wird, die wie die Seele der Tragödie sind" (S. 61).

Systolé und *Diastolé* (Einschränkung und Ausbreitung; Konzentration und Ausdehnung) sind Grundkategorien in Goethes Denken. Sie sind der organischen Natur entnommen, deren Lebensrhythmus sich in Systole und Diastole vollzieht, und werden von Goethe dem Verständnis seines eigenen Lebens und dem des menschlichen Lebens überhaupt zugrunde gelegt. Im ersten Band der Farbenlehre (WA II, 1, S. 15) heißt es: „So setzt das Einatmen schon das Ausatmen voraus und umgekehrt; so jede Systole ihre Diastole. Es ist die ewige Formel des Lebens, die sich auch hier äußert."

Systole und Distole bestimmen das *Streben* Fausts mit „seinem fast rhythmisch erfolgenden Ausschlag zwischen Enge und Weite" (Requadt S. 217), sie prägen auch die Rolle *Gretchens,* ihr Heraustreten aus kleinbürgerlicher Enge in die Welt, die Erweiterung ihrer Persönlichkeit durch die Liebe zu Faust, ihre Rückkehr in die Enge durch die Isolierung von der Welt und ihre Einkerkerung, durch die erneute Ausdehnung ihres Selbst in den Visionen des Wahnsinns und in der Gewinnung einer neuen Freiheit. Systole und Diastole offenbaren sich aber nicht nur im Lebensrhythmus der Hauptpersonen, sondern sie erscheinen auch in den *Konfigurationen* der Personen und Personengruppen und in ihren Äußerungen, sie spiegeln sich in der dialektischen Struktur der einander polar zugeordneten *Leitmotive.*

Auf die Bedeutung von Systole und Diastole für das Verständnis des „Faust" hat zuerst *Ferdinand Weinhandl* 1932 hingewiesen: „Die Faustdichtung beginnt sozusagen mit einem fast anschaulich deutlichen systolisch-diastolischen Atemholen. Vor allem die Physiognomie des Verlaufs des durch so verschiedene Charaktere wie Faust, Mephistopheles, Wagner, Gretchen wenigstens zum Teil bedingten Geschehens, die Physiognomie des Lebens als ‚Bewegungs'-Gestalt höherer Ordnung wird sichtbar" (S. 377). Weinhandl weist den Wechsel von Systole und Diastole auch an einzelnen Szenen des Textes nach (besonders S. 371 ff.). Auch andere Autoren haben danach die strukturelle Bedeutung des Kategorienpaares für das Verständnis der Faust-Dichtung erkannt. *Helmut Rehder* legt 1937 die Bedeutung des Leitmotivpaares „Hütte" und „Wanderer" für die Dichtung dar und ordnet beide Motive der Systole und der Diastole zu: „Wüste und Hütte, Wandern und Seßhaftigkeit gehören zusammen und sind hier bildhafte Anzeichen jenes späteren begrifflichen Gegensatzes von unendlicher Ausbreitung und verzichtender Einschränkung, der sich durch Goethes ganzes Lebenswerk zieht" (2 S. 404). *Fairley* ist sich in seinem Goethe-Buch von 1947 der Bedeutung von Systole und Diastole für die Faust-Dichtung im klaren. Er spricht davon (1 S. 287), daß Goethe keine Gelegenheit versäumt habe, „in der Entfaltung des geistigen Lebens die Polarität zu beobachten, das Spiel von Thesis und Antithesis, die Systole und Diastole, die in der Natur wahrzunehmen er nie müde wurde". Dies bekunde „besonders der ‚Faust', wo der Widerstreit und die Dialektik des Geistes allen sichtbar ausführlich dargestellt wird". *Gerhard Storz* weist 1953 in seinen „Goethe-Vigilien" auf dieses Strukturprinzip hin: „Durch diese Gliederung läuft spürbar jedoch ein einheitlicher Grundzug: der immer sich wiederholende Wechsel von Anstieg und Abstieg, Spannung und Lösung" (S. 164). *Albert Fuchs*, der die Charaktere und Personen unter psychologischem Aspekt betrachtet, zeigt 1968 ebenfalls diese eigentümliche Dynamik, die er als einen Wesenszug der faustischen Persönlichkeit ansieht, auf: „Der Besessene der Dynamik und der Extremist kennt jedoch mit organischer Notwendigkeit Ruhe- und Zwischenzustände oder wenigstens solche, die keine Drohung in sich tragen. Er ist dann weder Übermensch noch Erdenwurm, sondern ein Mensch" (S. 27).

Den Kategorien Systole und Diastole sind zugeordnet die des *Verselbstens* und des *Entselbstigens.* Diese Begriffe gebraucht Goethe bei seiner Interpretation des christlichen Weltbildes und seiner Deutung der Stellung des Menschen in der Welt am Ende des achten Buches von „Dichtung und Wahrheit" (HA Band 9, S. 350 ff.). Die „Konzentration der ganzen Schöpfung" „unter der Gestalt der Materie" (S. 351) ist das Werk Luzifers, während die Engel (Elohim) „dem unendlichen Sein die Fähigkeit" gaben, „sich auszudehnen" (S. 352). Dem *Pulsieren* von Konzentration und Ausdehnung als einem metaphysischen Weltgesetz entspricht in der Existenz des

Menschen das „Verselbsten“ und die „Entselbstigung“. „Was ist Menschsein? Ein Sich-Verselbsten zum Ich — abgeschlossen, in sich gesammelt — und Sich-Entselbstigen zum All — sich verlierend, sich aufgebend, verschwebend in ein Unendliches ...“ (Trunz S. 468).

Mit Hilfe der beiden Kategorien versucht *Brinkmann* das Wesen der Faust-Dichtung zu verstehen (S. 335): „Es gehört zur Lage des Menschen, daß er zu beiden Bewegungen fähig ist, zur luziferischen Konzentration wie zur engelhaften Ausdehnung. In der einen Bewegung setzt er sich zum Mittelpunkt der Welt und sucht sie an sich zu reißen; in der anderen öffnet er sich für die Welt. Dort sucht er das andere zu besitzen und den anderen seinem Verlangen zu unterwerfen; hier dagegen erschließt er sich dem Reichtum der Welt und gibt sich dem anderen hin. In der Ausdehnung ist er der Gottheit ähnlich; in der Konzentration wiederholt er die Sünde Luzifers. Der Widerspruch seines Wesens wird noch dadurch verschärft, daß er um seine Lage und um sein Handeln weiß und einen entschiedenen Willen hat, der sein Handeln einleitet und begleitet.“

Weitere wesentliche Strukturelemente der Dichtung sind von Goethe in reichem Maße gebrauchte *Leitmotive*. Es handelt sich dabei um die wiederholte Verwendung von Motiven, Bildern, Gleichnissen, Metaphern und Symbolen, aber auch Begriffen, Vers- und Sprachformen, die jeweils bestimmten Personen, Personenkonstellationen oder Situationen im Werk zugeordnet sind und im Zusammenhang mit diesen vom Dichter gebraucht und unter Umständen in verwandelter Form in den Text eingeführt werden. Diese immer wieder auftretenden Leitmotive bilden im „Faust I“ ein dichtes Geflecht architektonischer Strukturierung. Der Gebrauch von Leitmotiven hat für das Werk einen hohen Grad von Stilisierung zur Folge; dies verbietet es schon, den „Faust“ psychologisierend zu interpretieren, obwohl der Dichter auf psychologische Motivation, besonders im ersten Teil, nicht verzichtet.

Ein erheblicher Teil der Leitmotive ist *antithetisch* aufeinander bezogen. Hier finden wir einen poetischen Ausdruck von Goethes *dialektischem* Denken und Weltverständnis vor. Der Gegensatz von Systole und Diastole zieht sich in der Symbolik von *Hütte* und *Wanderer* durch das ganze Werk (bis in den fünften Akt des zweiten Teils hinein); die Polarität von *Nacht* und *Licht* tritt vom „Prolog im Himmel“ bis zum Schluß des Werkes immer wieder leitmotivisch auf; der Gegensatz von *Geist* und *Buchstabe*, die Antithetik von *Ganzem* und *Teil* spielt in den Beziehungen zwischen Faust und Mephisto und zwischen Faust und Gretchen eine entscheidende Rolle; die Polaritäten von *Jugend* und *Alter* und von *Nord* und *Süd* als symbolischen Geschichtswelten konstituieren wesentliche geistige Gegensätze im ganzen Werk. Die Antithese von *Trockenheit* und *Feuchte (Quelle)* spielt nicht nur in den naturphilosophischen Partien des zweiten Teils, sondern auch schon im ersten Teil eine leitmotivische Rolle.

Irren und *Verworrenheit* sind für Goethe Wesensmerkmale des menschlichen Daseins, die nach Vers 317 („Es irrt der Mensch, solang' er strebt“) wieder und wieder das Wesen und Handeln Fausts bestimmen. Irren und Verworrenheit werden hier in eine essentielle Beziehung zu seinem *Streben* gesetzt. Der Verworrenheit Fausts gegenüber steht Gretchens *Wahnsinn* in der Kerkerszene, der ihr visionäre Fähigkeiten verleiht. Alle den Personen zugeordneten Leitmotive dienen nicht der psychologischen Charakterisierung, sondern der *Stilisierung*. So wird Gretchen wiederholt zur Braut des Hohenliedes stilisiert. Knotenpunkt zahlreicher Leitmotiv- und Symbolbeziehungen zwischen den Personen, ihrer Konfiguration und ihren Situationen ist das dem Neuen Testament (Matth. 7, 13-14; Luk. 13, 24) entnommene Bild von der engen und der weiten *Pforte*. Auf menschliche Haltungen und Entscheidungssituationen bei Faust und Gretchen wird dieses Symbol in verschiedener Weise bezogen. Dabei steht es in einem konträren Verhältnis zu der Systole-Diastole-Dialektik. In der „engen Pforte" befindet sich der Mensch einerseits in einer Systole-Situation; andererseits entfaltet er hier erst seine Menschlichkeit in die Weite. Davon wird im einzelnen jeweils die Rede sein müssen. Requadt (S. 353) sagt hierzu zusammenfassend im Anschluß an seine Interpretation der Kerkerszene: „Es ist nun nicht mehr zu übersehen, daß Hauptmotive des ‚Faust' miteinander verwandt sind. Im Irren liegt dies ständige Sich-in-die-Welt-Ausbreiten und leidend bis zum nächsten Vorstoß In-sich-Zurückkehren, der Prozeß der Erfahrung. Wer wie Gretchen die ‚enge Pforte' durchschreitet, berührt in einem Nu beide Pole der Einschränkung und der Ausbreitung: Indem er das eine wagt, wird ihm das andere zuteil. Daß Faust die Kraft zu dieser Entscheidung nicht abgeht, bewies sein Selbstmordversuch, Gretchen ist ihm darin ebenbürtig ..."

Daneben spielt das *Symbol* in „Faust I" schon eine Rolle; es wird von Goethe ebenfalls leitmotivisch gebraucht. Die Symbolkunst ist für Goethes Alterswerk typisch; *Wilhelm Emrich* hat die Symbolik als charakteristisches Strukturelement des zweiten Teils dargestellt. Sicherlich ist die Symbolkunst im ersten Teil nicht mit derselben Konsequenz durchgeführt wie in Goethes Alterswerken, jedoch lassen sich im ersten Teil schon leitmotivische Symbolzusammenhänge aufweisen. „Mag der ‚Urfaust' noch vergleichsweise naturalistisch anmuten, man kann jetzt nicht mehr übersehen, daß er bereits Ansätze zur motivischen Gliederung enthält, außer dem rhythmischen Wechsel von Ausbreitung und Einschränkung etwa die Polarität von Feucht und Trocken, Geist und Buchstaben. Goethes Leistung im Übergang zum ersten ‚Faust' begreift außer der bloß stofflichen Ergänzung und der Veränderungen, die durch das Steigerungsprinzip bedingt sind, die Ausbildung eines engmaschigen Symbolnetzes ein" (Requadt S. 22). Im Alter hat Goethe über das Symbol als Wesenselement der Kunst überhaupt reflektiert; hier mag die Symbolik noch ohne Reflexion angewandt worden sein.

Von symbolhafter Bedeutung ist im ersten Teil ohne Zweifel das *Gold-, Schmuck- und Kästchenmotiv,* das in verschiedenen Werken Goethes wiederkehrt und sich im zweiten Teile des „Faust" reich entfaltet. Es spielt in den Gretchenszenen, in der Valentinszene und in der Walpurgisnacht eine wichtige Rolle. Das Gold ist bei Goethe einerseits ein Symbol übermächtiger geistiger Kraft, andererseits Ausdruck des Bösen, der Macht und der Sexualität.

Symbolcharakter hat auch der *Mond.* Er wird zum Zeichen der dem Menschen gegenüberstehenden Natur; in ihm, seinen Trübungen und Aufhellungen spiegelt sich das jeweilige Verhältnis des Menschen (Fausts) zur Natur und sein Inneres in der Natur. Der Mond verkörpert symbolisch die Reinheit der Natur gegenüber dem Irrtum und der Verworrenheit des Menschen. Faust nimmt in seinem Monolog in der Szene „Nacht" wiederholt auf das Licht des Mondes Bezug (V. 386 ff.; 486 ff.; 689). Seine Rückkehr in die Natur in „Wald und Höhle" läßt vor seinem Blick erneut den „reinen Mond" (V. 3235) erscheinen. In der Walpurgisnacht „verbirgt" der „trübe Mond" sich gern (V. 3991). In der Klassischen Walpurgnisnacht schließlich entfaltet sich die Mondsymbolik in ihrem ganzen Reichtum.

Werner Danckert sieht in der Symbolik Goethes weniger ein bewußt gebrauchtes künstlerisches Stilmittel als vielmehr Ausdrucksformen einer ungeschichtlichen archetypischen Bilderwelt, die, aus „unbewußten Wesenstiefen" seiner Person emporgestiegen, sich in seinem künstlerischen Werk dargestellt hätten. „Fast alle Grundsymbole Goethes — Symbole wie Granit, Schleier, Licht, Gold, Höhle — sind alte *Natursymbole,* Bestandteile der ‚pelasgischen' Urmythologie. Der Dichter wiederentdeckt sie rein intuitiv. ... Goethes Symbolempfänglichkeit dürfen wir also als urtümliche Mitgift, als Vermächtnis des tellurischen ‚Psychismus' deuten" (S. 326). Demgegenüber vertritt *Emrich* mit Entschiedenheit die Auffassung, daß Goethes Symbole *historisch* begründet und von Goethe aus seinen Bildungswelten entnommen worden seien.

Neben den Symbolen werden von Goethe aber auch *Metaphern* und ganze Metaphernregionen leitmotivisch verwendet. Das Gleichnis des *Webens* wird für das Walten der Natur gebraucht (so bei Fausts Betrachtung des Zeichens des Makrokosmos V. 447 f. und in den Worten des Erdgeistes V. 501 ff.), aber auch für die naturnahe Existenz des Menschen (V. 2715 f.). „Durch das Hin- und Herschweben des Weberschiffchens versinnlicht Goethe die Bewegung zwischen den Polen und zugleich das Ganze, das in der Zeit sich herstellende Webstück, ‚der Gottheit lebendiges Kleid'. Weben als Gleichnis schöpferischen Hervorbringens eines Ganzen, des Kunstwerks besonders, ist Goethe geläufig. Hier erscheint es pathetisch, in der Schülerszene wird Mephisto es parodieren (V. 1922 ff.)" (Requadt S. 73).

Die auch symbolhaft gebrauchte Webmetapher durchzieht Goethes gesamtes dichterisches Werk; es sei hier nur verwiesen auf das Gleichnis vom Spinnen des Seidenwurms im „Tasso" V, 2, wo das Spinnen und Weben die kreative Tätigkeit des Dichters symbolisiert. Näheres dazu bei Danckert S. 36 ff.!

Eine bedeutende Rolle spielt auch die *Vegetations-* und *Tiermetaphorik.* Auch hier ist die Grenze zwischen metaphorischem und symbolischem Gebrauch nicht immer zu ziehen. Die Einführung dieser Bildelemente in die Dichtung hat ohne Zweifel ihren Grund in Goethes von den Kategorien der organischen Natur geprägtem Weltbild. Gott versteht sich im „Prolog im Himmel“ als ein Gärtner (V. 310 f.). „Indem er sich selbst einem Gärtner gleichsetzt, bekennt sich der Herr schon hier zu seinem Glauben an das organische Wachstum seiner Schöpfung“ (Politzer S. 350). Auch Faust bedient sich wiederholt der Frucht- und Baummetapher (z. B. V. 1686 f.); hier zeigt sich nach Politzer (S. 353), daß Faust „die Sprache des Gärtners, ein Idiom von Bildern, die seinem Kontrahenten Mephisto unverständlich bleiben“, spricht. Die *Tier-* und *Ungeziefermetaphorik* ist jedoch der Sphäre Mephistos zugeteilt. Dieser stellt sich selbst als „Herr der Ratten und der Mäuse, der Fliegen, Frösche, Wanzen, Läuse“ vor (V. 1516 f.). Leitmotivisch kehren Tiergestalten und Tiermetaphern in den Szenen immer wieder, die Mephistos Welt zugeordnet sind: in der Studierzimmerszene I (Mephisto als Pudel), in „Auerbachs Keller“, in der „Hexenküche“, in der Valentin-Szene, in der Walpurgisnacht, im Walpurgisnachtstraum. Als tierisch erscheinen die Menschen dort, wo sie von Triebhaftigkeit beherrscht sind.

Unter dem Gesichtspunkt *leitmotivischer* Bezüge ist schließlich auch die Gestaltung der *Sprache* und des *Verses* im „Faust I“ zu sehen. Von anderen Dramen der Zeit unterscheidet sich der Faust durch die außerordentliche Fülle in der Anwendung sprachlicher Mittel und der verschiedensten Versmaße. „Der reichen Bildsymbolik der Faust-Dichtung entspricht eine nicht minder reiche, einzigartig instrumentierte Klangsymbolik. Diese rauschende, wechselnde Fülle der rhythmischen Formen ist für ein Drama völlig außergewöhnlich. ... Das entspricht der inneren Weite des Werkes, denn wie vieles vereinigt es in sich: Altdeutsches und Antikes, Feierliches und Alltägliches, Magie, Gesellschaft, Politik, Liebe, Religion. ... Das geistige Klima der einzelnen Szenen, die verschiedene innere Haltung findet Ausdruck in den wechselnden Rhythmen“ (Trunz S. 483).

Der das Faust-Werk beherrschende Vers ist der sogenannte *Madrigalvers.* Dieser Vers ist gekennzeichnet durch seinen „flüssigen, unbefangenen und pointierenden Ton“ (Trunz S. 485). „Er ist ein Vers, dem das Lässige und Rationale, das Plaudernde und Bewußte des 18. Jahrhunderts anhaftet, die Fähigkeit zur Pointe und Weltläufigkeit ...“ (Trunz S. 484). Es handelt sich um einen in der Regel fünf- oder viertaktigen Vers, von Goethe überwiegend jambisch gebraucht, mit allen Möglichkeiten freier Taktfüllung und der Erweiterung und Reduzierung der Taktzahl. „Charakteristisch für den traditionellen Madrigalvers ist die Möglichkeit, die verschiedenen antiken Füße, vor allem den Daktylus, Trochäus und Jambus von einer Stanze zur anderen zu wechseln. Dieser Wechsel findet bei Goethe oft in einer einzigen

Zeile statt, was eine häufige Verschiebung der dynamischen Akzente bewirkt. Dies kommt besonders bei der Darstellung seelischer Erregung oder schwankender Gefühlszustände zustatten, wobei die Verszeilen von verschiedener Länge gute Gelegenheit für besondere Effekte bieten" (Winkler S. 13). Der Madrigalvers ist der Vers der Gespräche, der Dialoge zwischen Faust und Mephisto, der lockeren Unterhaltung zwischen Theaterdirektor, Dichter und Lustiger Person; er wird vom Herrn und Mephistopheles im „Prolog im Himmel" gebraucht; er wird von Gretchen in der Phase ihrer Ausbreitung in die Welt übernommen.

Das *Madrigal* ist eine in Italien entwickelte Liedform mit Strophen von freier Verszahl und freier Reimbehandlung. Es ist im Barockzeitalter von der deutschen Dichtung übernommen worden. Gern verwendete man den Madrigalvers in den Rezitativen der Singspiele, in Arien und Chorliedern der Oper und in der lyrisch-dramatischen Kantate. Brockes, Wieland und Gellert gebrauchten den flexiblen Vers in ihren Dichtungen; von ihnen hat ihn Goethe rezipiert.

Der Madrigalvers kann übergehen in den *Knittelvers* (z. B. am Beginn der Szene „Nacht" V. 354). Dieser vierhebige Vers mit unregelmäßiger Taktfüllung, unelegant wirkend, altertümlich-„holzschnittartig", läßt „die Faustische Heftigkeit und Unausgeglichenheit sich entladen" (Trunz S. 483). Der Knittelvers, von Faust, von Gretchen, von Valentin gebraucht, ist leitmotivisch zugeordnet sowohl den systolischen Situationen als auch der „nordischen" und altdeutschen Welt, die als etwas Vergangenes und doch noch Präsentes in die Gegenwart Goethes hereinragt (z. B. in Fausts Monolog V. 354—429; in der Szene „Vor dem Tor" in den Reden der Handwerksburschen, Dienstmädchen und Schüler; am Anfang der Schülerszene V. 1868 f.; in „Auerbachs Keller" V. 2073 ff.; am Anfang der Gretchenhandlung V. 2605 ff., wobei Mephisto sich sprachlich anpaßt; in der Szene „Abend" in Gretchens Zimmer V. 2678 ff.; Mephisto über Gretchen V. 2814 ff.; in der Valentin-Szene V. 3620 ff. u. ö.). Wie flexibel auch der Knittelvers von Goethe behandelt wird, zeigt sich z. B. in Vers 2605 f.:

„Mein schönes Fräulein, darf ich wagen,
Meinen Arm und Geleit ihr anzutragen?"

Ist der Vers sonst „unbeholfen und markig", „polternd und zackenhaft", „unruhig hin und her eilend", „naiv und anmutig in seiner Einfachheit", so klingt hier „galante Künstelei" deutlich durch (Winkler S. 10). Goethe behält „die strenge 8/9-Silbenzahl von Hans Sachs nicht bei, sondern variiert das traditionelle Muster häufig. Ausgehend vom Schema der vier Starktöne pro Zeile, nimmt er sich völlige Freiheit mit der Füllung der Senkungen, die bei ihm bis zu vier oder fünf Silben zählen können. Auch ist er mit der Handhabung des Auftakes sehr freizügig und gebraucht ihn je nach Bedarf" (Winkler S. 7).

Andererseits geht der Madrigalvers auch in den fünffüßigen ungereimten Jambus, den *Blankvers,* über: so in „Wald und Höhle" V. 3217—3250. Der strenge klassische Vers korrespondiert hier der Beruhigung Fausts im Erfassen der großen und der erhabenen Natur.

In Partien gesteigerter pathetischer Expression wiederum verwandelt sich der Faust-Vers in *freie Rhythmen* hymnischen Charakters, die teils ungereimt, teils gereimt gebraucht werden. So steigert Faust seine im Vers gebundene Sprache bei der Beschwörung des Erdgeists zu freien Rhythmen (V. 468—481). „Selbst der Expressionismus der leidenschaftlichen Jugendhymnen wird noch dadurch verstärkt, daß die einzelnen Sinneseindrücke in scheinbar disparater Folge aneinandergereiht sind, der von Tätigkeitswörtern ‚bestimmte Satzcharakter' gesteigert wird, damit schmückende Adjektive völlig fehlen und drängende Ausrufe den Rhythmus bestimmen" (Winkler S. 17). Der freie Rhythmus kehrt zum Teil gereimt wieder in Fausts Gottesbekenntnis gegenüber Gretchen V. 3432—3458, hier wieder stark ausgeprägte Expression tragend. Auch der vagen, nicht greifbaren Existenz der Geister sind die freien Rhythmen zugeordnet: Der Erdgeist charakterisiert sich in V. 501—509 selbst in freien Rhythmen. Der unsichtbare Geisterchor verwendet sie, sich einschmeichelnd zugleich des Reims bedienend (V. 1607—1626); Mephistos Echo nimmt den Rhythmus auf (V. 1627—1634). In der Szene „Dom" finden wir freie Rhythmen im Munde des bösen Geistes wieder (V. 3776 ff.).

Die zahlreichen *Liedstrophen,* die in den Text eingeflochten sind, verweisen auf den *opern*haften Charakter des Werkes, von dem unten noch die Rede sein wird. Die in der „Zueignung" und am Anfang des „Vorspiels auf dem Theater" (V. 59—74) gebrauchten *Stanzen* sind eine spätere Zutat des Dichters, die dem organischen Gefüge der Versstrukturen des „Faust" nicht entwachsen ist. Zu den Liedversmaßen sagt *Winkler* (S. 18 f.): „Es sind einmal die Strophen, die dem Volkslied nachgebildet sind, und dann die opernhaften Kurzzeilen der Arien und Chorlieder der frühen Singspiele. Als dritte Art nehmen die leichten Stanzenverse des ‚Walpurgisnachtstraums' eine Mittelstellung zwischen den beiden anderen ein. Die Volksliedstrophen dienen besonders dazu, das durch den Knittelvers charakterisierte Milieu altdeutscher Prägung noch deutlicher zu unterstreichen. In diesem Sinne zeigt der Gesang der Bauern unter der Linde am Ostertag mit seiner fröhlichen Bewegtheit die Ausgelassenheit des Landvolks, und ebenso verstärken Branders und Mephistos Cantus mit ihrem gejohlten Refrain in ‚Auerbachs Keller' den Eindruck des Derben und grobschlächtig Rohen der Zechgenossen. Margaretes Lied über den König in Thule kennzeichnet gleichfalls sehr eindringlich ihr Gemüt. ... In Gretchens Gebet am Zwinger dient der naive Ton der ‚spätmittelalterlichen Schweifreimstrophe' (Schema aab / ccb) der ersten 15 Zeilen und der Volksliedverse der folgenden drei Strophen dazu, die Verinnerlichung ihrer Gefühlswelt darzustellen. Somit hebt sie sich von der handfesten Biederkeit des folgenden Valentinmonologs kraß ab und offenbart bei ihrem Alleinsein die zarte Verfeinerung eines Wesens, das sich im Gespräch mit den Freundinnen am Brunnen als Gutherzigkeit kundtat. Die herzliche Innigkeit und Schlichtheit der alten Volksliedstrophen bestimmt den Ton, wo Gretchen allein ist, hier vor dem Andachtsbild der Mater dolorosa und zuvor in ihrer Stube, und es ist bezeichnend, daß diese Lieder in ihrer naiven Anmut genügend Überzeugungskraft haben, um eine ganze Szene für sich tragen zu können."

Wie in der Schlußszene des „Faust II" noch einmal fast alle Versmaße des Werkes auftreten, so ist es auch in der letzten Szene des ersten Teils, der Kerkerszene. Hierzu führt Winkler (S. 20 f.) aus: „Die besprochenen Verse erscheinen in gedrängter Ballung zusammen in der ‚Kerker'-Szene. Sie beginnt im Faustvers, dem der Vorzug über die Prosa der Urfassung gegeben ist, weil der Dichter nicht mehr auf individuelle Ausdruckskunst abzielt. Nur der schwebende Rhythmus des Verses ist in der Lage, dem Geschehen jene allgemeine Gültigkeit zu geben, die Faust mit ‚der Menschheit ganzer Jammer' (V. 4406) bezeichnet, und die Bedrängnis und Enge des Bühnenraums zu durchbrechen. Einen Umschwung in der Stimmung bringt dann Gretchens kurzes Lied, das in seiner knappen und schlichten Eindringlichkeit ihre dem Wahnsinn nahe Verzweiflung ausdrückt und doch am Ende einen Funken der Hoffnung aufglimmen läßt, die auf die ‚Stimme von oben' vorausdeutet. Ebenso wird das Schwanken zwischen hellwacher Einsicht und dem Irrsinn durch den Wechsel von lyrisch zarten Tönen freudigen Wiedererkennens und dem gehetzten Drängen der freien Rhythmen ausgedrückt. Doch in beiden Fällen ist der Vers und Endreim flexibel genug, um der Bewegtheit der seelischen Erregung gerecht zu werden, ohne jedoch die Szene in bloßen Gefühlsausbruch auseinanderfallen zu lassen. Die Aussichtslosigkeit von Fausts Begehren und sein verhaltener Jammer werden in knittelversähnlichen Strophen dargestellt, und die religiöse Bindung (als Gretchen niederkniet, um die Heiligen anzurufen) zeigt sich in den an die Chorlieder erinnernden paarweise gereimten Kurzzeilen. ... Nur der Gebrauch der verschiedenen Versmaße ermöglicht es, ... die verschiedenen Schattierungen innerer und äußerer Vorgänge zu gestalten."

Schließlich ist noch auf die *Prosa* der Szene „Trüber Tag. Feld" hinzuweisen, die aus dem Urfaust übernommen worden ist. Die Verzweiflung Fausts erlaubte dem Dichter die Stilisierung durch den Vers nicht. „Der Vers wäre hier nicht in der Lage, das Äußerste an emotionaler Spannung und an Gefühlsausbruch darzustellen, als Faust hilflos dem Elend und der Verzweiflung Gretchens gegenüberstehen und den sarkastischen Spott Mephistos ertragen muß. Sein tiefer Jammer und seine Reue konnten nur durch die

Ausdrucksgewalt einer an Ausrufen reichen Prosa mit gehetztem Rhythmus dargestellt werden" (Winkler S. 6).

Eine gründliche und systematische Untersuchung der Sprache und der metrischen Formen, wie sie *Kurt May* für den „Faust II" geliefert hat, steht für den ersten Teil noch aus. Ansätze dazu finden sich in *Trunz'* Kommentar in der Hamburger Ausgabe und in *Michael Winklers* Aufsatz „Zur Bedeutung der verschiedenen Versmaße vom Faust I".

Die Erkenntnis dieser in der Dramatik ganz ungewöhnlichen Strukturelemente hat zur wiederholten Erörterung der Frage geführt, ob es sich bei „Faust" überhaupt um ein *Drama* handele. Geht die ältere Forschung noch unreflektiert vom dramatischen Charakter der Dichtung aus, so wird dieser von neueren Interpreten vielfach in Frage gestellt. Noch *Heinrich Rickert* z. B. stellt (2 S. XI) fest: „Mit Rücksicht auf den Gang der darin dargestellten *Handlung* versteht Goethe sein Werk als *Drama.*" „Faust verstehen heißt jedenfalls zunächst: ihn als *Drama* verstehen" (2 S. 7). In der Tat enthält das Werk dramatische Elemente. Diese werden z. B. von *Flitner* herausgearbeitet, wobei der zweite Teil miteinbezogen wird (S. 261 f.): „Umrahmendes Misterienspiel und Binnenhandlung gehören untrennbar zusammen; das irdische Geschehen wird vom überirdischen wie ein Juwel eingefaßt und durchleuchtet. Die Architektur des Gedichts bringt das schön zum Ausdruck. Es folgen sich:

Das Vorspiel auf dem Theater;

Die Exposition für die Rahmenhandlung: der Prolog im Himmel;

Die Exposition für die Binnenhandlung: der Tragödie erster Teil, bis zum Abschluß der Wette mit Mephistopheles;

Die Entfaltung der Binnenhandlung:

I. Fausts Ausfahrt in die kleine Welt — bis zum Schluß des ersten Teils; Stimme von oben;

II. Fausts Ausfahrt in die große Welt — der Tragödie zweiter Teil bis zur Philemon-Baucis-Tragödie;

Abschluß der Binnenhandlung: Die Szenen ‚Tiefe Nacht', ‚Mitternacht' und ‚Großer Vorhof des Palastes';

Abschluß der Rahmenhandlung: Die Szenen ‚Grablegung' und ‚Bergschluchten'.

Beide Handlungen haben ihre Exposition und ihre Abschlüsse, und beide werden durch Abreden im Gang erhalten, durch Verträge und Wetten. ... Die Geschichte Gretchens in der Binnenhandlung ist als eine Läuterungstragödie behandelt. Eine gute und reine Natur wird durch einen edlen Zug, ihre Liebe, in Schuld verstrickt und zur Übeltäterin; sie bereut und büßt, und indem sie sich dem Gericht willig wie einer heiligenden Hilfe darbietet, kämpft sie sich zur Freiheit hindurch. Soweit ist der Vorgang im Stil der modernen ‚klassischen' Tragödie abgeschlossen."

Die in sich verklammerten Monologe haben *Expositions*charakter. Hier entfalten sich vor dem Leser die Persönlichkeit Fausts und seine Geistigkeit. *Streicher* (S. 94) führt aus, die Funktion der „monologischen oder quasi monologischen Partien der Faustintroduktion" bestünden darin, „die geistige Basis des ganzen ‚Faust', das ‚Faustische' freizulegen". Faust erscheine hier noch im Zustande der Introversion und Weltlosigkeit. Stärker dramatischen Charakter haben Partien wie die beiden Studierzimmerszenen und die Gretchenhandlung — allerdings auch nur in eingeschränktem Sinne —, in dieser wiederum die Valentinszene, die selbst wie eine Kleintragödie mit Exposition, Peripetie und Katastrophe gestaltet ist. Daneben aber gibt es eine Zahl von sogenannten *Revueszenen,* die dazu dienen, Menschengruppierungen, Figurenkonstellationen, Verhältnisse und Situationen nur darzustellen. Zuweilen nimmt das dort Dargestellte allegorischen oder symbolhaften Charakter an. Typische Revueszenen sind die Szene „Vor dem Tor", die Walpurgisnacht und der Walpurgisnachtstraum. Goethes Revueszenen leiten sich aus der Tradition der Maskenzüge her. Dies macht deutlich — und darin stimmen die meisten neueren Forscher überein —, daß man „Faust" nur in sehr eingeschränktem Sinne als Drama ansehen kann. Es überwiegen vielmehr die epischen Züge. Das bestätigt Goethe selbst, wenn er am 27. Juni 1797 über den „Faust" an Schiller schreibt: „Ich werde sorgen, daß die Teile anmutig und unterhaltend sind und etwas denken lassen, bei dem Ganzen, das immer Fragment bleiben wird, mag mir die neue Theorie des epischen Gedichts zustatten kommen." Am 13. Februar 1831 sagt er zu Eckermann: „...im Grunde sind doch ‚der Auerbachsche Keller', ‚die Hexenküche', ‚der Blocksberg', ‚der Reichstag', ‚die Maskerade', ‚das Papiergeld', ‚das Laboratorium', ‚die Klassische Walpurgisnacht', ‚die Helena' lauter für sich bestehende kleine Weltenkreise, die, in sich abgeschlossen, wohl aufeinander wirken, aber doch einander wenig angehen. Dem Dichter liegt daran, eine mannigfaltige Welt auszusprechen, und er benutzt die Fabel eines berühmten Helden bloß als eine Art von durchgehender Schnur, um darauf aneinanderzureihen, was er Lust hat."

Auf die epischen Züge im Werk weist schon *Lukács* hin, ohne aber diesen Aspekt zu verabsolutieren: „Auch ästhetisch ist der ‚Faust' eine ‚inkommensurable' Produktion. Er ist weder dramatisch noch episch, obwohl er die höchsten Qualitäten beider Genres in sich vereinigt" (S. 193). „Indem er die typischen Stufen der Menschheitsentwicklung als eine Kette von Tragödien empfand, deren Zusammenhang und Totalität jedoch nicht mehr tragisch sind, mußte aus dieser Weltauffassung ... eine solche episch-dramatische Form herauswachsen: eine Form, in der keines der beiden Prinzipien überwiegt und die gegenseitige dialektische Durchdringung beider eine einzigartige Einheit und dynamische Balance schafft" (S. 195).

Wolfgang Streicher untersucht das Werk unter Verwendung der Kategorien *„Substantialität“* und *„Funktionalität“*. Funktionalität liegt vor, wenn eine Szene funktional in ein dramatisches Handlungsgefüge eingebaut ist, Substantialität, wenn eine Szene als eine ästhetische Einheit in sich selbst ruht, ohne auf andere Werkteile und das Werkganze funktional bezogen zu sein. Er kommt zu dem Ergebnis, daß der „Faust“ sehr weitgehend substantialen, d. h. quasi-epischen Charakter hat. Dies sei in der Konzeption des Helden selbst begründet, der keine dramatische Figur sei, sondern unter der Kategorie der *Möglichkeit* stehe; er *entwerfe* seine Existenz und seine Situation. „Dieser Charakter bedeutet Entwurf, Entwurf verschiedener Existenzformen“ (S. 89). Es handele sich bei dem Werk um eine Reihung von Existenzformen, die zu entwerfen Faust von dem Streben nach immer reinerer Tätigkeit getrieben werde.

Auch *Requadt* weist auf die *epischen* Züge des Werkes hin (S. 60): „Man kann vom Äußerlichsten ausgehen und in Analogie zu einem epischen Werk bestimmte Handlungsphasen eingrenzen. Ein zeitlicher Bogen spannt sich vom ersten nächtlichen Monolog Fausts über den Ostertag zur abendlichen Rückkehr in das Studierzimmer und zum Erscheinen Mephistos; die sogenannte Paktszene mit dem Auftritt des Schülers fügt sich dem an. Von der Gretchenhandlung schließt sich der größte Teil wiederum zu einer Zeiteinheit zusammen, in der Valentinszene deutet Mephisto auf die ‚herrliche Walpurgisnacht‘ voraus, die ‚übermorgen‘ wiederkehren wird (V. 3660 ff.), doch schon in der Domszene hat sich das Zeitgerüst so gelockert, daß ein naturalistisch verfahrender Ausleger glaubte fragen zu müssen, ob Gretchen in der Zwischenzeit das ihr von Mephisto gegebene Schlafmittel nicht öfter bei ihrer Mutter angewandt und sie durch ein Versehen zuletzt deren Tod verursacht habe. Von der Walpurgisnacht ab verliert sich die Zeitbestimmung vollends; nur noch Stationen auf dem Wege Fausts werden hervorgehoben.“ Das Strukturprinzip der Kontinuität der Zeit ist also weitgehend aufgegeben; es erweist sich, daß die Architektur von Systole und Diastole, von Konfiguration, Spiegelung und Leitmotivik getragen wird.

Schließlich ist noch festzustellen, daß nicht nur der zweite Teil in wesentlichen Stücken als *Oper* angelegt ist, sondern daß auch der erste Teil des Werkes opernhafte Züge trägt. Schon *Beutler* (S. 558) weist auf „die fast opernhafte, gesangmäßig verteilte Schilderung des Aufstieges zum Berg“ hin. *Hermann Fähnrich* hat die Einwirkungen von Goethes Vorstellungen zur Reform der Oper auf den „Faust“ untersucht. Dabei stellt er fest (S. 253 f.): „Der erste Teil der Fausttragödie zeigt einen Wechsel von wort- und musikdramatischen Szenen, die streng von einander geschieden sind. Dem Wort sind die Szenen menschlichen Ringens und Kämpfens, Leidens und Untergangs vorbehalten, während die Musik — im Sinne Shakespeares — das Göttliche, Dämonische, Übernatürliche und Zauberhafte schildert. ... Die musikdramatischen Szenen gestalten den Einfluß göttlich-dämonischer Kräfte (Prolog im Himmel, Erscheinung des Erdgeists), teuflisch-dämonischer Kräfte (Hexenküche und Walpurgisnacht) und die Verbindung beider Elemente in der Domszene. Formal verwendet Goethe das Monodrama, das Chorfinale (Ostergesänge) und die Opernszenen (Hexenküche, Walpurgisnacht und Domszene). ... Die wortdramatischen Szenen erfordern gelegentlich, dem Schauspiel der Goethezeit entsprechend, Inzidenzmusik: Liedeinlagen in der Szene ‚Vor dem Tor' und in ‚Auerbachs Keller'. Melodramen in der Beschwörungsszene und Paktszene sowie in den Szenen Gretchens am Spinnrad und Gretchen vor der Mater Dolorosa. Entscheidend aber ist hier die Ausdruckskraft des Dichterwortes. In diesem harmonischen Gleichgewicht zwischen Wort- und Musikszenen hat Goethe seine Forderung, daß Wort und Musik ebenbürtige Partner sein sollen, erfüllt." Leitmotivik und kontrapunktische Führung der Personen (sehr deutlich in der ersten Gartenszene) entstammen der musikalischen Sphäre.

Was die Rahmenhandlung betrifft, so ist schon früh erkannt worden, daß diese den spätmittelalterlichen *Mysterienspielen* nachgebildet ist. Das Mysterienspiel („Prolog im Himmel") geht in die Tragödie über; diese kehrt in den Schlußszenen des zweiten Teils wieder in das Mysterienspiel zurück. „Will man die Goethesche Stilform verstehen, so ist es nötig, davon auszugehen, daß die Dichtung Tragödie und Mysterienspiel zugleich ist, eine in den Rahmen eines Mysteriums gefaßte Tragödie" (v. Wiese S. 144). Goethe „hat das kühne Experiment gewagt, drei an sich wesensverschiedene Dichtungsarten, Tragödie, Komödie und Mysterienspiel, in einem Werk zu vereinen" (Franz S. 12).

Helmut Rehder (1 S. 149) setzt beide Ebenen in eine engere Beziehung, indem er *Vordergrunds-* und *Hintergrundshandlung* sich verflechten läßt: „In der Vordergrundshandlung führen Spannung und Widerspruch zu der (zuweilen in Frage gestellten) Erlösung Fausts — indem Fausts Wollen, ohne daß es ihm wirklich klar wird, den Willen Gottes realisiert (= ‚Ein guter Mensch in seinem dunklen Drange / ist sich des rechten Weges wohl bewußt'). In der Hintergrundshandlung weisen Spannung und Widerspruch auf das Prinzip des *Werdenden* (V. 346 ff.), das — in der Mitte zwischen dem Begriff des Seienden und dem Nicht-Seienden — substantiell dem ‚Willen Gottes' entspricht. Das ‚Werdende' erscheint bezeichnenderweise in der Dichtung gerade dort, wo Faust, als Person, entweder nicht anwesend ist, wie im ‚Prolog im Himmel', oder wo er in höchster Euphorie über sein empirisches Dasein hinaus versetzt erscheint, wie im Ostergesang, der ihn aus dem Wahn der Selbstvernichtung herausreißt, oder wie im Geisterchor, der ihn aus seiner gänzlichen Erschütterung und Selbstvergessenheit wieder ins Dasein zurückpflegt."

Gang der Handlung

Zueignung

Der erste Prolog zum „Faust", die *„Zueignung"*, ist mehr als eine „Gelegenheitsdichtung klassischen Ausmaßes" (Ibel S. 16). Es ist auch falsch, wenn *Rickert* behauptet (2 S. 52), die „Zueignung" sei „mit dem ‚Faust' ohne weiteres nicht in Verbindung zu bringen". Das im Juni 1797 geschriebene Gedicht in Stanzen, „eines der schönsten Beispiele für Goethes lyrische Kunst" (Winkler S. 6), ist vielmehr höchst bedeutsamen Inhalts und verweist auf wesentliche Aussagen des Faust-Dramas. Es ist ferner mit den beiden folgenden Prologen eng verklammert.

Schon die Tatsache, daß Goethe die „Zueignung" in *Stanzen* geschrieben hat, beweist ihre Bedeutsamkeit. *Wolfgang Kayser* hat in seinem Aufsatz „Goethes Dichtungen in Stanzen" festgestellt: „Goethe ... gebraucht die Stanze, um immer wieder auf das ‚Höhere' der Poesie zu deuten" (S. 98). Und: „Die Stanze ist nicht nur das Maß für Sprechdichtung, sondern Spruchdichtung. Sie nennt, die deutet. ... Die Stanze deutet, verkündet; ihr Sprechen kommt aus einem höheren Wissen, und sie spricht von Höherem" (S. 89).

Gewiß hat die „Zueignung" auch autobiographischen Charakter. Aber sie wendet das Subjektiv-Erlebnishafte ins Objektiv-Welthaltige. Sie artikuliert, vom Erleben des Autors ausgehend, die Erfahrung der Vergänglichkeit, nicht nur des Verfließens der Zeit, sondern des Verlustes einer Welt. In der Trauer aber über diesen Verlust erlebt der Dichter, der hier als solcher spricht, eine Verjüngung. Die vergangene Welt, als solche vom Dichter beweint („Träne folgt den Tränen", V. 29), vom Dichter begriffen als „des Lebens labyrinthisch irrer Lauf" (eines der Hauptmotive des „Faust I"!), erhebt sich in der Kunst zu neuer Wirklichkeit (V. 32). Die Tränen sind kein Zeichen weichlicher Sentimentalität, sondern das Mittel der Auflösung der bloßen Erinnerung, „Zeuge der umschmelzenden Kraft" (Stöcklein 2 S. 42). Eines der Themen des „Faust II" wird hier schon berührt.

Goethe spricht hier als Dichter. „Mit der ‚*Zueignung*' hat Goethe sich selbst in die Dichtung versetzt; er hat sie als ihr Urheber an seine Person geknüpft" (Requadt S. 28). Goethe läßt hier, worauf Requadt hinweist (S. 30), das Bild des epischen Sängers entstehen, der die „Schatten" der Vergangenheit wiedererstehen, eine „halbverklungene Sage" (V. 10 f.) wiedererklingen läßt. Das „Leid" des Dichters (V. 21) wird in dem „lispelnd Lied" (V. 28) objektiviert. Die Äolsharfe (V. 28), ein Instrument, das nicht durch die Tätigkeit des Musikers, sondern durch die unpersönliche Kraft des Windes erklingt (Wiederkehr des Motivs am Anfang des zweiten Teiles!) betont die in der dichterischen Schöpfung sich vollziehende Objektivierung. Schließlich verweist die Äolsharfe auch auf die *Musik* als auf die höchste Form der Kunst, die nach den Vorstellungen Goethes Gegensätze ausgleicht und versöhnt. „Welche Bedeutung der Musik als einem Symbol höchster Kunst im Faustdrama zugedacht ist, nimmt die ‚Zueignung' vorweg. Das in unbestimmten Tönen schwebende Lied des Dichters wird mit der Äolsharfe verglichen. ... Das Gedicht ‚Zueignung' klingt aus, indem es an Musik erinnert. Eine Einheit der Gegensätze deutet sich an: das strenge Herz fühlt sich weich. Die Musik ist das Symbol einer Versöhnung, die in sich das Gegensätzliche zu vereinen weiß" (Müller-Seidel S. 108 f.). Wenn Goethe hier auf die Bedeutung der Musik Bezug nimmt, dann ist dies nicht nur ein Ausdruck allgemeiner ästhetischer Grundsätze des Dichters, sondern schon ein Vorausweisen auf die Überhöhung der Dichtung durch die Musik in der Kunstform der Oper, wie sie in beiden Teilen des Werkes intendiert ist, und auf die kunsttheoretischen Explikationen im „Faust II".

Schließlich ist die Äolsharfe ein Instrument, das der heiteren klassischen Kunstwelt des Südens entstammt. In dieser ästhetischen Welt entfaltet sich das Werk, das in „Dunst und Nebel" (V. 6) konzipiert worden ist und sich dort zuerst entfaltet hat. Der polare Gegensatz zwischen *Nord* und *Süd*, zwischen der nordischen Nebelwelt und der südlichen Kunstregion, der als Spannung das ganze Werk durchzieht, deutet sich in der „Zueignung" schon an. „Die nordische Luft, ‚Dunst und Nebel' schwebt befremdend in die freie Helligkeit klassischer Schau. Dadurch entsteht ebenso Störung wie Erregung" (Storz S. 150).

Der marxistische Faust-Interpret *Gerhard Scholz* sagt (S. 102) zu den Wendungen „erste Lieb' und Freundschaft" (V. 12) und „Geisterreich" (V. 26): „Goethe erinnert mit diesen zwei wichtigen Begriffen an die Periode des Sturms und Drangs: an die geselligen Kreise und an die weltanschaulichen Kämpfe jener Zeit. Er verspricht damit für seinen ‚Faust' die Kontinuität in den Kampfzielen des Sturms und Drangs."

Vorspiel auf dem Theater

Der Monolog des Dichters in der „Zueignung" wird der Thematik nach im Dialog des „Vorspiels auf dem Theater" fortgeführt. Der Dichter steht hier in einer Konfiguration mit dem Theaterdirektor und der Lustigen Person. Die biographische Tatsache, die Ibel (S. 16) hervorhebt, daß Goethe sowohl Theaterdichter als auch Theaterdirektor gewesen ist und dabei in manchen Rollenkonflikt geraten sein mag, könnte die Konzeption der Szene mit motiviert haben, ist aber sicherlich ohne Bedeutung. Wesentlich ist vielmehr die dialogische Reflexion über das Selbstverständnis des Dichters, sein Verhältnis zum Publikum und dessen Erwartung sowie die synthetische Funktion der Lustigen Person. *Alwin Binder* (S. 185) sieht als Gehalt des Vorspiels die Antwort auf folgende Fragen: „Was heißt ‚Dichter' sein? Unter welchen Voraussetzungen kann der ‚Dichter' ‚ächtes' Bewußtsein schaffen und falsches verändern? Was ist Umfang und Ziel seiner Tätigkeit? Inwiefern und wodurch vermag er diesem näherzurücken?"

Die Identität des *Dichters* mit dem Autor der „Zueignung" wird von Goethe nicht nur durch die Fortführung der Thematik, sondern auch durch die Wiedereinführung von Wendungen aus der „Zueignung" (z. B. „Lieb' und Freundschaft" V. 12 und V. 65; „Nebel" V. 6 und V. 188) und vor allem dadurch, daß der Dichter zunächst (V. 59—74) die *Stanze* weiter gebraucht, hergestellt. Gegen eine Identität spricht freilich, „daß er der Sehnsucht nach der eigenen Jugend Ausdruck gibt, obwohl diese durch den Schluß der Zueignung gegenstandslos sein müßte. Da Gleichheit und Ungleichheit beide beweisbar sind, liegt der Schluß nahe, daß hier gar nicht die reale Identifikation, die auch psychologische Kontinuität fordern würde, sondern eine ästhetische Spiegelung beabsichtigt ist" (Requadt S. 33).

Der *Direktor* stellt zunächst seine Auffassung von der Aufgabe der dramatischen Dichtung dar: „Ich wünschte sehr, der Menge zu behagen" (V. 37). Der *Dichter,* sein gehobenes Selbstbewußtsein als schöpferischer Künstler in der Stanze ausdrückend, widerspricht dem und grenzt seinen erhabenen Bereich der *Innerlichkeit* („... zur stillen Himmelsenge", V. 63) von der Arena „jener bunten Menge" (V. 59) ab. Er sehnt sich nach einer systolischen Situation, die er von seinem Bewußtsein her freilich nicht als beengend empfindet. Er interpretiert seine Rolle weiter, indem er es als die Aufgabe des Dichters hinstellt, mit dem Mittel seiner Kunst den *„Einklang"* (V. 140) der disparaten Dinge der Welt und die Harmonie der „unharmon'schen Menge" (V. 144) herzustellen, menschliches Leben und Natur in Beziehung zu setzen (V. 150 ff.) und das „Einzelne" mit der Weihe des Allgemeinen zu versehen (V. 148). Die Nähe der poetischen Kreativität zum Bereich des Religiösen wird in Vers 156 angedeutet. Der *versöhnende,* harmonisierende Charakter zeigt sich auch im Gebrauch von Metaphern aus der Sphäre der *Musik,* die von der Lustigen Person in Vers 86 eingeführt, vom Dichter in Vers 149 („... in herrlichen Akkorden ...") aufgenommen und von der Lustigen Person wiederum gebraucht werden (V. 206). Um seine Schöpferkraft steigern zu können, strebt der Dichter in einen Zustand des Ursprungs zurück, „da ich noch selbst im Werden war" (V. 185); er wünscht sich seine Jugend zurück (V. 197). „Die Sehnsucht des Dichters gilt ... keiner materiellen, ... sondern einer ideellen ‚reinen' Vor-Welt, die aus der Sehnsucht der Menschheit nach einem einheitlichen, der Kindheit analogen, Erinnerung und Hoffnung nicht bedürftigen Leben entworfen wird, wo ‚Vernunft, Verstand, Empfindung, Leidenschaft' und ‚Narrheit' (‚Trug', V. 87 f.) nicht zu trennen sind, wo ‚Gefälliges' und ‚Bedeutung' (V. 48), Schein und Sein nicht auseinanderklaffen und der Mensch mit seinem ‚Da'-Sein ein Ganzes in dem Sinne bildet, daß beide voll ineinander aufgehen“ (Binder S. 137). Daß eine Rückkehr in solche Kindheit und Jugend nicht möglich ist, zeigt die Lustige Person in Vers 198 ff., dabei darauf hinweisend, daß der reife Mensch, die „alten Herren“ (V. 210), zu denen auch der Dichter gehört, auch mit dem Mittel der Kunst, ins „bekannte Saitenspiel“ eingreifend (V. 206 f.), eine ideale Welt zu schaffen in der Lage sind, in der die Menschen „wahre Kinder“ werden (V. 213). Während der Dichter in seiner Reflexion über sich selbst und seine Rolle mehr das reine Wesen der Poesie betont, sieht der *Direktor* die Kunst mehr unter dem Gesichtspunkt der gesellschaftlichen Kommunikation. Er bedenkt, daß Dichtung sich immer auch an ein Publikum wendet und daß der Dichter des Verständnisses des Publikums bedarf. Daher fordert er, der Dichter solle vieles bringen (V. 97); er solle die Sinnlichkeit ansprechen und auf Anschaulichkeit ausgehen (V. 91 f.); er müsse auf die Verschiedenartigkeit der Menschen Rücksicht nehmen (V. 57; 97); er solle die Neugier und die Sensationslust des Publikums beachten (V. 42; 92; 117 f.). Goethe war sich selbst der Notwendigkeit der Erfüllung dieser Forderungen durchaus bewußt.

Die *Lustige Person*, zwischen beiden berechtigten, aber einseitigen Positionen vermittelnd, hat tieferes Verständnis für den Dichter. Sie entfaltet dialektisch den Gegensatz von Einzelnem und Allgemeinem und bringt ihn in ihrer Sicht der Poesie zur Versöhnung. Dichterische Schöpfung muß die Kräfte des Denkens, Gefühl und Affektion der Sinnlichkeit zugleich einsetzen (V. 86 ff.); sie soll Ernst und Spiel („wie man ein Liebesabenteuer treibt“, V. 160) zugleich zum Ausdruck bringen. Während der Direktor das richtige Rezept zu haben glaubt, das den Dichter den *Irrtum* vermeiden lasse (V. 130), ist die Lustige Person wie der Dichter sich darüber im klaren, daß die Kunst in eigentümlicher Weise zwischen Wahrheit und Irrtum schwebt und beide in sich begreift (V. 171: „Viel Irrtum und ein Fünkchen Wahrheit“; der Dichter V. 191 f.: „Ich hatte nichts und doch genug: Den Drang nach Wahrheit und die Lust am Trug“). Ein zentrales Leitmotiv wird hier in die Dichtung eingeführt.

Scholz hält die Hauptthese der *marxistischen* Faust-Deutung, das Drama stelle die Geschichte der Selbstbefreiung des Menschen dar, schon im Vorspiel für bestätigt. Der Dichter, zunächst in „falscher Innerlichkeit“ befangen, wandle sich in dem Gespräch und erkenne seine wahre gesellschaftliche Aufgabe. In Vers 156 f. werde deutlich, daß „die Sicherung des Olymps der Kraft des Menschen zugeschrieben wird. Damit ist der Dichter nicht Sprachrohr göttlicher Intuition, ... sondern er ist selber Götterschöpfer und Tatenlenker für die Menschen“ (S. 112). Auch werde „die egoistische Einstellung“ des Dichters, „daß Lieb und Freundschaft zum subjektiven Genuß existieren könnten“, wodurch „die Kategorien Entwicklung und Erneuerung“ ausgeschlossen seien, dahingehend korrigiert, daß auch „die Zeit als Werdemöglichkeit des Menschen" gewürdigt werde. „Ein Werdender wird immer dankbar sein' entstammt den Erfahrungen der Lustigen Person. Der Direktor schließt sich an. Seine Forderung nach den ‚Stücken' und nicht nach einem Ganzen beruht auf dem Prinzip der Zustimmung zum Werdenden. In der Zeitalterdichtung bezieht sich das Werdende auf den Menschen und auf die Gesellschaft, beide sind ‚werdend'. Das Ich und die Welt sind nicht fertig — und damit veränderbar" (S. 112).

Die Schlußverse des Vorspiels bilden zugleich einen Prolog zum „Prolog im Himmel". Das Brettertheater wird zum *Welttheater.* Damit werden nicht nur die Horizonte des Faust-Dramas eröffnet und abgesteckt, sondern es wird zugleich das Geschehen des „Prologs im Himmel" zum Spiel erklärt. „Als Ganzes dem Stück vorausgeschickt, enthebt es (das Vorspiel; H. K.) mit den darin agierenden Personen den folgenden Prolog im Himmel in die Sphäre dichterischer Wahrheit, so daß er gleichzeitig von dem Mißverständnis, massive Realität zu bieten, wie von dem anderen, visionäre Offenbarungswahrheit zu vermitteln, geschützt wird. Es ist Theater, vom Theaterdichter, der ja leibhaftig auftritt, gestaltet" (Requadt S. 33).

Während der „Prolog im Himmel" die „Welt als Theater" darstellt, zeigt das „Vorspiel auf dem Theater" das „Theater als Welt" (Requadt S. 40). Die Dialektik von *Einheit* und *Vielheit,* die das Gespräch der drei Personen, die zu einem Verständnis des Wesens der Dichtung und ihres Verhältnisses zur Gesellschaft gelangen wollen, durchzieht und die leitmotivisch durch den ganzen „Faust" geführt wird, ist Bestandteil Goethescher Philosophie über das Wesen des Seienden überhaupt. *Werner Roß* sagt dazu (2 S. 239 f.): „Was auf den ersten Blick aussieht wie ein Fachgespräch zwischen Theaterleuten, erweist sich als genaues Spiegelbild der Gesamtdialektik des ‚Faust' und der Antagonismen des ‚Prologs im Himmel'. Der Herold der Publikumswirksamkeit ist in Goethes philosophischer Poetik zugleich der Anwalt jener bunten Viefalt, die — gut oder bös — dem menschlichen Bereich zugeordnet ist, sekundiert darin von der Lustigen Person."

Während die neuere Forschung die engere Verflochtenheit der drei Prologe untereinander und mit der ganzen Faust-Dichtung betont, behauptet *Oskar Seidlin,* besonders unter Hinweis auf den in Vers 233 ff. beschriebenen Theatertyp (Ausstattungsrevue und Zauberposse, S. 60), das Stück sei von Goethe ursprünglich als Vorspiel zu seinem Opernlibretto „Der Zauberflöte zweiter Teil" gedacht gewesen. *Alwin Binder* hält das „Vorspiel" eigentlich für einen Prolog zu „Faust II", da die Problematik der Kunst, um die es hier gehe, erst im zweiten Teil voll entfaltet werde: „Es scheint, als habe Goethe beim Dichten des Vorspiels die ganze Problematik von ‚Faust II' vor sich gesehen. Jedenfalls fordert es der Gehalt von Vorspiel und ‚Faust II' — mag es von Goethe so gedacht gewesen sein oder nicht — das ‚Vorspiel auf dem Theater' als spezielles Vorspiel zu ‚Faust II' zu bezeichnen. Es hatte bei seinem Erscheinen ... die Funktion, eine programmatische Vorschau und Begründung dessen zu geben, was der zweite Teil gestalten sollte, oder anzudeuten, was von diesem — im Falle der Nichtvollendung des ‚Faust' — zu erwarten gewesen wäre" (S. 187).

Prolog im Himmel

Der 1800 entstandene Prolog bildet zusammen mit der Schlußszene des zweiten Teils die himmlische Rahmenhandlung des irdischen Geschehens. Motive der „Zueignung“ und des „Vorspiels auf dem Theater“ werden wiederaufgenommen, von anderer Seite beleuchtet und fortgeführt. Der Prolog gliedert sich in zwei Teile: in den Gesang der Erzengel (V. 243—270) und den Dialog zwischen dem Herrn und Mephistopheles (V. 271—353).

Goethe läßt die drei kanonischen Engel der kirchlichen Überlieferung, Raphael, Gabriel und Michael ein Bild der Welt entwerfen. *Raphael* preist die „unbegreiflich hohen Werke“ Gottes (V. 249) im Sinne des ptolemäischen Weltsystems. Er vernimmt die Sphärenharmonie der Planeten, in der sich ihm wie in dem Licht der Sonne symbolhaft Gott offenbart. „Goethe hat die Quelle des Lichts, die Sonne, zeitlebens wie eine Gottheit gepriesen. Die Sonne ist ihm die unmittelbarste Offenbarung der Gottheit, ihr erhabenstes Symbol unter allen Symbolen der Welt“ (Busch S. 37). *Gabriel* hingegen erblickt die Erde, die sich selbst drehend bewegt und auf der sich ein dauernder Wechsel im Toben der Elemente vollzieht. Auch die Erde ist Symbol, in dem sich Göttliches offenbart, das sich hier in der Vielfältigkeit der Natur entfaltet. Die philosophische Diskussion des „Vorspiels“ wiederholt sich hier gleichsam auf anderer Ebene, die bewegte Fülle des Seienden hat neben der Statik des Ganzen ihr Recht, und wie der Dichter als schöpferischer Künstler den „Einklang“ (V. 140) erstellt und „das Einzelne zur allgemeinen Weihe“ ruft (V. 148), so erscheint Gott als der große Kunstschöpfer einer harmonischen Welt. *Michael* führt die gedankliche Schau Gabriels fort. Auch die natürlichen und geschichtlichen Katastrophen, auf die seine Worte hinweisen, bleiben eingebettet in das „sanfte Wandeln“ der großen göttlichen Natur.

Dies alles aber bleibt Symbolik; auch den Engeln ist es nicht möglich, das eigentliche Wesen Gottes zu schauen und zu „ergründen“ (V. 268). „Die Verse der Engel beschreiben einen Kreisbogen, indem sie von der Anschauung der Weltordnung durch die Dissonanzen des Irdischen zu ihr zurückführen. Wenn auch die Ewigkeit und Unabänderlichkeit dieser Ordnung keinen Zweifel duldet, denn die Sonne vollendet ‚nach alter Weise‘ ihre ‚vorgeschriebene‘ Reise (V. 245 f.), so bilden sie doch keine statische Ordnung ab, sondern ein Ganzes, dessen Schönheit davon herrührt, daß es spannungsreich ist als ‚Das Werdende, das ewig wirkt und lebt‘ (V. 345); so macht selbst der Wechsel von ‚Paradieseshelle / Mit tiefer, schauervoller Nacht‘, in dem sich doch Aufschwung und Versagen des Menschen vollzieht, erschaut man ihn von dem universalen Standpunkt der Engel, ‚der Erde Pracht‘ aus (V. 251 ff.). Dies aber ist das Äußerste in der dichterischen Vergegenwärtigung des Absoluten, zu der sich Goethe herbeiläßt“ (Requadt S. 41).

Sehr schön beschreibt *Werner Roß* (2 S. 238 f.) die Strophen der Erzengel: „Drei Strophen sind es, die wiederum ein Dreiklang abschließt. ... Das göttliche Prinzip beherrscht die erste Strophe, das Licht als Urschöpfung des ersten Tages, die Sonne als der Lichtträger (so erscheint sie auch wieder in der Eröffnungsszene von ‚Faust II'!). Aber die Sonne tönt zugleich in Brudersphären Wettgesang; sie ist zugleich — pythagoreisch — Ur-Harmonie, ‚Konzert', ein trächtiger Wettkampf. Die zweite Strophe bringt die Zweiheit, die Spaltung, den Wandel: Sie führt vom Himmel zur Erde, vom Licht zu Tag und Nacht, vom Kosmos zum Kampf von Land und Meer. Die dritte steigert die Bewegung und läßt sie im mephistophelischen Prinzip der Entzweiung und Zernichtung gipfeln. Von hier aus laufen Fäden zu Mephistos Selbstcharakteristik ... und zu Faustens Dammbauplan im zweiten Teil. Aber die dritte Strophe biegt auch wieder in die kosmische Ordnung zurück. Wie Tag und Nacht und Land und Meer doch im Gesetz des Sphärenlaufs zu wilder Ehe verbunden sind, so brausen nun auch die Stürme ‚um die Wette' und sind in die ‚Kette' der kosmischen Wechselwirkungen gebannt. Ja, selbst das ‚blitzende Verheeren' ist ambivalent; ‚segnende' hat Goethe die Blitze genannt, und der ‚Donnerschlag' antwortet auf seine Weise dem ‚Donnergang' der Sonne wie ‚um die Wette' dem ‚Wettgesang'. Die ausdrückliche ‚Auflösung' geben die schönen Verse des Pater profundus im ‚Faust II'. ... So versinkt die zum Chaos erregte Welt, als ob sie selbst der Blitz getroffen hätte, vor dem simplen ‚doch' des nächsten Verses, vor den fünf Worten ‚das sanfte Wandeln deines Tags', in denen Licht und Bewegung der ersten Strophe wiederkehren, aber nicht mehr majestätisch, sondern himmlisch mild."

Zum *Vers* sagt Winkler (S. 13 f.): „Der ‚Prolog im Himmel' beginnt mit der feierlich getragenen Vortragsweise der drei Erzengel. In gleichmäßigem Rhythmus, dessen Ruhe noch durch die Verskette und den schwebenden Ausklang der weiblichen Kadenz verstärkt wird (auch wo das Versende ‚stumpf' ist, tritt eine kurze Atempause ein), preisen sie etwas ewig Beständiges und in allem Wechsel doch unabänderlich Zeitloses und Erhabenes." Der erhabenen Sphärenmusik entspricht der erhabene Gesang der überirdischen Wesen. Der in *Musik* sich ausdrückende *Einklang* verbindet Objekt und Subjekt des Lobpreisens. Ein leitmotivisches Thema der „Zueignung" und des „Vorspiels" wird hier wieder aufgenommen; es erscheint unter neuem Aspekt. Das Opernhafte der Szenerie aber stellt zugleich wiederum ironische Distanz her.

In dem folgenden Gespräch zwischen dem Herrn und Mephistopheles wird von dem Bild der Schöpfung, das die Erzengel entworfen haben, in den irdischen und menschlichen Bereich übergeleitet. Die Faust-Handlung wird expositionell vorbereitet und in ein Gesamtbild der Welt eingefügt. Zugleich werden zwei Bilder vom Wesen des Menschen entworfen.

Mephistopheles sieht nicht nur das Elend des Menschen („Ich sehe nur, wie sich die Menschen plagen", V. 280), sondern spricht auch über dessen Ursache: das Wesen des Menschen, halb Vernunft, halb Tierheit (V. 285 f.), hat dieses Elend hervorgebracht. Der „Schein des Himmelslichts" (V. 284), der auf ihn gefallen ist, zunächst zu verstehen als Abglanz des Göttlichen, wird zweideutig zugleich zum Scheinhaften. Mephisto gebraucht schon hier die *Tier- und Ungeziefermetaphorik,* die in seinen Worten leitmotivisch das Werk durchzieht (V. 288 ff.). Die erhabene Unerschütterlichkeit der Natur, die von den Engeln gepriesen wird, erscheint in den Augen Mephistos, die nur auf die kleine Menschenwelt gerichtet sind („Von Sonn' und Welten weiß ich nichts zu sagen", V. 279), als die nichtige Wiederholung von Sinnlosigkeiten. Eine Steigerung gibt es für Mephistopheles nicht. Auch ein hervorragendes Exemplar der Gattung Mensch wie Faust kann von ihm nicht anders beurteilt werden: sein hohes Streben erscheint als Torheit und „Tollheit" (V. 300 ff.). Und so bietet der Teufel Gott die Wette an, daß auch dieser besondere Mensch Staub mit Lust fressen werde (V. 334), wenn er ihm nur überlassen werde (V. 312 ff.).

Der Herr sieht den Menschen anders; zwar kennzeichnen Irren und Verworrenheit das Wesen des Menschen, aber:

> „Ein guter Mensch in seinem dunklen Drange
> Ist sich des rechten Weges wohl bewußt" (V. 328 f.).

Der Mensch ist der Reife und der Steigerung fähig; wie eine Pflanze, ein „Bäumchen", entwickelt er sich allmählich unter der Obhut des göttlichen Gärtners (V. 310 f.). „Indem er sich selbst einem Gärtner gleichsetzt, bekennt sich der Herr schon hier zu seinem Glauben an das organische Wachstum seiner Schöpfung" (Politzer S. 350). Daß der Mensch wesenhaft *irrt,* spricht nur Gott aus, nicht Mephistopheles. „Es irrt der Mensch, solang' er strebt" (V. 317). Daß er irrt, ist aber nur möglich, weil er *strebt,* weil er sich selbst, weil er Irdisches transzendiert. Für Mephisto ist der Irrtum des Menschen nicht von Bedeutung, weil er auch dessen Streben für illusionär und nichtig hält, für Torheit und „Tollheit". Mephisto bietet dem Herrn eine *Wette* an (V. 312 ff.). Der Herr geht auf dieses Angebot nicht ein; nirgends gebraucht er das Wort „Wette". Gott kann mit Mephisto nicht wetten, weil beide nicht auf gleicher Ebene stehen. Wenn Gott Mephisto erlaubt, Faust zu versuchen, so ist er sich dessen bewußt, daß ein strebender Mensch aus dem Irrtum zur Wahrheit, aus der Verworrenheit zur Klarheit zurückfindet (V. 308 f.; 328 f.). Goethes religiös fundierter Glauben an die Güte des Menschen wird hier artikuliert. Requadt sagt dazu (S. 58): „In den Augen Gottes ist irdisches Leben identisch mit Irren und Streben. Der Mensch mag, von Mephisto verführt, in Irrtum fallen, aber er wird als Strebender daraus zur Wahrheit zurückfinden. Stellt er ihm die Bedingung, daß er Faust nur versuchen darf, solange er lebt (und das heißt ja, solange er irrt und strebt), so annulliert er diese Bedingung zugleich, denn gerade in dieser Verfassung ist Faust immun. Nur in der Perspektive Mephistos also ist dieses Abkommen eine Wette. Er mißversteht jene Aussage, indem er Leben auf das Physische reduziert und in der ihm gewohnten Tiermetaphorik das Gleichnis von Katze und Maus bringt. ... Gott spricht vom ‚Urquell' (V. 324), Mephisto droht, daß der gefallene Faust ‚Staub' fressen soll (V. 334 f.); so setzt er das Tote gegen das Lebendige."

Die Frage, ob Gott mit dem Teufel wettet, hat wiederholt die Interpreten beschäftigt. Schon *Rickert* (2 S. 74) verneint eine Wette: „Gott wettet nicht, sondern gibt lediglich die erbetene Erlaubnis, wie er es im Buche Hiob tut. Er verspricht, seinen Knecht Faust sich selbst zu überlassen, und er kann dieses Versprechen geben im festen Vertrauen darauf, daß Faust sich selbst zu helfen wissen wird." Daß sich Goethe zu dem „Prolog" von dem *Buch Hiob,* Vers 6—12, anregen ließ, hat er selbst geäußert. 1773 weist Goethe in den „Frankfurter Gelehrten Anzeigen" auf die Bedeutung des Buches Hiob hin. Am 18. Januar 1825 sagt er zu Eckermann: „Wenn auch der Einführungsteil des Faust dem des Hiob gleicht, schadet das gar nichts. Darum darf ich nicht getadelt, sondern gelobt werden." Ähnlich äußert sich der Dichter am 10. Dezember 1825 zu Friedrich von Müller. Erstmalig hat *Minor* in seinen „Faust-Studien" (Teil 2, S. 283 ff.) die Benutzung des Buches Hiob durch Goethe beschrieben. Goethe weicht aber auch von dem Buch des Alten Testaments ab. Dazu sagt *Requadt* (S. 43): „Obgleich die Rahmenhandlung des Prologs den Geschehnissen des Buches Hiob entspricht, kann man Hiob und Faust als Personen nicht in Deckung bringen, denn in einem entscheidenden Punkte gehen sie auseinander: Während Hiob ohne sein Zutun und darum unverschuldet in die Versuchung des Teufels gerät, läßt sich Faust willentlich (unter welchen Bedingungen auch immer) mit jenem ein. Es ist dies die spezifisch Goethesche Wendung des Themas, durch welche Faust Freiheit, Irren und Schuld zugeteilt wird."

Nach Minor hat sich neuerdings *Tokuji Tokuzawa* intensiv mit den Beziehungen zwischen dem „Prolog im Himmel" und dem *Buch Hiob* beschäftigt. Er weist nach, daß Goethe die Idee zu der Anlehnung des Prologs an den biblischen Text durch Pfitzer vermittelt worden ist. Nicht nur der Prolog im Himmel enthalte zahlreiche Anklänge an das Buch Hiob, sondern dessen Motive durchzögen das ganze Faust-Drama. Zu den Beziehungen zwischen dem „Prolog im Himmel" und dem Buch Hiob führt Tokuzawa im einzelnen aus (S. 36 f.): „Goethe hat auf diese Weise durch die Vermittlung Pfitzers so viel vom Buch Hiob gelernt, daß dieses die Vorstufe zum ‚Prolog im Himmel' werden konnte: 1. der Herr erscheint zusammen mit den drei Erzengeln, 2. Mephistopheles ist anwesend, 3. der Name von Gottes Knecht, Faust, kommt zur Sprache, und 4. zwischen dem Herrn und Mephistopheles wird eine Wette eingegangen. (—) Ich will dies nun mit dem Hiob vergleichen: 1. Eines Tages kamen Gottes Kinder und stellten sich vor den Herrn (1, 6). 2. Auch der Satan kam und war dabei. 3. Der Herr sprach zum Satan: ‚Hast du nicht achtgehabt auf meinen Knecht Hiob? Denn es ist seinesgleichen nicht im Lande, schlicht und recht, gottesfürchtig, und er meidet das Böse' (1, 8). 4. Der Satan antwortete dem Herrn und sprach: ‚Meinst du, daß Hiob umsonst Gott fürchtet? (1, 9) Hast du doch ihn, sein Haus und alles, was er hat, ringsumher verwahrt. (1, 10) Aber recke deine Hand aus und taste an alles, was er hat: was gilt's, er wird dir ins Angesicht absagen?' (1, 11) Der Herr sprach zum Satan: ‚Siehe, alles, was er hat, sei in deiner Hand; nur an ihn selbst lege deine Hand nicht.' (1, 12) (—) Auch im Ausdruck gibt es einige Ähnlichkeiten zwischen ‚Hiob' und ‚Faust'. So kann man etwa die Stelle ‚Was gilt's?' (nach Luther) mit der Stelle ‚Was wettet Ihr?' (Faust, V. 312) vergleichen. (—) An weiteren Motivähnlichkeiten seien genannt: 1. Der Lobgesang der drei Erzengel im ‚Prolog' kommt wohl von der Stelle ‚... da mich die Morgensterne miteinander lobten und jauchzten alle Kinder Gottes?' (Hiob 38, 7). 2. Das Zikadengleichnis (Faust V. 287) scheint die Umformung der Heuschrecke (Hiob 39, 20) zu sein. In verschiedenen Kommentaren zum ‚Faust' wird die Zikade denn auch als Heuschrecke ausgelegt. 3. Im ‚Hiob' (39, 20) kommt die Stelle ‚Läßt du es aufspringen wie die Heuschrecken? Schrecklich ist sein prächtiges Schnauben'. Dieses Schnauben ist im ‚Faust' zur Nase geworden: ‚In jeden Quark begräbt er seine Nase' (V. 292)."

Mephistopheles ist eigentlich nicht Gegenspieler des Herrn, sondern eine in der irdischen Natur und im Geschichtlichen wirkende Kraft, die „reizt und wirkt und muß als Teufel schaffen" (V. 343). Wie der Mensch, so hat auch Mephisto die *Freiheit* zu handeln, aber eine Freiheit, die ihre Grenzen im Rahmen der göttlichen Ordnung findet. Daher ist seine Freiheit aus der Sicht Gottes nur eine scheinbare (V. 336); auch seine Tätigkeit ist in den göttlichen Weltplan eingeordnet. „So erscheint Freiheit, die vom Schöpfer den verneinenden Geistern und dem Schalk Mephistopheles ebenso gewährt wird wie dem Menschen Faust, als Spielraum oder Element des Werdens. Das Ziel solchen Werdens liegt insgeheim fest, wie im Samen die Gestalt, in der Blüte die Frucht schon beschlossen liegt. Die Schöpfung erscheint in diesem Vorspiel als Entelechie: die Freiheit des Geschöpfes ist insgeheim gebunden" (Storz S. 160). Mephisto gehört zum „Gesinde" Gottes (V. 274); ob er als ein gefallener Engel angesehen werden muß, ist umstritten. Es fehlt ihm das Verständnis für die „lebendig reiche Schöne" des Kosmos, das die Erzengel als „echte Göttersöhne" besitzen (V. 344 f.), und für die Liebe (V. 347). So bleibt er beschränkt. „Weil sein Gesichtskreis beschränkt ist, weil ihm der Blick auf das Ganze abgeht, kann der Herr nicht anders, als Mephisto im Glauben lassen, er habe eine Wette abgeschlossen, und in seiner Perspektive bleibt es eine Wette" (Requadt S. 43). Des Herrn Überlegenheit läßt ihn Mephisto letzten Endes nicht ernstnehmen; er nennt ihn großzügig einen „Schalk" (V. 339); das ist in Goethes Sprachgebrauch „eine Person, die mit Heiterkeit und Schadenfreude jemand einen Possen spielt" (Lavater in seinen „Physiognomischen Fragmenten" nach Buchwald S. 337).

Zu den *Schlußworten* Mephistos (V. 350 ff.) sagt *Thomas Mann* in seinem Essay „Über Goethes Faust" (1939) sehr schön (S. 602 f.): „Nicht umsonst sind diese leichten Verse so berühmt geworden; sie sind im Grunde von kompliziertestem Humor. Das Göttlich-Positive als das Grandseigneurile, das Humanität genug besitzt, sich mit der Opposition einzulassen, und die geschmeichelte Anerkennung dieser Leutseligkeit eben durch den sich als inferior empfindenden Widerspruch, das ist der reizendste kosmische Scherz, ein rechter Dichterspaß — und äußerst charakteristisch für diesen Dichter, der sich jederzeit aller Opposition und Negation gegenüber als großen Herrn und als Repräsentanten des Positiven empfand."

Das marxistische Autorenkollektiv *Albrecht, Bastian* und *Mittenzwei* schreibt zur Rolle Mephistos und Gottes im „Prolog“ (S. 427): „Mephistopheles ist als Vertreter und Prototyp des ‚Bösen‘ nicht in der Lage, aus der Vielzahl der von ihm beobachteten und beklagten Erscheinungen, die er allerdings nur von seiner negativen Grundhaltung her sehen kann, eine Perspektive für die Menschheit zu erblicken. Mephisto ist der Welt der Erscheinungen, der Oberfläche verbunden. Alles vorwärtsgerichtete Streben erscheint ihm müßig, jeder tiefere Sinn des Lebens töricht, da er grundsätzlich jede Möglichkeit der Weiterentwicklung negiert. So versteht er das Bemühen Fausts, dessen Beispiel ihm vom Herrn als positiver Beweis entgegengehalten wird, auch nur als Tollheit.“

Zum *Vers* Mephistos sagt *Trunz* (S .493): „271 ff. bei Mephisto setzen Fünfheber ein, zunächst noch regelmäßig und mit Kreuzreim, also den vorigen angepaßt, dann aber 281 ff. zum reinen Madrigalvers werdend; damit tritt Mephistos eigene Sprache hervor.“

Die Betrachtung der drei Prologe des Werkes hat gezeigt, daß diese in einem engen Zusammenhange stehen. *Leitmotive* verknüpfen sie miteinander, ziehen sich durch sie hindurch und in das Faust-Werk hinein. Die Themen *Kunst und Wirklichkeit, Wesen der Dichtung und des Dichters* werden in ihnen angesprochen und von verschiedenen Seiten her beleuchtet. Die Funktion des Dichters übernimmt im „Prolog im Himmel“ *Gott,* der den *Einklang* alles Seienden schöpferisch herstellt. Er läßt von überlegener Position her das Welttheater-Geschehen ablaufen, den Handelnden dabei ihre begrenzte Freiheit zugestehend. Eng mit diesem Motivbündel verknüpft ist das Motiv der *Musik,* das in den drei Prologen wiederkehrt. Das Leitmotiv des *Irrens* wird im „Vorspiel“ eingeführt, im „Prolog“ aufgenommen und kehrt im Drama wieder. Es wird angereichert durch das Motiv des *Strebens. Tier- und Pflanzenmetaphorik,* der *Nord-Süd-Gegensatz,* die Dialektik von *Einheit* und *Vielheit* haben hier ihren Ursprung. Vers- und Sprachgestaltung leiten von einem Prolog in den anderen über.

Den *Zusammenhang der Prologe* betont (neben anderen Autoren) *Stuart Atkins* (S. 22): „Prologue in Heaven is, above all else, an extension of Dedication and Prelude on the Stage, and the three prologues together constitute the frame of reference in which the data of existence pretended in The Tragedy of Faust may be objectively evaluated.“ Zum *Expositionscharakter* des „Prologs im Himmel“ sagt *Streicher* (S. 93 f.): „Die Vorwegnahme des Faustprinzips und Faustgeschicks in der Zeitlosigkeit des Himmels erfüllt trotz der Kürze und Abstraktheit voll und ganz den Zweck einer ‚Exposition‘: sie bereitet die Begegnung Fausts mit Mephistopheles vor und bekommt so eine funktionale Bedeutung; zugleich schildert sie in nuce den Charakter Fausts, die Angriffsflächen, die er einer Psychomachie bietet, kurz, das Grundprogramm, nach dem sich das Faustgeschehen entwickeln wird. In seiner Gesamtheit zeigt der ‚Prolog im Himmel‘ ein typisches Merkmal der Kompositionstechnik, deren sich Goethe im ‚Faust‘ bedient: das allmähliche, gleichsam zufällige Herantasten an das zentrale, zu Entwicklung und Weiterführung bestimmte Motiv. Langsam führt die Funktionslinie von der Darstellung der Zeitlosigkeit des Himmels, verkörpert durch die Engel, über das Erscheinen Mephistos, mit dem zum ersten

Male Zeit und damit Entwicklung gesetzt wird, zu Faust, zum Kampf um Fausts Seele. Dieses schrittweise Erschließen des Motivkerns ist ein häufiges Stilmittel im ‚Faust', bedürfen doch hier viele Motive eigener ‚Expositionen', die nur dadurch zu rechtfertigen sind, daß sie ihren Wert in sich selbst haben, daß sie dem Reich der Substantialität angehören."

Friedrich Koch (S. 253) sieht zwischen dem „Prolog im Himmel" und dem Drama einen entscheidenden Bruch, den er aus der Entstehungsgeschichte des Werkes erklären will: „Zwischen den Aussagen des Prologs und dem Sachverhalt der Faust-Handlung selbst besteht also ein unüberbrückbarer Gegensatz. Nach dem Prolog ist Fausts Streben im Letzten zu Gott hingewandt, tatsächlich ist es Abkehr von Gott und Abwehr gegen Gott. Der ‚Herr' des Prologs läßt Faust im Vertrauen auf den ‚dunklen Drang' seinen Weg laufen und gibt Mephisto freie Hand; in der Faust-Handlung geht Gott in seiner Liebe Faust nach, der sich längst von ihm gelöst hat, und versucht ihn zu retten. Im Prolog wird Fausts Vermessenheit und Sünde verharmlosend umgedeutet als verworrenes Streben zu Gott hin, und damit die Sünde gerechtfertigt; in der Faust-Handlung erscheint Fausts Streben in seiner Maßlosigkeit als Sünde, die zum Tode führt, und der Sünder wird gerufen, sich retten zu lassen. Faust bleibt jedoch der unbußfertige Sünder, der dem Ruf nicht folgt. Die Aussagen des Prologs, in dem doch so offensichtlich an biblische Vorstellungen angeknüpft wird, stehen nicht nur im Gegensatz zur Faust-Handlung, sondern zugleich auch im schärfsten Widerspruch zu dem Urteil der Bibel über den Menschen und sein Wollen. Goethe schließt sich zwar an ein biblisches Motiv an (Hiob 1, 6—12; 2, 1—8), füllt es aber mit einem ganz und gar unchristlichen Geist. An die Stelle des ‚gottesfürchtigen' Hiob (Hiob 1, 1) ist Faust mit seinem Streben nach Gottgleichheit getreten. Trotzdem bleibt das Urteil des ‚Herrn' über Fausts Haltung positiv. Wie kommt es dazu? Goethes Absicht ging bei der Wiederaufnahme der Arbeit am „Faust" im Jahre 1797 auf eine bewußtere Betonung der schon im Faust-Fragment herrschenden Idee vom ‚faustischen Streben' hin. An Schiller schreibt er, daß er ‚die Ausführung des Planes, der eigentlich nur eine Idee ist, näher vorbereite'; er habe, ‚eben diese Idee und ihre Darstellung wieder vorgenommen' und sei sich selbst ‚ziemlich einig' (Brief an Schiller am 22. Juni 1797). Seine und Schillers Gedanken träfen, wie er diesem einige Tage später mitteilt, ‚recht gut zusammen' (Brief an Schiller am 27. Juni 1797). Noch im Jahre 1797 entsteht nach der Eckermann-Riemerschen Chronologie der ‚Prolog im Himmel'. Goethe sieht in ihm wohl eine Möglichkeit, die Idee vom ‚faustischen Streben' deutlich sichtbar dem ganzen Werk voranzustellen."

Worterklärungen und Hinweise:

Mephistopheles: Herkunft und Bedeutung des Namens sind nicht geklärt; wahrscheinlich aus dem Hebräischen (Verderber, Zerstörer, Lügner). Der Name tritt schon im Volksbuch (hier: „Mephistophiles") und in den Puppenspielen auf. *„Der kleine Gott der Welt"* (V. 281): Der Ausdruck stammt von Leibniz, Theodizee I § 117. *„Ein guter Mensch"* (V. 328): dazu *Ibel* (S. 18): „Der gute Mensch ist nicht im eng moralischen Sinne zu verstehen: Es ist der Wohlgeratene, der Tüchtige, in dem die ‚Erbtugend' wirksam ist, die ja Goethe der christlichen Erbsünde zur Seite und entgegenstellte."

Nacht

Am Anfang der Szene „Nacht" wird uns Faust als eine introvertierte und „monologische Existenz" von extremer „Weltlosigkeit" (Streicher S. 95) vorgestellt. Schon die *Regieanweisung* „In einem hochgewölbten, engen gotischen Zimmer" weist auf die Enge seines Daseins, auf seine *systolische* Situation hin.

Der *Eingangsmonolog* hat *expositorischen* Charakter; er stellt Fausts Lage am Ausgangspunkt der Handlung dar und entwickelt zugleich ein Bild seines Wesens und seiner Lebensgesetzlichkeit, die durch Systole und Diastole bestimmt ist. Dazu sagt *Storz* (S. 164): „Dieser Monolog ist nicht Mittelglied, ist nicht Vorbereitung für die Dialog- und Spielszenen, sondern er kreist in sich selbst als eigenes Spiel. So stellt er denn fast so etwas wie ein weiteres, drittes Vorspiel — nunmehr auf der Erde dar. ... Der erste Teil des Monologes — vor der Wagnerszene — mündet in einen dialogischen (mit dem Erdgeist), der zweite geht gleichfalls, freilich auf andere Weise, ins Dialogische über (das Responsorium zwischen Faust und dem Osterchor). Durch diese Gliederung läuft spürbar jedoch *ein* einheitlicher Grundzug: der immer sich wiederholende Wechsel zwischen Anstieg und Abstieg, Spannung und Lösung."

Das *gotische* Zimmer verweist (ebenso wie der *Knittelvers*, dessen Faust sich V. 354—385 bedient) auf das *Altdeutsche*, das, wie Requadt (S. 62) darlegt, für Goethe längst seinen Nimbus verloren hat. Die Gelehrsamkeit, die Faust bislang geprägt hat, ist dieser für Goethe historisch überholten Sphäre zugeordnet. „Das Altdeutsche identifiziert sich mit dem ‚Nordischen', hüllt sich in Nebel, verquickt sich mit dem Teufels- und Hexenspuk des Blocksbergs. ... In der Perspektive des nachitalienischen Goethe, die den ersten ‚Faust' schon mitbestimmt, erscheint dies nordische Welttreiben, in das der irrende Mensch verstrickt ist, selbst als ein einziger, wenn auch produktiver Irrtum" (Requadt S. 62).

Faust befindet sich als Wissenschaftler in einer tiefen *Krise*. Trotz seiner umfassenden Studien und seiner enzyklopädischen Gelehrsamkeit (V. 354 ff.) hat er erkannt, „daß wir nichts wissen können" (V. 364). Das bloße immer endlich bleibende Wissen genügt ihm nicht. Es besteht nicht vor dem Anspruch seines *Herzens* (V. 365). Er will das *Wesen* und das *Ganze* des Seienden erkennen:

„Daß ich erkenne, was die Welt
Im Innersten zusammenhält,
Schau alle Wirkenskraft und Samen
Und tu' nicht mehr in Worten kramen" (V. 382 ff.).

Aber auch wesenhafte Erkenntnis als solche läßt ihn unbefriedigt; er verlangt nach einem Wissen, das geeignet ist, „die Menschen zu bessern und zu bekehren" (V. 373). „Tatsächlich fordert er von der Wissenschaft, was eigentlich nur die Theologie leisten könnte" (Requadt S. 65). Die das Werk leitmotivisch durchziehende Dialektik von *Geist* und *Buchstabe* klingt in Vers 385 schon an.

Fausts Versuch, *unmittelbare Schau* des Wesens und des Ganzen durch *Magie* zu gewinnen (V. 377 ff.), zielt freilich, wie Flitner (S. 248) betont, auf Erkenntnis, nicht auf Macht. Faust erwartet (zunächst jedenfalls) durch „Geistes Kraft und Mund" Enthüllung von Geheimnissen, nicht aber übernatürliche Fähigkeiten.

Fausts Weg der Erkenntnis ist ohne Zweifel, gemessen an dem Stand der Wissenschaft und der Philosophie der Goethezeit, unmodern. *Ibel* (S. 21) sagt dazu: „Der Versuch mit der Magie ist, geistesgeschichtlich gesehen, ein Rückgriff in die vorrationalistischen Versuche, mit Hilfe von Zeichen, Bildern, Analogien die Geheimnisse der Welt nicht nur in den Griff zu bekommen, sondern ihrer inne zu werden, sie zu ‚schauen'. ‚Wirkenskraft und Samen', die Zentralworte faustischen Bemühens, sind den Schriften des Paracelsus entnommen. In Stimmung und Tendenz entspricht diese Hinwendung zur Magie dem Glauben Goethes an die göttlich wirkende Natur. Sie wird in dem Monolog als die letzte, religiös gesehene Macht immer wieder berufen. Eine Natur, die sich nicht in toten Mechanismen erschöpft, sondern als Gewirke von Dämonen und Geistern eine ‚lebendige', ‚wirkende' ist, der Urquell alles Lebens (V. 456), die wahre Lehrerin und Vermittlerin der ‚Seelenkraft' im Menschen (V. 424)." *Trunz* führt dazu aus (S. 495): „Die große Sehnsucht nach Erfassen der Welt — Denken, Schau und Schauder zugleich — war die Haltung der Pansophie und Naturmystik von Paracelsus über Kepler und Böhme bis zu Welling und Swedenborg, man suchte die Weltharmonik und die ‚semina rerum' (wie Vers 384); vieles in Fausts Sprache hier und im Folgenden klingt ganz nach dem 16. und 17. Jahrhundert; und doch zugleich völlig anders; denn diese Sprache der Innerlichkeit war jener Zeit noch nicht gegeben, und wie der innere Sturm hier dichterisch Form wird, gilt seit je mit Recht als eine der größten Leistungen der Weltliteratur."

In den folgenden Partien (V. 386 ff.) lockert sich allmählich die systolische Verkrampfung in Faust. Das zeigt sich schon an der *Versgestaltung:* „Dem Wechsel der Gedanken und Stimmungen entspricht die Bewegtheit der Verse (Knittelverse 354—385, alternierende Viertakter 386—429, Madrigalverse 430—467), die sich schließlich bei der Erdgeistbeschwörung in freie Rhythmen auflösen (468—479)" (Trunz S. 495).

Faust hat die Vision der Möglichkeit eines unmittelbaren Einsseins mit der „lebendigen" Natur (V. 414), die ihm als eine Gegenwelt zu seinem „Kerker", seinem „dumpfen Mauerloch" (V. 398 f.) erscheint und die er sich als von *Geistern* belebt vorstellt (V. 394). Der „Wissensqualm" aus „Büchern und Papier" (V. 390) und die „Instrumente", der „Urväter-Hausrat" (V. 407), sind keine geeigneten Mittel, das Wesen der Natur zu erfassen. Sie haben ihn nicht zur Wahrheit geführt, sondern sind Vehikel des *Irrtums.* Der *Mond* (V. 386 ff.) erscheint hier erstmalig als Symbol der reinen Natur, deren Wahrheit sich in der natürlichen Wirklichkeit abschattet und deren Licht in Fausts Studierzimmer nur noch trüb und gebrochen ankommt (V. 401). Für Faust ist aber der Mond ein „Freund" (V. 391), weil er ihm unmittelbar die reine Erkenntnis der Natur verheißt.

Der Aufforderung „Flieh! auf! hinaus ins weite Land!" (V. 418), die Faust sich selbst vorhält, folgt er jedoch nicht. Er greift stattdessen zu einem Buch des Nostradamus (V. 419 ff.) und erblickt in diesem das Zeichen des *Makrokosmus* (hinter V. 429). Es kann kein Zweifel bestehen, daß die Betrachtung dieses Zeichens ihm in symbolhafter Verdichtung die Schau der *Natur als eines Ganzen* (V. 447), als eines *harmonischen Universums* (V. 453) gewährt:

„Ich schau in diesen reinen Zügen
Die wirkende Natur vor meiner Seele liegen" (V. 440 f.).

Trunz macht in seinem Kommentar (S. 495 ff.) umfangreichere Ausführungen über den Makrokosmus und die Herkunft dieses Begriffs aus der Pansophie und Naturmystik. Die magischen Beziehungen zwischen Mensch und All, zwischen Gestirnen, Metallen, menschlichen Organen, Naturelementen, Motiven der Offenbarung Johannis usw. „lassen sich schematisch aufzeichnen, indem man sie im Kreis oder Quadrat hinschreibt und mit Strichen verbindet, was aufeinander wirkt; so ergibt sich ein Zeichen der Weltharmonik. Ein solches Zeichen, und zwar eins, das die Grundzüge der gesamten Weltharmonik in sich vereinigt, sieht Faust hier". *Resenhöfft* (2 S. 73) erklärt: „Als Adept der Magie befaßt Faust sich mit dem Autoskript des Magiers Nostradamus und erschaut im Zeichen des Makrokosmus nichts anderes als die mathematische Ordnung der Himmelskörper, wie sie von Kopernikus über Kepler und Galilei bis Newton und Kant erkannt wurde." *Requadt* erklärt das Geheimnis dieses Buchs (V. 419): „Es ist ein ‚geheimnisvolles Buch', weil sich in ihm Buchstabe und Geist, die sonst auseinanderfallen, vereinigen, und dies ist möglich, weil es, in seiner Handschrift vorliegend, das Wahre unmittelbar durch seine Person beglaubigt" (S. 67).

Faust aber wendet sich enttäuscht von dem Zeichen des Makrokosmus ab:

„Welch Schauspiel! Aber ach! ein Schauspiel nur!
Wo fass' ich dich, unendliche Natur?" (V. 454 f.).

Zwar hat das Zeichen ihn das Ganze der Natur, ihr harmonisches Wesen schauen lassen, aber die Kontemplation genügt ihm nicht; er will mit der Natur schaffend und leidend einswerden. Der Ausdruck „fassen" „bedeutet im Gegensatz zum Schauen ein mehr unmittelbares Ergreifen, als es durch die Erkenntnis möglich ist, ‚ein Einwirken in die ganze Natur', wie wir mit dem Dichter sagen dürfen. Die Quellen des unmittelbaren *Lebens* sind es, nach denen Faust sich sehnt" (Rickert 2 S. 114).

Requadt (S. 69) sagt zur Schau des Makrokosmus-Zeichens: „Dies aber ist für den Menschen zuviel und zuwenig. Zuviel, weil Faust dadurch in die Nähe der Engel rückt, welche außerhalb von Zeit und Raum die Sphärenharmonie vernehmen; Reinheit und Helle der Schau verweisen auf die Transzendenz. In diesem Bezug wird die Gefahr deutlich, daß Faust seine irdische Situation überholt, obgleich er in einem von den Engeln geschieden bleibt, weil er das ‚Ganze' nicht leibhaftig wie sie, sondern nur im Bilde schaut."

Fausts Streben wendet sich von der Schau des Makrokosmus dem Bereich des *Irdischen* zu: er „erblickt das Zeichen des *Erdgeistes*" (nach V. 459). Dieses wird nicht ruhig betrachtet, sondern der Geist wird — worauf Vers und Sprache weisen — leidenschaftlich und unter existentiellem Einsatz der Person beschworen (V. 460—481). „Der Mond verbirgt sein Licht“ (V. 469): „Die Mondsymbolik tritt somit wieder in Kraft. Wie es die poetische Logik fordert, verhüllt sich das Gestirn, als Faust sich anschickt, von der Reinheit der Betrachtung zu Tat und Schuld überzuwechseln“ (Requadt S. 72). Faust entscheidet sich mit seiner Abwendung vom Zeichen des Makrokosmus und von der bloßen Kontemplation für die *Tat.* Er ist damit bereit, sich auch dem Schicksal zu unterwerfen, „der Erde Weh, der Erde Glück zu tragen“ (V. 465), auch das Scheitern zu riskieren (V. 467; 481) und *Schuld* auf sich zu nehmen. „Mit dem Wagnis des menschlichen Lebens (auch des Glückes) nimmt er Schuld auf sich, die jede Tat nach sich zieht, denn, wie Goethe es sieht, handelt der Mensch aus dem Ganzen seiner Natur, der auch Leidenschaft beigemischt ist, und selbst die Tat reinsten Willens zeitigt Folgen, die unbeabsichtigt waren. Der Topos des Lebensschiffes, auf den Faust in seinem gesteigerten Zustande anspielt, bezieht fast die Gewißheit des Scheiterns ein. So scheint er gewillt, im Scheitern das Sein zu erfahren“ (Requadt S. 71).

Der *Erdgeist* wird von Goethe in seinem Faust-Schema aus den Jahren 1797 bis 1799 als „Welt- und Taten-Genius“ bezeichnet. Er ist der Geist des irdischen Lebens mit seiner „flutenden Polarität“ (Ibel S. 22), das „Sinnbild der Totalität des Lebens auf der Erde“ (Resenhöfft 2 S. 73), der Geist des Handelns, der Tat. In den Versen 501 bis 509 beschreibt er sein eigenes Wesen; mit dem Gebrauch der *Web*-Metapher kennzeichnet er sowohl seine dialektische Bewegung (V. 503) als auch sein Verhältnis zum Göttlichen: „. . . und wirke der Gottheit lebendiges Kleid“ (V. 509).

Der *Erdgeist* ist Goethes eigene geistige Schöpfung. Wir kennen eine Bleistiftzeichnung Goethes aus den Jahren 1810/12, einen Entwurf für eine Theateraufführung, die einen antiken Jünglingskopf mit einer Aureole zeigt. Lange hat man historische Quellen gesucht; Hinweise darauf, daß sich Goethe Paracelsus' „Archaeus terrae“ und Giordano Brunos „Anima terrae“ für seinen Erdgeist zum Vorbild genommen hat, sind wenig überzeugend gewesen. In der neueren Forschung spielt daher die Frage nach der Herkunft der Erdgeist-Vorstellung kaum noch eine Rolle.

Daß der Erdgeist ein *Geist der Tat* ist, wird von den meisten Interpreten betont. So sagt z. B. *Rickert* (2 S. 117): „Der Geist ist seinem Wesen nach so *untheoretisch,* so wenig kontemplativ wie möglich. Er geht völlig in einem aktiven, schöpferischen Handeln auf, das zugleich über alles Einzelne, Besondere und menschlich Beschränkte hinausragt: In *Lebensfluten,* im *Tatensturm . . .*“. *Benno v. Wiese* (S. 154) sieht im Erdgeist mehr eine animalisch-vegetative Kraft, die erst durch den Menschen dämonisiert werde: „Die dämonische Zweideutigkeit der Erdgeistsphäre entsteht erst durch ihre Beziehung auf den sie magisch herbeiwünschenden Menschen. Der Erdgeist selbst ist eher allumfassend, dynamisch-elementar, eine vegetativ bewegende Kraft, anima terrae, anima mundi und nicht eigentlich dämonisch. Für Faust aber wird er zu einem dämonischen Ereignis, weil er das widerspruchsvoll Elementare nicht herbeirufen kann, ohne zugleich zum ‚furchtsam weggekrümmten Wurm‘ erniedrigt zu werden.“ Als eine janusartige Gestalt, in die auch Vorstellungen eines urmythischen Chthonismus eingeflossen seien, betrachtet *Danckert* (S. 473) den Erdgeist: „Er ist ‚Welt- und Tatengenius', sein Wirken erstreckt sich nicht nur auf Mineral, Pflanze und Tier, auf das elementare, vegetative und animalische Erdleben, sondern umfaßt auch das menschliche Handeln. Von der alten Mythologie her gesehen erscheint er wie eine Synthese von Jupiter und Tellus mater. Ist es nicht höchst seltsam, daß dieser doch männlich gedachte, in Flammengestalt erscheinende Erdgeist sich selbst als ‚große Weberin' schildert, nicht anders wie die spinnenden und webenden Naturmütter des antiken Mythos? Weben ist hier wie anderswo bei Goethe stets Symbol *organischer* Produktivität, unbewußter Bildekraft. Urmütterhaft ist auch das Doppelwesen von Aufbauen und Zerstören, ‚Geburt und Grab'. ... Als natura creatrix webt der Erdgeist ‚der Gottheit lebendiges Kleid'. Der höchste Weltgott, den Goethe hier nennt, liegt außerhalb menschlicher Erlebnismöglichkeiten. Der Erdgeist aber ist der eigentlich wirkende Gott."

Eudo C. Mason sagt (1 S. 51) zu Goethes Erdgeistkonzeption: „Das wirklich Revolutionäre und Herausfordernde an Goethes Verfahren ist nicht sowohl, daß er die Erde überhaupt bejaht, als daß er sie unmittelbar mit dem Geist in eins setzt. Neben der vorwiegend negativen traditionellen Bewertung des Irdischen als eines Emblems unserer Schwäche, Begrenztheit, Vergänglichkeit und Sterblichkeit gab es zwei uralte bejahendere Arten, von der Erde zu sprechen, die heidnisch-antike, meist nur noch spielerisch verwendete Vorstellung von der *Mutter Erde,* und die christliche Vorstellung von *Gottes Erde,* die bei allen Gebrechen noch immer von der Macht, Weisheit und Liebe des Schöpfers zeugt." Mason reflektiert auch über das Verhältnis des Erdgeistes zum Makrokosmus: Er stellt fest, „daß der Erdgeist das Dämonisch-Vulkanische, das Heiligtrunkene vertritt, der Makrokosmus dagegen das Apollinisch-Neptunische, das Heilignüchterne. Dies läßt sich dahin erweitern, daß der Erdgeist im Zeichen der Tat und der rastlosen Tätigkeit, des aktiven Prinzips steht, während der Makrokosmus offensichtlich das kontemplative Prinzip vertritt. Es besteht kein Grund zur gelegentlich anzutreffenden Annahme, daß Fausts Erlebnis des Makrokosmuszeichens weniger vollständig sei als sein Erlebnis des Erdgeists, daß es über seine innere Vision der auf- und niedersteigenden Himmelskräfte hinaus so etwas wie die Erscheinung eines *Makrokosmusgeistes* hätte geben können. Diese innere Vision selbst ist die höchste, angemessene Erfüllung des Makrokosmuszeichens, über die hinaus es nichts weiteres geben kann und über die hinaus nichts weiteres erwartet werden dürfte. Es haftet ihr als höchster kontemplativer Erfüllung etwas Asketisches an, sie setzt einen Verzicht sowohl auf die Tätigkeit wie auch auf sinnlichen Genuß voraus, einen Verzicht, den Faust auf die Dauer doch nicht leisten kann, weshalb er sich von dieser höchsten kontemplativ-asketischen Erfüllung als von einem ‚Schauspiel nur' ungehalten abwendet. Er, der Tätige, entscheidet sich für das aktive Prinzip, für den Erdgeist. Das ist dann auch eine Entscheidung, die Goethes eigenem Lebensethos wesentlich entspricht: ‚Tätig zu sein ist des Menschen erste Bestimmung', heißt es in Wilhelm Meisters Lehrjahren und wiederum: ‚Der Geist, aus dem wir handeln, ist das Höchste.' Der Erdgeist ist eben dieser ‚Geist, aus dem wir handeln'. Die Hauptsorge von Gott dem Herrn im Prolog im Himmel ist, daß ‚des Menschen Tätigkeit nicht allzu leicht erschlaffe'" (1 S. 38 f.). Mason deutet (1 S. 32 f.) auch Fausts Hinwendung vom Makrokosmus zum Erdgeist: „Faust schreibt, behaupte ich, das Mißlingen eines Versuchs, durch das Zeichen des Makrokosmus die unendliche Natur mit ihrem quellenden Leben zu fassen, nicht einer etwaigen *eigenen* Unzulänglichkeit, sondern einer Unzulänglichkeit dieses Zeichens selbst zu — trotz aller Herrlichkeit der Vision, die es ihm gewährt hat. Die unendliche Natur ist in diesem so göttlichen Zeichen, in dieser so großartigen Vision *doch* nicht enthalten, sondern sie ist anderswo zu suchen, eben im Zeichen des

Erdgeistes, das so völlig anders auf ihn einwirkt, ihn wie neuer Wein berauschend, während das Makrokosmuszeichen all sein ‚innres Toben' gestillt, ihn also nüchtern gemacht hatte. Es scheint hier ein ähnlicher Gegensatz vorzuliegen wie jener, den Hölderlin zwischen dem ‚Heilignüchternen' und dem ‚Heiligtrunknen', Nietzsche zwischen dem Apollinischen und dem Dionysischen, der alte Goethe selbst in der klassischen Walpurgisnacht zwischen dem Neptunischen und dem Vulkanischen konstatiert. Als ‚Schauspiel' vermag zwar die Vision des Makrokosmus dem *Auge*, dem betrachtenden Geist, den reinen, ungetrübten Genuß eines interesselosen Wohlgefallens am farbigen Abglanz des Lebens zu spenden, die anderen Sinne aber, die berühren, tasten und fassen wollen, und damit die Sinnlichkeit überhaupt, das Herz, die welke Brust, gehen dabei leer aus. Die Vision des Makrokosmus ist eben *zu* rein, *zu* vollkommen, *zu* harmonisch, um Fausts derbe Lebensgier zu sättigen; eben weil sie über das bittersüße, gefahr-, schuld- und leidvolle, werdende und scheiternde Dasein in der Zeit hinaus ist, muß sie ihm leer vorkommen. Lieber durch Leiden möchte er sich schlagen — und dadurch fühlt er sich mit dem Erdgeist, der ‚Geburt und Grab, ein ewiges Meer' verkündet, so viel näher verbunden. Er fühlt sich vor eine ganz ähnliche Wahl gestellt wie die von Lessing geschilderte zwischen ‚aller Wahrheit' in ‚Gottes Rechter' und ‚dem einzigen immer regen Trieb nach Wahrheit, obschon mit dem Zusatze, mich immer und ewig zu irren', in ‚Gottes Linker', und er trifft dabei die gleiche Entscheidung."

Wachsmuth (1 S. 138) hält den Erdgeist für den Beauftragten, den „demütig dienenden Maßschneider Gottes". *Korff* (I S. 285) sieht im Erdgeist eine religiöse Symbolfigur, das „Symbol des Faustischen Gottes selbst", eine Gestalt, in der sich die Religiosität des Goetheschen *Sturm und Drang* verdichte. Die *marxistische* Faust-Interpretation verneint freilich eine Einordnung in ein religiöses Bezugssystem. *Scholz* sieht in ihm ein Symbol für die nur ihren eigenen Gesetzmäßigkeiten gehorchende Natur: „Die Erdgeist-Figur ist philosophisch-metaphorisch von innen her auf die Aussage aufgebaut, daß die Erde und geschichtliche Welt in ihrer materiellen Gestalt von Sein und gesetzmäßigem Werden das Erste und Letzte sind" (S. 45).

Der Erdgeist, dem sich Faust nach dessen Selbstdefinition schon nahe fühlt (V. 511), weist Faust ab:

„Du gleichst dem Geist, den du begreifst,
Nicht mir!" (V. 512 f.).

Fausts Scheitern auch beim Anblick des Erdgeistes ist darin begründet, daß er sich vermißt, das konkrete Leben in seiner Fülle und mit seinen Polaritäten unmittelbar und als Ganzes zu erfassen. Zugleich glaubt er, über die Erdgeistsphäre bereits hinausgehoben zu sein, indem er sich selbst als „Ebenbild der Gottheit" (V. 516; 614) begreift. Er, der zuerst die Weltharmonie im Zeichen des Makrokosmus kontemplativ erschaut hat und nun noch die Fülle des Daseins im Erdgeist unmittelbar zu ergreifen meint, fühlt sich den Cherubim noch überlegen (V. 618), die nur die Sphärenharmonie anschauen, nicht aber an dem irdischen Dasein teilhaben können. Faust muß erkennen, daß dieses sein Selbstbewußtsein von übermäßiger diastolischer Erweiterung *Hybris* ist und daß die Endlichkeit, d. h. die Materialität seiner Existenz ihn gefesselt hält (V. 634 ff.). „Der Erdgeist statuiert die Unangemessenheit des Menschen ihm gegenüber durch eine Wendung, die man als ‚Inadäquatheitsformel' bezeichnen kann, da sie im ‚Faust' nicht vereinzelt auftritt. Sie wandert von Gott, der sie gebraucht, als er zum Teufel von Faust spricht (‚kannst du ihn erfassen', V. 325), zum Erdgeist und weiter zu Faust, der sie in der Paktszene wiederholt (V. 1676 f.). Sie hat also leitmotivischen Charakter" (Requadt S. 76).

Anders deutet *Scholz* aus der Sicht des marxistischen Interpreten die Abweisung Fausts durch den Erdgeist (S. 56): „Wenn nun der Erdgeist den Versuch magischen, d. h. eben halbreligiösen Ansprechens durch ein menschliches Individuum abweist, verweist er Faust damit auf zwei Schranken: 1. Den ‚Geist', dem Faust individuell mit seinem ‚Innern' und mit Hilfe magischer Beschwörungen sich zu nähern sucht, muß der Erdgeist entlarven als Fausts eigenen Geist. Das heißt, Faust wollte seine eigene subjektive Vorstellung romantisch-idealistisch zum Gott, zu einem nichtexistierenden Wesen außerweltlicher Dimension machen. 2. Sich der Materie (dem Erdgeist) ‚gleichzuheben', dazu bedarf es anderen, wenn man so will, gewöhnlicheren und bescheideneren Dienstes am ‚sausenden Webstuhl der Zeit'. Als Erforscher der Natur kann man sich ihr nähern wie als historisch Tätiger, nicht aber durch subjektiv vermessene Beschwörung."

Zum *Aufbau* der Makrokosmus-Erdgeist-Szene führt *Peter Pütz* (S. 173) aus: „Der Erdgeist erscheint, und was nun geschieht, steht in umgekehrtem Verhältnis zur vorhergehenden Szene. Während dort das magische Zeichen des Makrokosmus Faust nicht genügt und er sich unbefriedigt abwendet, tritt nun ein Wesen auf, dem Faust seinerseits nicht standhält. Wir beobachten hier übrigens eine Technik der Szenenfolge, die Goethe häufig anwendet: Das Nachfolgende steht zum Vorhergehenden in einem deutlich herausgearbeiteten Kontrast und in einer ebenso deutlichen Entsprechung. Ich nenne dieses Phänomen hier kurzerhand: Analogie in der Umkehrung. Es kennzeichnet auf beziehungsreiche Weise ein typisch Goethesches Denkmodell, wie es sich auch in der Vorstellung von ‚Dauer im Wechsel' zeigt."

Das Intermezzo mit *Wagner* (V. 522—601) hat keine dramatische Funktionalität, sondern expositorischen Charakter. Es dient dazu, Faust durch ein Gegenbild zu profilieren und den Rückfall Fausts in eine systolische Situation zu unterstreichen. Auch im Dialog mit Wagner monologisiert Faust weiter.

Diesen Charakter der ersten Wagner-Szene betont besonders *Streicher* (S. 98): „Nach der Begegnung mit dem Erdgeist, diesem relativ klar gegliederten Vorgang, gleitet das Geschehen wieder ins Selbstanalytisch-Reflexive hinüber, das nun jedoch, zumindest vorläufig, in die Form eines Dialogs gekleidet wird, eines Dialogs, der zwar die Monologform sprengt, die Paraphrase in ihrer Statik jedoch beibehält. Das Gespräch zwischen Faust und Wagner bewegt sich als philosophisches kreisförmig, nicht linear; jeder gibt Beispiele für seine ‚Philosophie', deren verschiedene Aspekte Ausdruck einer Gefühlsapriorität sind und diese Gefühlsapriorität paraphrasieren. Das Intermezzo Wagner hat im dramatisch-immanenten Verlauf der Handlung keinerlei Funktionswert, es dient lediglich dazu, die monologische Paraphrase Fausts durch eine dialogische abzulösen und durch die Setzung einer Antithese dem Faustischen noch einmal ein Maximum an Konzentration zu verleihen."

Dem „hellen, kalten wissenschaftlichen Streben" Wagners (so Goethe in seinem Schema, s. S. 9 !) wird das „ideale Streben nach Einwirken und Einfühlen in die ganze Natur" entgegengesetzt. „Dem Seher, dem Genie, das allein aus sich selbst lebt, tritt der Gelehrte gegenüber, dem das objektiv Gegebene alles bedeutet" (Storz S. 170). Während Faust weiterhin das Ganze des Seienden unmittelbar erfassen will, und dies nicht nur mit dem Verstand und durch Erfahrung, sondern mit *Gefühl* (V. 534) und mit dem *Herzen* (V. 544 f.), wertet er zugleich die endliche, sich aus Einzelerkenntnissen zusammensetzende Erkenntnis als zusammengebrautes „Ragout" (V. 539) ab. Die leitmotivischen Beziehungen zum „Vorspiel auf dem Theater" (V. 100) sind unübersehbar. Während *Faust* „die ganze pansophisch-naturmystische Geistigkeit des 16. und 17. Jahrhunderts" (Trunz S. 498) repräsentiert, die ihrerseits mit der antiaufklärerischen Kulturpolitik des Sturm und Drang angereichert ist, verkörpert *Wagner* — allerdings als Zerrbild — die humanistisch-rhetorische Gelehrsamkeit Erasmischer Tradition. Charakteristisch für diese ist der Abstand von Welt und Natur (V. 530 ff.), der Rückgriff auf die Autorität der Tradition statt der Erfahrung der Natur (V. 570 ff.), die Verifikation durch die „Quellen" (V. 563) und der Gebrauch von tradierten Aphorismen (z. B. Hippokrates' „Ars longa, vita brevis", V. 558 f.). Vom Standpunkt der jung-goetheschen Kulturkritik ist Faust der Moderne im Vergleich zu Wagner; vom Standpunkt unserer Gegenwart aus muß man Storz (S. 170) zustimmen: „Wagner, nicht Faust, kann als Typus des Forschers gelten." Gemeinsam allerdings ist beiden ihre *Weltlosigkeit*, deren sich Faust auch selbst immer wieder bewußt wird (vgl. V. 2055 ff.).

Leitmotivik durchzieht auch dieses Intermezzo. Dem Gegensatz Faust-Wagner korrespondiert die Dialektik von *Geist* und *Buchstabe:*

> „Das Pergament, ist das der heil'ge Bronnen,
> Woraus ein Trunk den Durst auf ewig stillt?" (V. 566 f.)

Mit dieser Antithetik verbindet sich zugleich die des *Trockenen* und *Feuchten,* die von dem Wüste-Quelle-Motiv der Bibel (Ps. 63, 2; dazu Requadt S. 67) hergeleitet ist. Die lebenspendende Feuchte der Natur verkörpert symbolhaft die Lebendigkeit des Geistes, die alten Pergamenten fehlt. Die Ungeistigkeit Wagners wird metaphorisch als Trockenheit bezeichnet („der trockne Schleicher", V. 521).

Faust monologisiert reflektierend nach Wagners Abgang weiter (V. 602 ff.). Das Zurückgeworfensein in die *Systole* (s. besonders V. 656 ff.) konfrontiert ihn, wie später erneut im fünften Akt des zweiten Teils, mit der *Sorge* (V. 643 ff.). Die Sorge erscheint hier wie dort als eine Macht, die das Streben nach immer reinerer Tätigkeit lähmt und den Menschen in seiner Aktivität hindert. Sie ist Unruhe (V. 646), aber keine schöpferische Unruhe, sondern ein unfruchtbares Hin und Her. „Die Seele drängt nicht mehr nach Entwicklung, Ausbreitung, tätiger Selbstverwirklichung, sie drängt nur noch nach Selbsterhaltung. ... Und in diesem Augenblick beginnt ... die *Phantasie* eine verhängnisvolle Rolle zu spielen. Sie begleitet nun nicht mehr den menschlichen Urtrieb nach Selbstverwirklichung, ihm vorauseilend und mit Hoffnungen lockend, sie verläßt den ermattenden Urtrieb und tritt in den Dienst des Sicherungstriebes, des besorgten Selbsterhaltungstriebes" (Stöcklein 1 S. 102 f.). Die Sorge gehört zum *Alter*, wenn „Glück auf Glück im Zeitenstrudel scheitert" (V. 643); die Phantasie, die, wenn sie nicht durch die Sorge depraviert ist, sich „mit kühnem Flug / Und hoffnungsvoll zum Ewigen erweitert" (V. 640 f.), ist ein Signum der *Jugend*. Beide Existenzzustände sind wiederum gekennzeichnet durch Systole und Diastole. Die Sorge tritt auf „stets mit neuen Masken" (V. 647); das Schleichende, Geheim-Gefährliche zeigt sich in ihrer Vermummung. Faust erkennt nunmehr, daß er kein „Ebenbild der Gottheit" (V. 614) ist: „Den Göttern gleich' ich nicht!" (V. 652). Die Sorge ist ein Wesensmerkmal des Menschseins. Dem Tier steht er näher als einem Gott; er ist der Materie verhaftet und ein endliches Wesen, der Vernichtung durch das Elementare ausgesetzt (V. 653 ff.). Die Hoffnung, die Natur im Ganzen unmittelbar erfassen zu können, schwindet Faust dahin; das Experimentieren mit dem „alt Geräte" (V. 676) kann zu einer Erkenntnis ihres Wesens nicht führen.

Der extremen Systole folgt wieder der Aufbruch Fausts in eine neue Diastole. Faust überfällt angesichts der Phiole (V. 686 ff.) wie zufällig die Absicht, *Selbstmord* zu begehen.

Die Zufälligkeit dieses unvermittelten Umschwungs bringt *Streicher* (S. 98 f.) dazu, erneut die Substantialität dieser Szene und den *epischen* Charakter des Werkes zu betonen: „Das Motiv des Selbstmords entspringt keiner aus einer echten dramatischen Situation hervorgehenden Notwendigkeit; es ist ‚Entwurf' einer Stimmung und kann durch die Änderung dieser Stimmung wieder zurückgenommen werden. Eine Stimmung ist jedoch keine Motivation, die ausreichte, um ein so schwerwiegendes Motiv wie einen Selbstmordversuch dramatisch zu begründen. ... So künstlich und abrupt das Todesmotiv eingeführt wird, so organisch entwickelt es sich weiter. Die Künstlichkeit tritt immer dort in Erscheinung, wo Faust aus der Monadenhaftigkeit seiner inneren Existenz heraustritt, um sich an der Außenwelt zu orientieren."

Faust will mit dem Selbstmord die „neuen Sphären reiner Tätigkeit" (V. 705) gewinnen. Die *reine Tätigkeit* ist ein Zentralbegriff in Goethes Lebensphilosophie und im „Faust". Als „reine Tätigkeit" („reine Tat") haben wir uns ein in der irdischen, materiellen Welt nicht letztlich realisierbares Handeln vorzustellen, das den Widerstand der Materie nicht kennt, den zerstörerischen Gewalten der Elemente nicht ausgesetzt ist, unbedingt und um seiner selbst willen geschieht (keinen Zweck kennt) und daher den Handelnden nicht in Schuld verstrickt. Fausts Entelechie bedarf nach dem Ende ihrer irdischen Laufbahn der Trennung ihres Geistes von der Materie, der Scheidung der

„geeinten Zwienatur“ (V. 11962) durch die göttliche Liebe, der Ablösung der sie umgebenden materiellen „Flocken“ (V. 11985), um sich der Möglichkeit einer reinen Tätigkeit immer mehr annähern zu können.

Diesen Durchbruch in eine „neue Bahn“ (V. 704) der Existenz, zu dem sich Faust wagend entschließt (V. 718 f.), stellt der Dichter metaphorisch im Leitmotiv des Durchgangs durch die *enge Pforte* dar (V. 710 ff.), dabei auf das neutestamentliche Motiv der engen Pforte sich beziehend, die den Weg zum ewigen Leben eröffnet (Matth. 7, 13—14; Luk. 13, 24). Dieses wiederum verbindet sich hier mit der Vorstellung von den „Pforten der Hölle“ (Matth. 16, 18), die Petrus' Gemeinde nicht sollen überwältigen können. Das Leitmotiv hat Goethe zuerst in dem „Vorspiel auf dem Theater“ anklingen lassen (V. 52); es wird an verschiedenen Stellen wiederkehren.

Der Gedanke an die neuen Sphären erfüllt Faust mit euphorischer Stimmung, die sich auch in den Lyrismen seiner Sprache niederschlägt. Die liebliche Helle des *Mondes* als eines Symbols der reinen Natur begleitet seine Vorstellungen (V. 688 f.); *Flugmetaphern* zeugen von der Höhe seines Gestimmtseins (V. 702 ff.). Der Entschluß zum Selbstmord signalisiert nicht Resignation, sondern intensivsten Willen zum Leben und zur Tat.

Jäh und gleichsam zufällig dringt der Gesang des *Osterchores* in Fausts Zimmer und bringt ihn dazu, von seinem Entschluß abzulassen (V. 737 ff.). Erstmalig wird die Außenwelt in Fausts Abgeschlossenheit wirksam und veranlaßt ihn zu einer Reaktion.

Trunz kommentiert zu V. 737 ff. (S. 502): „Wagner hatte schon auf den kommenden Ostertag hingewiesen (598); jetzt bricht er an. In der nahen Kirche beginnt der Gottesdienst mit den alten Gesängen, die eine Art chorisches Spiel darstellen (mitunter zog man singend um die Kirche, auf den Friedhof). Goethes Genialität ist nicht nur die des Schaffens, sondern auch die des Ergreifens. Wie er in den bisherigen Szenen die wesentlichsten Züge der Geistesgeschichte der letzten drei Jahrhunderte in Gestalten faßt, so ergreift er hier noch älteres Gut und hebt aus der großen Tradition katholischer Kultur Geformtestes, Klangvollstes heraus, die Hymnik, die gerade dem — geistig zentralen — Osterwunder feierliche Sprache verleiht. Ohne sie eigentlich zu übersetzen, nimmt er ihren Rhythmus und Sprachton ins Deutsche auf: langsame schwebende Kurzverse (wie später 11699 ff.), preisende Adjektive.“ *Storz* (S. 172 f.) führt zur Situation aus: „Fausts Studierklause wird offenbar in einem Kollegienhaus gedacht, das, ehedem Kloster, an eine Kirche angebaut ist. Aus ihr, also aus nächster Nähe, schallt das Offizium der Osternacht herüber: was Faust hört, ist die im Gottesdienst singende Gemeinde.“

Die Chöre der Weiber, der Engel und der Jünger verkünden die Osterbotschaft nicht nur, „sondern sie wird vom Chor ausgelegt und gefeiert als Befreiung aus der Gefangenschaft des Sterblichen und des Menschlichen überhaupt“ (Storz S. 173). Die Aussage des Chors transzendiert aber auch das Christliche: sie weist auf die *Prüfung* hin, die der Mensch als *Irrender* zu bestehen hat und durch die Liebe zu Christus bestehen kann (V. 758 ff.). Sie interpretiert den Auferstandenen als einen Werdenden in Analogie zu einer strebenden menschlichen Entelechie, während die zurückgebliebenen Menschen untätig sich dem Leide hingeben (V. 789 ff.). Die letzte Chorstrophe(V. 797 ff.) fordert zur *tätigen Liebe* auf, die nach Goethes Vorstellung nicht nur echte Christlichkeit, sondern auch Erfüllung menschlicher Existenz ist. Die Botschaft des Chores ist somit zugleich eine Botschaft an Faust, der sie zwar hört, ihr aber noch nicht zu folgen vermag: „Die Botschaft hör ich wohl, allein mir fehlt der Glaube“ (V. 765).

Wenn Faust durch sie zum Leben zurückgerufen wird, so geschieht dies durch die wiedererweckte Erinnerung an die Kindheit (V. 769 f.; 779 ff.). Die *Tränen*, die der Gesang Faust entlockt (V. 777; 784), haben bei Goethe Symbolcharakter: sie sind ein Zeichen der *Verjüngung*. „Weinen ist eine Kraft aus der Jugend der Seele“ (Stöcklein 1 S. 107). Schon in der „Zueignung“ (V. 29) wurde die Verjüngung des Dichters von Tränen begleitet. Diese erste (hier nur psychologische) Verjüngung Fausts öffnet ihn der Welt und der Natur (V. 776; ein Hinweis schon auf den kommenden Osterspaziergang) und entfacht in ihm ein pantheistisches Lebensgefühl. Der Akt der Erneuerung wird motiviert nicht nur durch den Inhalt der Chorstrophen, der von einer anderen Art der Verjüngung, der Auferstehung, kündet, sondern er wird auch begleitet von *Musik*, die als solche wiederum auf Transzendenz verweist. Die Beziehung zu den anderen „transzendenten“ Teilen des Werkes, zu den Versen 346 ff. des „Prologs im Himmel“ sowie zur Schlußszene des zweiten Teils ist unübersehbar. Mit dem Osterchor bricht Transzendenz in die irdische Handlung ein. Faust aber öffnet sich der Welt; eine neue Diastole kann sich entfalten. Zugleich endet seine bisher nur monologische Existenz. Diese geht in ein dialogisches und wenigstens partiell dramatisches Dasein über.

Worterklärungen und Hinweise:

Nostradamus (V. 420): Michel de Notredame (1503—1566), französischer Astrolog, über den Goethe bei Gottfried Arnold gelesen hatte. *Makrokosmus* (V. 430 ff.): griech.: große Ordnung, Weltall. *Famulus* (V. 518): wissenschaftlicher Assistent. *Museum* (V. 530): in der Zeit des Humanismus Studierzimmer eines Gelehrten. *Schnitzel kräuseln* (V. 555): Wendungen aus anderen Werken herauslösen und rhetorisch neu verwenden. *Haupt- und Staatsaktion* (V. 583): Fürsten- und Staatsgeschichte, vornehmlich Gegenstand des Barockdramas. *Phiole* (V. 690): kugelförmiges Glasgefäß der Alchimisten mit langem Hals.

Vor dem Tor

Die Szene „Vor dem Tor“ bringt Faust erstmalig in die Außenwelt hinaus und mit der *Gesellschaft* in Berührung. Diese wird an Menschen verschiedener Stände und unterschiedlicher Wesensart typologisch und zugleich mit „realistischer Dichte“ (Requadt S. 93) dargestellt. „Vor dem Tor“ ist daher eine typische *Revueszene*, deren formale Struktur Goethe aus seinen Maskenzügen hergenommen hat. Dies weist schon darauf hin, daß Leitmotivik und Symbolik in dieser Szene eine große Rolle spielen.

Die Konfiguration der Menschen aus dem Volk ist eine antithetische. Die Antithetik zeigt sich nicht nur in der Gegenüberstellung von Personen verschiedenen Standes (Handwerksburschen — Bürger) und verschiedenen Alters (Schüler — Alte), sondern auch gegensätzlicher Existenzform. Handwerksburschen, Schüler (d. h. Studenten) und Soldaten (diese im Extrem; siehe V. 901 f.) haben einen Hang zu einer Lebensform des Umherschweifens, des Wanderns, der Ungebundenheit (eine „diastolische“ Lebensweise), während die Bürger sich konservativ geben (siehe V. 846 ff.) und sich auf ihren Lebenskreis beschränken möchten (V. 860 ff.). Die Bürgermädchen und Dienstmädchen schwanken zwischen beiden Haltungen. Der lebensrhythmische Wechsel von Diastole und Systole ist also von Goethe auf die den einzelnen Ständen zugeordneten Personengruppen verteilt worden. Der Dichter kehrt die Antithetik der Existenzformen ironisch auch noch um, indem er die Alte (V. 872 ff.), von der man eine bürgerlich-konservative Haltung erwartet, kupplerisch der Ungebundenheit das Wort reden läßt. Hier klingt das Leitmotiv der *Untreue* schon an, das in der Gretchenhandlung ganz in den Vordergrund treten wird, wie überhaupt die Szene einen einstimmenden Vorgriff auf die kleinbürgerliche Gretchen-Welt darstellt. Frau Marthe ist in der Alten schon vorgebildet, Valentins Lebenswelt in dem Liede der Soldaten (V. 884 ff.).

„Dem Wechsel zwischen Diastole und Systole entziehen sich allein die Bauern, da sie zwar ansässig, aber doch Bewohner des offenen Landes sind“ (Requadt S. 95). Der Tanz der Bauern unter der Linde eröffnet eine Sphäre der Ruhe und der selbstgenügsamen Zufriedenheit. Dies empfindet auch Faust, wenn er sagt:

> „Hier ist des Volkes wahrer Himmel,
> Zufrieden jauchzet groß und klein.
> Hier bin ich Mensch, hier darf ich's sein!“ (V. 938 ff.)

Im Lied der Bauern stellt sich eine derb-erotische *Idyllik* dar, die zugleich auf die Sphäre *Arkadiens* vorausweist. Daß ein Schäfer sich zum Tanz putzt (V. 949), ist nicht eine Zufälligkeit des bäuerlichen Lebens, sondern ein Bezug zur arkadischen Rokoko-Dichtung. Requadt (S. 98) führt dazu aus: „Gewiß mag der realistische Betrachter einwenden, daß im Kreis der Bauern das Auftreten eines Schäfers nichts Absonderliches ist (Goethe verstößt also nicht gegen die Realität), aber ein Schäfer, der in einem rokokohaften Gedicht seine Rolle spielt, gehört zugleich der Kunstsphäre an, ist Figur der Schäferdichtung im präzisen Sinne. Das aber heißt, daß die Kunstsphäre, die sich hier auftut, Arkadien ist. Goethe zitiert dies dem Stil nach verjährte Gedicht, um in dem Tanz für einen Augenblick die Zeitlosigkeit Arkadiens hervorzuzaubern.“ Zugleich aber wird diese arkadische Welt, in der an sich Sitte nicht gilt und „erlaubt ist, was gefällt“ („Torquato Tasso“ V. 994), relativiert, indem der Dichter das Motiv der Untreue (V. 974 f.) hereinspielen läßt. „In der Ballade vom Schäfer enthüllt sich auch das Fragile dieses Daseins. ... Entscheidend ist, daß sich in diesem Lied das Thema der Sitte immer reiner herausschält, das dem Arkadischen so eindeutig widersteht. Anfangs scheint es zwar, als sei der Verstoß des Schäfers nur zufällig, er ist bestenfalls ‚ungezogen‘; aber die Warnung des Mädchens vor Untreue rührt doch an die Grundlagen der arkadischen Welt, denn in ihr gibt es, streng genommen, weder Treue noch Untreue. Man kann für die Einfügung dieses Motivs einen leichteren oder einen gewichtigeren Grund suchen. In einem Falle wäre die Komposition zu berücksichtigen, das Faktum, daß Goethe, um das Idyllische darzustellen, es zugleich immer gefährdet. ... Wenn das Mädchen vor Untreue warnt, so umgrenzt sie also nur spürbarer diese unberührte Welt. Nimmt man das Motiv aber ernster, dann besteht kein Zweifel darüber, daß schon die Furcht vor möglicher Untreue das Arkadische profaniert. Dann wird es auch bedeutsam, daß die Liebenden aus dem Kreis der Tanzenden ausscheren, daß sich ihnen von Ferne dann das Treiben unter der Linde (fast wie Wagner es auffaßt, V. 945 f.) als ‚Geschrei‘ (V. 980) ausnimmt. Es ist der Bruch mit Arkadien, eine Art Sündenfall“ (Requadt S. 99 f.).

An der im ganzen diastolischen Bewegung der Szene nehmen auch *Faust* und *Wagner* teil. Mit dem „bunte(n) Gewimmel“ der Bürger der Stadt, das „aus dem hohlen finstern Tor“ hervordringt (V. 918 f.), werden auch sie aus der Enge der Mauern im Strome der Wandernden mit hinausgetragen. Das Motiv der „engen Pforte“ klingt hier wieder an; es deutet darauf hin, daß es sich nicht nur um eine räumliche Veränderung handelt, sondern um die Gewinnung einer neuen Existenzform. „Sie sind selber auferstanden“ (V. 922) und haben eine neue Entfaltung ihrer Menschlichkeit erreicht (V. 940). Faust bleibt freilich ein Betrachtender. Seine Haltung ist kontemplativ; sie ist nicht nur auf die Gesellschaft gerichtet, sondern auch auf die Natur, die sich ebenfalls verjüngt und an der „Bildung und Streben“ (V. 912) bemerkbar wird. Es kommt zu keiner echten Kommunikation mit den Bauern, die ihn ehrfürchtig ansprechen; seine Einsamkeit wird gerade in diesem Gespräch besonders spürbar. Fast hat Wagner ein noch unmittelbareres Verhältnis zur Gesellschaft, indem er sich als „ein Feind von allem Rohen“ (V. 944) von ihr distanziert und sich zugleich durch den Umgang mit Faust sozial gehoben fühlt („Mit Euch, Herr Doktor, zu spazieren, ist ehrenvoll ... “, V. 941 f.). Faust empfindet sich durch das Gespräch auch keineswegs ausgezeichnet, sondern in der Erkenntnis seiner Ohnmacht als Arzt innerlich eingeschränkt (V. 1022 ff.). Er wird sich schmerzlich dessen bewußt, daß er als Mensch in einem „Meer des Irrtums“ (V. 1065) versunken ist. Erst im Anblick der *Natur* erweitert sich sein Inneres wieder; hier präsentiert sich ihm die Vision einer *Harmonie*, die der Schwebezustand des Abends zwischen Licht und Nacht ihm vermittelt. Eine „stille Welt“ (V. 1077) erscheint ihm, verknüpft mit dem Leitmotiv des Fluges (V. 1074; 1090 ff.), eine harmonische Natur, in der die Gegensätze ausgeglichen sind (V. 1078 ff.) und in der Ausbreitung in die Ferne und Sehnsucht nach heimatlicher Geborgenheit (V. 1096 ff.) sich die Waage halten. Es ist ein nur geträumter Zustand („ein schöner Traum“, V. 1089), hervorgerufen durch den Anblick der „grünumgebnen Hütten“, die „in Abendsonneglut ... schimmern“ (V. 1070 f.). Die Vision dieser harmonischen Natur folgt auf seine Erkenntnis, daß zum Menschsein wesenhaft das Irren gehört, und korrespondiert ihr: der Mensch, der in der Welt immer irrt, besitzt zugleich die Fähigkeit, Reinheit und Harmonie als Schönheit visionär zu erfassen, dies aber nur im *Augenblick*, in dem gegensätzliche Seinszustände harmonisiert erscheinen.

Requadt (S. 103) führt dazu aus: „Faust sucht die unvergängliche Präsenz der schönen Welt in der Zeitlosigkeit zwischen Tag und Nacht (V. 1087), wie sich die Flugbewegung räumlich zwischen Himmel und Meer (V. 1088) hält. Die Vorstellung von ‚Totalität und Harmonie‘ aus der Farbenlehre ist also leitend sowohl für die Zeit- wie für die Raumgestaltung des Monologs. Diese verdichtet sich in den Versen, die aus der Vogelperspektive Fausts die ‚stille Welt‘ in sich befassen; er sieht ‚Entzündet alle Höhn, beruhigt jedes Tal, / Den Silberbach in goldne Ströme fließen‘ (V. 1078 f.). An diesen Versen wird deutlich, in wie viele Facetten sich die Harmonie bricht: in den Kontrast von Helle und Dunkel, Bewegung und Ruhe, Höhe und Tiefe, Kleinem und Großem. Wenn ‚der‘ Silberbach ‚in goldne Ströme‘ fließt, so geht das Einzelne im Ganzen auf, indem sich die Farbqualität steigert. In seinem Streben nach Totalität bleibt Faust sich treu.“

Neben dem Leitmotiv der *Hütte* (V. 1071) spielt die *Farbsymbolik* des Gegensatzes der Komplementärfarben Rot und Grün hier eine Rolle. Nach Goethes Farbenlehre (§ 802) drücken beide Farben zusammen „Totalität und Harmonie“ aus, die Faust anstrebt und in seiner Vision vorwegnimmt. Dieselbe Farbsymbolik wird in der Szene „Grablegung“ des zweiten Teils wiederkehren (V. 11707); auch das Bild einer harmonischen und befriedeten Natur entwirft der Dichter erneut in der Schlußszene „Bergschluchten“.

Fausts Stimmung der Harmonie, der „Schwebe zwischen Himmel und Erde“ (Requadt S. 104), wird durch Wagners Widerspruch gestört (V. 1100 ff.). Er wird sich dessen bewußt, daß ein solcher Zustand, eine solche Weltsicht für den Menschen Sache nur eines Augenblicks sein könne. Die Harmonie der Gegensätze auch in seinem Innern zerfällt; er klagt über die *„zwei Seelen“* in seiner Brust (V. 1112 ff.). Falsch ist es, diese Worte so zu deuten, als meine Faust hier den Gegensatz von Triebhaftigkeit und Vernunft, von bösen und guten Seelenkräften. So sagt z. B. noch *Rickert* (2 S. 152): „Fausts Hängen am irdischen Leben soll seinen dunklen Drang zum göttlichen Leben vernichten.“ Das „neue, bunte Leben“ (V. 1121), das Faust zu ergreifen wünscht, ist genauso Bestandteil des lebendigen Kleides der Gottheit wie die „Gefilde hoher Ahnen" (V. 1117). *Trunz* (S. 504) erinnert an die Polarität von Verselbsten und Entselbstigen. *Ibel* (S. 26) sagt, die eine Seele halte sich „an das Nahe und sinnlich Greifbare, die andere, ein wahrer ‚Eros der Ferne' (Ludwig Klages), fühlt sich allem Fernen verschwistert, dazu gehört auch die Zeit- und Seelenferne der Ahnen und die Kommunikation mit den Geistern zwischen Himmel und Erde". Fausts Sehnsucht, am „bunten Leben" der Erde teilzunehmen, wird stärker, und er wünscht, um sich in die Welt ausbreiten zu können, die Hilfe der Magie herbei (V. 1122 ff.). Damit ist er offen für das Angebot *Mephistos,* der sich ihm in *Tiergestalt,* als schwarzer Pudel, nähert und um ihn „zu künft'gem Band" „magisch leise Schlingen" zieht (V. 1158 f.). Faust, der die magische Kraft des Tieres spürt, erscheint es mit einem „Feuerstrudel" (V. 1154), den der eindimensionale Wagner, den Kräften des Magischen verschlossen, nicht bemerkt (V. 1156).

Die Faust-Forschung hat dem ersten Teil der Szene „Vor dem Tor" lange Zeit verhältnismäßig geringe Beachtung geschenkt und seine große Bedeutung nicht erkannt. Erst die Interpretation *Requadts,* auf die in unserer Darstellung wiederholt zurückgegriffen worden ist, hat dem Verständnis der Szene ganz neue Aspekte eröffnet.

Worterklärungen und Hinweise:

Plan (V. 824): Tanzplatz im Freien. *Sankt Andreas' Nacht* (V. 878): Nacht vom 29. zum 30. Dezember, in der man Liebesorakel durchführte. *Kristall* (V. 880): Das Wahrsagen aus dem Bergkristall (Kristallomantie) kam schon im ausgehenden Mittelalter auf. *Venerabile* (V. 1021): Monstranz und Hostie. *Adepten* (V. 1038): die in die Kunst der Alchemie Eingeweihten. *Roter Leu* (V. 1042 ff.): „Zwei ungleichartige Stoffe werden in einem Behälter zusammengezwungen: der *rote Leu* (Quecksilberoxid) gilt als Vater, die *Lilie* (weiße Salzsäure) als Mutter: das *Brautgemach* ist der Destillationskolben, die *junge Königin* ist das heilkräftige Destillat" (Ibel S. 26). *Latwergen* (V. 1050): dickflüssige Medizin.

Studierzimmer (I)

In Faust hat sich nach der Rückkehr in sein „Studierzimmer" eine ruhige Stimmung der Kontemplation durchgesetzt. Er befindet sich in jenem Zwischenzustand, in dem Systole und Diastole sich in der Schwebe halten. Einerseits ist er wieder von der Enge seiner Klause bedrängt, andererseits weitet sich seine Seele gleichsam aus. Das *innere Licht* flammt in ihm auf („Dann wird's in unserem Busen helle", V. 1196), ein Motiv, das im zweiten Teil an bedeutsamer Stelle wiederkehren wird (Szene „Mitternacht", V. 11500). Aber dieser Zwischenzustand geht schnell vorüber; er empfindet erneut „Mangel" (V. 1215). Die Situation wird verdeutlicht mit dem Leitmotiv des Feuchten und des Trockenen („... des Lebens Quelle...", V. 1201; „Aber warum muß der Strom so bald versiegen ...?", V. 1212). Seine

Sehnsucht richtet sich jetzt nicht nach dem Geisterreich (wie in der Szene „Vor dem Tor“ V. 1118 ff.), sondern nach der Offenbarung des Neuen Testaments (V. 1217 ff.). Freilich ist er nicht bereit, diese anzunehmen, sondern interpretiert den Anfang des Johannes-Evangeliums („Am Anfang war das Wort“, V. 1224) in seinem Sinne um. Dabei verbindet sich mit der Frage, wie der Terminus „Wort“ auszulegen sei, wiederum die Dialektik von Buchstabe und Geist. Es geht um den „Geist“ des griechischen Wortes lógos, das mit „Wort“ eben nur gleichsam buchstabengetreu übersetzt, nicht aber in seiner Bedeutung begriffen ist. Faust, nach immer „reinerer“ Tätigkeit strebend, kann den „Anfang“ alles Geschehens nur in einer „*Tat*“ sehen (V. 1237).

Zur Interpretation der Stelle sagt *Storz* (S. 183): „... es geht ihm auch mit dem letzten Übersetzungsversuch noch um Erhellung des ‚Anfangs‘ oder der prima causa, die ‚alles wirkt und schafft‘. Die Übersetzungen von lógos durch ‚Sinn‘ und ‚Kraft‘ genügen ihm nicht. Seine letzte Übersetzung unterscheidet sich von den beiden vorhergehenden dadurch, daß ‚Tat‘ deutlicher auf Gestalt oder Person des Schöpfers, zugleich auf die Schöpfung als Akt hindeutet, denn ‚Sinn‘ und ‚Kraft‘, die auch unpersönliche Elemente des Geschaffenen darstellen. Die Übersetzung ‚Tat‘ enthält also insgeheim den Ansatz zu einer Theodizee.“

Ernst Busch liefert eine ausführlichere Deutung des Übersetzungsversuches Fausts und macht deutlich, daß es sich hier um eine radikale Kritik des Logos-Begriffs des Johannes-Evangeliums handelt. Für die christliche Theologie sei Gott gegenüber der Welt das „Ganz-Andere“. Das komme vor allem in der Theologie der Reformatoren, Kierkegaards und in der dialektischen Theologie zum Ausdruck. Gott offenbare sich dem Menschen in der Welt nur an einer Stelle in der Geschichte, nämlich durch sein Wort in seinem Sohne Jesus Christus. Das sei der Sinn des johanneischen „logos“. Busch fährt dann fort (S. 21 ff.):

„In zweifacher Hinsicht steht Goethes Gottesverständnis dem Sinn des Logosbegriffs nach dem Johannesprolog entgegen. Faust wußte von der Offenbarung, daß sie nirgends würdiger und schöner brennt als in dem Neuen Testament. Er leugnet also Offenbarung keineswegs, als er den Prolog des Johannesevangeliums aufschlägt und sich anschickt, wie Luther auf der Wartburg, das heilige Original in sein geliebtes Deutsch zu übertragen. Aber er stößt sich daran, den Logosbegriff mit *Wort* zu übersetzen. Er kann das Wort so hoch unmöglich schätzen. Der Begriff des Logos wird nicht angegriffen, nur die Übersetzung mit ‚Wort‘ als ungenügend gebrandmarkt. Durch die neue Übersetzung wird der Begriff seines biblischen Sinnes freilich völlig entkleidet.

Faust möchte Logos zunächst mit ‚Sinn‘ wiedergeben. *Sinn* ist hier in der ursprünglichen Bedeutung des Wortes zu verstehen, die schon das Mittelhochdeutsche kennt, als Überlegung, Verstand. Man könnte bei dieser Übersetzung an den griechischen, von Heraklit und der Stoa herrührenden Logosbegriff denken, wonach der Logos die den Kosmos der Welt durchwaltende Weltvernunft darstellt, die in allem Bestehenden in graduellen Abstufungen enthalten ist. Insofern der Logos auch nach Goethes Meinung an Offenbarung denken läßt, wird also der im Kosmos erkennbare Logos die Offenbarung. Die Gottheit offenbarte sich im Wirken und Schaffen der Welt als der Geist der Welt, der nicht über ihr, sondern in ihr ist. Die Identität des schaffenden Geistes mit dem vom Geiste durchdrungenen Geschaffenen wäre hergestellt, die Transzendenz aufgehoben. Der Standpunkt käme dem Standpunkt des jungen Goethe, wie wir ihn in der Katechisationsszene kennenlernten, nahe. Die Einsichtigkeit dieser Ansicht besteht — von Goethe aus gesehen — darin, daß das Wirken und Schaffen in der Welt rein geistig als Denken verstanden ist. Sie liefe auf den Standpunkt des philosophischen Idealismus hinaus, wie ihn in der Goethezeit Schelling und Hegel vertraten. ‚Ist es der Sinn, der alles wirkt und schafft?‘ fragt Faust.

Faust überlegt weiter und übersetzt Logos mit *Kraft.* Der Begriff der Kraft wurde Goethe vor allem durch Herder nahegelegt. Herder sah die Welt als ein System von Kräften, die aus einer göttlichen Urkraft strömen. Die Kräfte sind göttlich wie die Urkraft selbst. Auch diese Anschauung trägt monistische Züge, indem die Gotteskraft und die Weltkräfte ein zusammenhängendes System bilden. Dem Begriff der Kraft fehlt aber die geistige Seite, er bezeichnete lediglich Wirksamkeit, Bewegung, hinter der wir den metaphysischen Ursprung vermissen, den wir uns nur geistig vorstellen können. Auch eine mechanische Weltanschauung, welche den geistigen Charakter der Welt übersieht, könnte das Kraftsystem billigen, das Herder freilich nicht im mechanistischen Sinne verstanden hat.

Erst der Begriff der *Tat* drückt aus, was Goethe mit dem Logos meinte. Tat vereinigt die Begriffe Sinn und Kraft in sich. Tat ist stets auch Produkt eines Denkens und der daraus erfolgten Kraft und Bewegung. Gottes Welt ist Sinn und Kraft, Geist und Bewegung in eins. Tat im Goetheschen Sinne meint also die volle Einheit zwischen Gott und Schöpfung. Der Logos, Gott, ist Tat. Insofern sich Gott offenbart, offenbart er sich als Tat. Die Tat ist er selbst, wie Goethe es in seinem ‚Prooemion‘ lehrt, das die Reihe seiner naturphilosophischen Gedichte, die den bezeichnenden Titel ‚Gott und Welt‘ tragen, einleitet:

‚Im Namen dessen, der sich selbst erschuf,
Von Ewigkeit in schaffendem Beruf.‘

Gottes Offenbarung ist seine Tat, diese Tat aber ist Selbsterschaffung. Im achten Buch von ‚Dichtung und Wahrheit‘ lesen wir, daß die Gottheit sich von Ewigkeit her selbst produziert. Gott ist also seine eigene Tat, Gott erschafft sich selbst in der Welt. Gott und Welt gehören zusammen, Gott existiert nicht ohne die Welt. Er existiert dadurch, daß Welt aus ihm hervorströmt. Der Gott der Bibel erschafft die Welt als Tat seines freien Willens; er könnte auch ohne die Welt sein, weil er genügsam in sich selber ist. Die Schöpfung hat einen Anfang, vor dessen zeitloser Unendlichkeit Gott ohne die Welt ist. Goethe kennt diesen Anfang der Welt nicht. Von Ewigkeit her ist Gott dadurch, daß er die Welt aus seinem Schoße gebiert und sich in ihr entfaltet.

Der Logos, durch den die Welt nach Joh. 1, 3 ins Dasein gerufen wird, ist *Christus* in der Präexistenz, derselbe der nach Vers 14 Fleisch wird und unter den Menschen wohnt. Goethe hatte offenbar gar nicht das Gefühl, daß im Johannesprolog in erster Linie an Gottes Offenbarung in dem fleischgewordenen Logos gedacht wird. Hier liegt das zweite Moment, an dem das biblische Verständnis des Johannesprologs aufgegeben ist. Als Faust in der gleichen Szene dem Bösen mit dem Zeichen des Kreuzes begegnet, da nennt er, offenbar in Erinnerung an den eben übersetzten Johannesprolog, Christus den nie Entsprossenen, Unausgesprochenen, durch alle Himmel Gegossenen und freventlich Durchstochenen. Die Stelle ist eine der wenigen im ‚Faust‘, in denen Christus erwähnt wird. Gewiß wird an sein Kreuz erinnert, aber die übrigen Ausdrücke lassen ihn doch weit mehr als ein Symbol der impersonalen und immanenten Gottheit erscheinen. Sein Name bleibt wie der Name der Gottheit unausgesprochen, weil die Impersonalität betont werden soll. Wie der Logos Heraklits die Welt durchdringt, ist dieser Christus durch alle Himmel gegossen. Indem er der nie Entsprossene heißt, wird geflissentlich die Inkarnation übergangen. Christus ist an keiner Stelle des ‚Faust' als Gottesoffenbarung im Sinne des Neuen Testaments gesehen.

Goethes Logosspekulation durchbricht also in zweierlei Hinsicht den Sinn, den der Logos im Johannesprolog trägt. Dort schafft Gott durch den Logos die Welt, aber der Logos wird nicht Welt. Gott und Welt sind scharf unterschieden. Durch seine Personhaftigkeit ist Gott als solcher gegen alle Vermischung mit der Welt gesichert. Der Logos wird Fleisch in einem Menschen. Nur in ihm geht er in die Welthaftigkeit ein. Goethe identifiziert den Logos mit der Welt. Der Logos als Tat heißt, daß Gott mit der Schaffung der Welt sein eigener Schöpfer ist. Indem Gott in der Welt ist, mit und in ihr sich schafft, hat es keinen Sinn mehr, von seiner Personhaftigkeit zu sprechen. Denn die Welt hat keinen personhaften Charakter. Wenn die Welt göttlich ist, dann besteht auch keine Notwendigkeit mehr, von ihr eigens einen Menschen zu unterscheiden, in dem sich Gott offenbart. Mit der Kontinuität von Gott und Welt fällt notwendig das Gottesgeheimnis der Person Jesu dahin. Christus ist deshalb hier als Gleichnis der immanenten Gottheit aufgefaßt."

Die Ruhe Fausts wird vom Anfang dieser Szene an durch die Unruhe des Pudels gestört. Faust geht auf ihn ein, und der Gegensatz der widerstreitenden Stimmungen, das geheime Ringen der beiden Gegenspieler drücken sich in Sprache und Vers aus. Faust spricht, wenn er seiner schwebenden Ruhe Ausdruck verleiht, in *stanzen*ähnlichen gereimten Strophen in lyrischem Tonfall (V. 1178 ff.; 1194 ff.). Die Unruhe des Pudels teilt sich in den Zwischenstrophen, in denen Faust das Tier anspricht (V. 1186 ff.; 1202 ff.) sofort dem Vers mit, der bei noch beibehaltener Reimfolge seinen gleichmäßigen Rhythmus verliert.

Joachim Müller (S. 147) sagt dazu: „Dies meditiert Faust in ruhigen, alternierenden Versen, vierhebigen jambischen Stanzen (1178/85), doch die Nennung Gottes macht den Pudel unruhig, und Fausts Sprechen geht in eine unruhige, daktylisch gelockerte Versbewegung über; wie auch sonst im Faust-Drama paßt sich die metrisch-rhythmisch variable Versform sofort der Situation an. Noch einmal findet Faust in die jambische Distanz zurück." *Storz* (S. 180) führt aus: „Der Widerstreit der beiden Seelenkräfte, hörbar und sinnfällig gemacht durch den Wechsel der verschiedenartigen Strophen des monologischen Einganges, gibt dem ersten Teil der Szene Führung und Form. Hatte im Abendgespräch mit Wagner die Fliehkraft, der Drang über die Grenzen, das Wort, so wirkt und spricht nunmehr zuerst die beharrende, dem Maß und dem gültig Bestehenden zugewandte Kraft: sie wird hörbar im stetigen, beruhigten Gang der in sich selbst verharrenden Stanze jambischen Maßes. Sie beginnt und führt. Ihr antwortet, jeweils durch die Unruhe des Hundes ausgelöst, eine unregelmäßig, daktylisch bewegte Antistrophe. Die eröffnende Stanze mündet in die Worte ‚Menschenliebe' — ‚Liebe Gottes', nachdem der Sprecher sich gegen ‚wilde Triebe' und ‚ungestümes Tun' abgegrenzt hat." *Requadt* (S. 112) sagt: „Der Vers registiert ... die widerstrebenden Lebenstendenzen, insbesondere aber macht er deutlich, daß Faust durch die expansive Unruhe des Pudels selbst in die Ferne gezogen wird."

Dem sich verwandelnden Hund tritt Faust als ein Meister der Magie entgegen, ihn zunächst mit den Beschwörungsformeln für die paracelsischen Elementargeister (Salamander = Feuer, Undene = Wasser, Sylphe = Luft,

Kobold = Erde; V. 1273 ff.), dann als einen Alb (Incubus, V. 1290) behandelnd. Da der Hund auf keine dieser Formeln reagiert, weiß Faust, daß er ein höllisches Wesen vor sich hat (V. 1292 f.; 1299). Dieses beschwört er mit dem Kruzifix (V. 1300 ff.) und mit dem Zeichen der Trinität V. 1319). *Mephistopheles* erscheint, „gekleidet wie ein fahrender Scholastikus". Diese Rolle, die er hier spielt, verweist zugleich auf die Welt der Wissenschaft, in der Faust bisher heimisch war, und auf den Drang in die Ferne, die Fahrt in die Welt. Mephisto paßt sich von vornherein in den Rollen, die er proteisch übernimmt, der Weltsphäre, in die er eintritt, und seinen Partnern an.

Mephistopheles stellt sich mit einer *Selbstdefinition* als vollkommenen *Nihilisten* vor:

> „Ich bin der Geist, der stets verneint!
> Und das mit Recht; denn alles, was entsteht,
> Ist wert, daß es zugrunde geht;
> Drum besser wär's, daß nichts entstünde.
> So ist denn alles, was ihr Sünde,
> Zerstörung, kurz das Böse nennt,
> Mein eigentliches Element" (V. 1338 ff.).

Zugleich ordnet er seine eigene Existenz in ein metaphysisches Weltbild *polaren* Charakters (siehe V. 1374 ff.) ein, das dem des „Prologs im Himmel" entspricht, indem er seine beschränkte Macht und deren Unterordnung unter einen göttlichen Heilsplan einräumt (V. 1335). Seine gegenwärtige Rolle in der Welt sieht er im Rahmen einer *Kosmogonie,* in der der *lichte Kosmos* sich aus dem *dunklen Chaos* entwickelt hat, freilich noch immer mit dem Körperlich-Elementaren behaftet, das künftigen Untergang verspricht (V. 1349 ff.). Seine relative Ohnmacht demonstriert er ironisch daran, daß er Fausts Haus, ein Gefangener des Pentagramms, nicht mehr verlassen kann (V. 1392 ff.). Faust spricht, erstaunt darüber, daß „des Chaos wunderlicher Sohn" (V. 1384) sich einem „Gesetz der Teufel und Gespenster" (V. 1410) unterwerfen muß, Mephisto auf den Abschluß eines *Paktes* an (V. 1414). Bei diesem Vorhaben befindet sich Faust aber in einem fundamentalen Irrtum: er, der immer das *Ganze* ergreifen will, ist dabei, sich mit einem Geist einzulassen, der sich selbst als einen Repräsentanten des *Teils* bezeichnet („Ich bin ein Teil des Teils ...", V. 1349). Die Dialektik des Ganzen und des Teils durchzieht von Anfang an leitmotivisch das Verhältnis zwischen Faust und Mephisto. Daß Mephisto trotz seiner intellektuellen Überlegenheit keinen „Geist" besitzt, deutet sich in seiner *Tierheit* (Auftreten als Hund) und in seiner Herrschaft über das Reich widriger oder zerstörerischer Tierexistenzen („Der Herr der Ratten und der Mäuse, / Der Fliegen, Frösche, Wanzen, Läuse", V. 1516 f.) an.

Mit Mephisto zusammen treten *Geister* aus jenem Bereich „zwischen Erd' und Himmel" (V. 1119) auf, die, jenseits von Gut und Böse stehend, auch Mephisto verpflichtet sind (V. 1269 f.). Sie benutzt er, um Faust in den Schlaf zu wiegen (V. 1447 ff.). „Sie haben es mit Mephisto zu tun, weil sie versucherisch in die Welt locken, aber sie können zugleich auch Fausts edle Sehnsucht spiegeln, sie sind sein Traum. Auf ihren Anruf öffnen sich die ‚dunklen Wölbungen' des Studierzimmers und geben den Himmel frei" (Requadt S. 124). In Fausts Traum erscheint eine *arkadische* Welt, die zurückspiegelt auf den Tanz der Bauern unter der Linde und vorausweist auf das Arkadien des zweiten Teils. Das Motiv der freien und leichten *Liebe* in den *Lauben* (V. 1468 ff.) verbindet sich mit dem des *Fluges* in die Ferne (V. 1501 ff.) und dem der *Musik* (V. 1491 f.). Der Traum von Arkadien kündigt nicht nur Fausts Ausfahrt in die Welt an, sondern es erscheint zugleich in der Vorausschau die antike Welt des zweiten Teiles. Dies drückt sich, wie Requadt feststellt (S. 125), metrisch im Gebrauch des griechischen *Adoneus* (— ◡ ◡ — ◡) aus. Zur Bedeutung des Traumes sagt Requadt (a.a.O.): „Im Traum nimmt Faust die griechische Welt voraus, indem sein Geist die Enge des ‚gotischen' Zimmers sprengt und in diese schwerelose Welt entweicht. Das aber heißt doch, daß er die altdeutsche Welt, zu der Gretchen gehört, schon innerlich überholt, bevor er sich in ihr verpflichtet hat. Der Gesang schlägt so nicht allein den Bogen zu dem Faust des zweiten Teils, er macht auch verständlich, warum Fausts Vereinigung mit Gretchen zuletzt etwas schmerzlich Vorläufiges anhaftet, er ihrem Abschied voraus ist. Seine Sehnsucht richtet sich vor allem auf das Element des Arkadischen ...".

Der Charakter der *Geister* war in der Forschung lange umstritten. Die Meinungen gingen darüber auseinander, ob die Geister von Mephisto abhängig sind oder nicht und ob sie ehrliche Helfer für Faust sind, ob sie ironisch oder höhnisch sprechen oder Faust schmeichlerisch verführen. Eine Darstellung der verschiedenen Ansichten gibt *Witkowski* (S. 219 f.), unter den neueren Interpreten *Maché* (S. 203). Die moderne Faust-Forschung (zu dieser Stelle besonders Maché und Requadt a.a.O.) vertritt die hier dargestellte Ansicht. *Bub* (2 S. 415) zeigt, daß diese Geister weder „englisch" noch teuflisch seien, sondern sowohl im ersten als auch im zweiten Teil mit der Erneuerung des Lebens und der Verjüngung Fausts im Zusammenhang stehen (2 S. 417).

Worterklärungen und Hinweise:

Liebe Gottes (V. 1185): Genetivus obiectivus (Trunz S. 505). *„Am Anfang war das Wort"* (V. 1224): Trunz kommentiert: „Ev. Joh. 1, 1: ... Logos, in der antiken Philosophie Weltgeist, Weltvernunft, wurde im kirchlichen Denken Gott und fleischgewordener Gott, d. h. Christus. Luther übersetzte, auf die altgriechisch-ursprüngliche Bedeutung zurückgehend, ‚das Wort'. Herder versuchte die Vieldeutigkeit zu umschreiben aus dem Geiste der Weltfrömmigkeit der Goethezeit heraus: ‚Gedanke, Wort, Wille, Tat, Liebe' (S. 505). *Salomonis Schlüssel* (V. 1258): ein angeblich auf Salomo zurückgehendes Zauberbuch des 15. Jahrhunderts. *Incubus* (V. 1290): Quälteufel, Kobold, Elementargeist, Alb. *Fliegengott* (V. 1334): Übersetzung des hebräischen „Beelzebub" (hier Euphemismus für Mephistopheles).

Drudenfuß, Pentagramma (V. 1395 f.): im Mittelalter als Zeichen gegen böse Geister gebraucht.

Studierzimmer (II)

Mephisto erscheint nun in der Maske des „edlen Junkers“ (V. 1535), damit stärker noch auf Fausts künftige galante Weltexistenz hinweisend. Seine Aufforderung, Faust solle „losgebunden, frei, erfahre(n), was das Leben sei“ (V. 1542 f.), wird von diesem mit dem nihilistischen *Fluch* auf die Entbehrungen und die Beschränktheit des Lebens beantwortet (V. 1544 ff.). Er flucht der den Menschen einschränkenden „Trauerhöhle“ der Welt (V. 1589); er flucht dem bloßen Schein der Ausbreitung des Menschen in die Weite (V. 1588; 1590); er flucht dem Ruhm und dem Besitz (V. 1596 ff.), die er schon vorher (V. 647 ff.) als Masken der Sorge entlarvt hat; er flucht schließlich den paulinischen Tugenden des Glaubens, der Hoffnung, der Liebe und der Geduld (V. 1604 ff.). Nicht nur Weltliches, auch die Gnade Gottes („höchste Liebeshuld“) wird in den Fluch einbezogen. Faust hat jede Hoffnung, die ihn in seinen Monologen immer wieder beseelt hat, aufgegeben.

Zum rhetorischen Charakter des Fluches, der ihn zu etwas extrem Subjektivem macht, sagt *Requadt* (S. 137): „Es ist auffällig genug, daß dieser Fluch ihm höchstens zu Anfang ‚aus der Seele dringt‘ (V. 535), dann aber gerade mit der einmal von ihm so verurteilten rhetorischen ‚Kunst‘ (V. 550 ff.) vorgetragen wird; denn bei näherer Betrachtung erweist er sich als ein rhetorisches Kunstwerk. Fünfmal folgen sich die Fluchformeln, sie leiten (bis auf die letzte) anaphorisch auch syntaktisch einander entsprechende Doppelverse ein (V. 1591 ff.). Dort wiederholt sich der Fluch dreimal zu Beginn jedes Verses, dann (noch gestauter) zweimal in einer einzigen Zeile (V. 1605). In dem ganzen architektonischen Aufbau erkennt man eine rhetorische Steigerung, eine Klimax, der auch Fausts Gedankenführung folgt, wenn er, ausgehend von dem Seelischen, das ihn unmittelbar bekümmert, über die Güter dieser Welt zur Verfluchung geistlicher Gaben gelangt.“

Erneut lassen sich die *Geister* vernehmen (V. 1607 ff.), Fausts Verfluchung der Welt beklagend und ihn auffordernd, „neuen Lebenslauf“ zu beginnen (V. 1622 f.), d. h. „mit hellem Sinne“ (V. 1624), ohne verkrampfte Leidenschaftlichkeit zu handeln. Müßig ist es, zu überlegen, ob diese Geister mit denen der ersten Studierzimmerszene identisch sind. Auch diese Geister sind hilfreich, sie spiegeln ihm aber nicht eine arkadische Traumwelt vor, sondern ermuntern ihn zu reinerer Tat. An Antikes erinnert nur die Bezeichnung Fausts als „Halbgott“ (V. 1612). *Requadt* (S. 143) deutet ihr Auftreten: „Fausts Genius meldet sich im Geisterchor zu Wort. Er ist ihm überlegen, daher die leichte Ironie, wenn er ihn als ‚Halbgott‘ apostrophiert; er ist ihm aber auch zugetan, denn er spricht Fausts Sprache. Er zeigt es durch seine Mahnung, den inneren Kräften wieder Raum zu geben, nicht anders hat auch Faust von der ‚Schöpfung seiner regen Brust' (V. 1560) und von dem Gott in seinem ‚Busen' (V. 1566) gesprochen."

Mephisto reklamiert, wie schon in der vorigen Szene, diese Geister als seinem Bereich zugehörig, sich freilich zugleich ironisch von ihnen distanzierend, indem er sie „altklug" (V. 1630) nennt. Er will nicht, daß Faust ihren Rat beherzigt, sondern er will ihn ins Irdische verstricken („ ... daß du ein Mensch mit Menschen bist", V. 1638). Zugleich erfolgt das Angebot eines Vertrages (V. 1642 ff.), dessen Bedingungen Mephisto in den Versen 1656 bis 1659 präzisiert. Diese wiederum interpretiert Faust in den Versen 1660 ff. in seinem Sinne. Dabei liegt das Schwergewicht wohl weniger in seinem Bekenntnis zur Diesseitigkeit („Das Drüben kann mich wenig kümmern", V. 1660) — auf ein Inbetrachtziehen des „Drüben" kommt es Faust hier nicht an — sondern auf seinem Wunsch, das *Ganze* des Lebens zu erfassen, seine Freuden *und* seine Leiden (V. 1663 f.). Mephisto will ihm nur den *einen Teil*, die Freuden, zugestehen (V. 1673). Dies erkennt Faust sehr deutlich, indem er bezweifelt, daß der Teufel seinem „hohen Streben" (V. 1676) gerecht werden könne. Der Katalog der Antinomien, die Faust aufzählt („ ... Speise, die nicht sättigt ...", V. 1678 ff.), dient dazu, dieses Ganze des Lebens, das Faust zu erleben strebt, sprachlich dialektisch zu erfassen. Daß Mephisto dieses Ganze nicht bieten kann, zeigt sein Ablenken auf den banalen irdischen Genuß (V. 1690 f.).

Die Verse haben bei den Interpreten unterschiedliches Verständnis gefunden. *Böhm* (2 S. 66) läßt den Dichter durch sie die „Maßlosigkeit" des Helden demonstrieren. *Rickert* (2 S. 181) meint, Mephisto könne derartiges wohl beschaffen, Faust verachte aber alles, was der Teufel ihm geben könne. *Flitner* (S. 254) erklärt das Widersprüchliche, das Paradoxe überhaupt für das Ziel faustischen Strebens. Diesen Gedanken greift *Requadt* auf; er fährt fort (S. 153): „Unter dem Aspekt der Faust durchwaltenden Lebensbewegung würde es heißen, daß Faust einen Indifferenzpunkt angeht: Er will im Zuge der Ausbreitung sich Weltliches zueignen, aber dies müßte im gleichen Vollzug diese Realität einbüßen, damit es Faust nicht beschränkt." Die Verse 1682 ff. stellten jedoch keine „Naturunmöglichkeit" mehr dar, sondern zögen Schmerz und Vergänglichkeit in Liebe und Treue ein. Wenn Mephisto erklärt, ein solcher Auftrag schrecke ihn nicht (V. 1686), so gebe die Bedeutungsdifferenz den Ausschlag: „Was für Faust lediglich Zeichen für Unsagbares und Ersehntes ist, hat sich im Munde Mephistos in krude Materie verwandelt" S. 155), (da dieser zaubern und die Naturordnung durchbrechen kann).

Mephistos Hinweis auf die Ruhe (V. 1691) — er verneint die dialektische Bewegung des Lebens — provoziert Faust zum Angebot einer *Wette,* die er seinerseits dem *Pakt* hinzufügt:

> FAUST. Werd' ich beruhigt je mich auf ein Faulbett legen,
> So sei es gleich um mich getan!

Kannst du mich schmeichelnd je belügen,
Daß ich mir selbst gefallen mag,
Kannst du mich mit Genuß betrügen,
Das sei für mich der letzte Tag!
Die Wett biet' ich!

MEPHISTOPHELES. Topp!

FAUST. Und Schlag auf Schlag!
Werd' ich zum Augenblicke sagen:
Verweile doch! du bist so schön!
Dann magst du mich in Fesseln schlagen,
Dann will ich gern zugrunde gehn!
Dann mag die Totenglocke schallen,
Dann bist du deines Dienstes frei,
Die Uhr mag stehn, der Zeiger fallen,
Es sei die Zeit für mich vorbei!" (V. 1692 ff.)

Die *Wette* gliedert sich, wie *Hohlfeld* (S. 21) dargelegt hat, in zwei Teile, wobei er den zweiten Teil (V. 1699 ff.) als ein „additional statement" bezeichnet. Faust will, indem er die Ruhe verwirft, die Totalität des Lebens „in diesem Durchgang durchs Endliche" (Requadt S. 159) gewinnen. Es ist eine andere Haltung als die, die er dem Erdgeist gegenüber eingenommen hat: Faust ist realistischer geworden; er denkt nicht mehr an ein unmittelbares Erfassen des Ganzen. Eine solche Haltung wäre die der Selbstgefälligkeit (V. 1695), die Irrtum und Schuld, denen der Mensch notwendigerweise auf seinem Weg durch das Leben verfällt, nicht wahrhaben will. Faust würde sich selbst verfehlen, wenn er, bei dem Pakt mit Mephistopheles beharrend, nur die Freuden des Lebens in Ruhe genösse. Pakt und Wette stehen im Hinblick auf die Selbstverwirklichung Fausts in einem dialektischen Gegensatz; beide sind daher notwendig. Das temporale Wenn des Paktes wird in der Wette zum konditionalen verwandelt. Faust, den „das Drüben" wenig kümmert (V. 1660), betrachtet die Abmachung mit dem Teufel nicht als Erfüllung eines Vertrages nach dem Tode, nach dem seine Seele dem Höllengeist verfällt, sondern: „Wenn er sein Wesen verfehlt, ist er lebendig tot, wäre daher der Eintritt des leiblichen Todes nur noch äußerliches Geschehen" (Requadt S. 161). Faust verachtet keineswegs den schönen Augenblick (V. 1699 ff.). „Aber er stößt, indem er spricht, an seine Grenze, denn er hat noch nicht erfahren, daß der Mensch im schönen Augenblick verweilen kann, weil ihm darin die Welt für das Absolute durchsichtig wird" (Requadt S. 163).

Zur Vagheit des Wettangebots Fausts sagt *Requadt* (S. 163): „Schon früher hatten wir gefunden, daß es sich bei dem Text der Wette nur auf seiten Mephistos um eine fixierbare Leistung handelt, auf seiten Fausts dagegen lediglich um ein inneres Verhalten, das durch das Bild des ‚Faulbetts' einigermaßen umschrieben wird. Im Ernstfall würde es Mephisto durchaus nicht leicht werden, danach den Augenblick festzuhalten, in dem Faust so verschuldet wäre, daß er ihm anheimfallen müßte. Diese Unbestimmtheit wird durch seine Worte über den schönen Augenblick beseitigt. So beiläufig und beschwingt er sie anfügt, er hat sich offenbar festgelegt, wenn er den Verlust der Wette an ein Wort knüpft, an das Aussprechen des Verses ‚Verweile doch! du bist so schön!' Als Ergebnis schält sich also heraus, daß Goethe im ersten Falle eine immerhin dehnbare Bestimmung in die strenge Form der Wette faßt, umgekehrt jedoch eine eminent präzise Bedingung außerhalb des Wortlautes der eigentlichen Wette in freierer und damit, wie es scheint, unverbindlicherer Rede aussprechen läßt. Man muß weiter fragen, warum diese letztere, eben nicht ausdrücklich sanktionierte Bedingung zum Zentralmoment der späteren Handlung wird, während man ein mögliches Verliegen im Genuß so gut wie nicht diskutiert. Goethe gelingt es so, die Handlung auf einen Zielpunkt zu richten: Mephisto kann Faust im entscheidenden Moment ‚beim Wort' nehmen, daher die Fixierung. Die läßlichere Einkleidung der entscheidenden Worte aber erklärt sich daraus, daß Goethe sich einen Bedeutungsspielraum schafft. Gewiß kann Mephisto Faust einmal beim Wort nehmen, aber dies geht nur an, wenn beide das gegebene Wort gleichsinnig verstehen, und dies ist nicht der Fall; denn aus dem folgenden Dialog geht hervor, daß die Geister sich an der Sprachproblematik scheiden."

Über die Funktion des Paktes in der Architektur des Werkes reflektiert *Wolfgang Streicher* (S. 112 f.): „... im Pakt entwirft Faust ja nicht nur die Existenzform, in der er der ‚Totalität der Materie' gegenübertreten will — dieses Verhältnis von Ich und Welt wurde ja in den Eingangsszenen von immer neuen Seiten belichtet, so daß es in der Paktszene nur eine letzte, programmatische Zuspitzung erfährt — vielmehr macht er das Heil seiner Seele von der Durchführung, vom Durchhalten seines als Thesis ausgesetzten Prinzips abhängig und setzt Mephistopheles als Richter über sich ein. ... Der Pakt ist also kaum als Exposition im strengen Sinne des Worts zu bezeichnen. Er und seine Einlösung sind ‚philosophische' Klammern, in die die ‚poetische' Durchführung der Faustintention eingezwängt ist; sie bestätigen Schillers These, daß ‚die Anforderungen an den Faust ... zugleich philosophisch und poetisch' seien, daß ‚die Natur des Gegenstandes' Goethe zwangsläufig ‚eine philosophische Behandlung' auferlegen werde und seine ‚Einbildungskraft sich zum Dienst einer Vernunftidee bequemen' (Schiller an Goethe. Brief vom 23. 6. 1797. In: Briefwechsel, Band I, S. 348) werden müsse." Und: „Das programmatische Herausstellen des ‚Kopfthemas' des ‚Faust', der Faustintention mit dem Pakt als Zentrum, ist ein durch keinerlei dramatische Entwicklung funktionalisiertes Motiv, ein Motiv, das, wie viele Motive im ‚Faust', eine ganze Szene füllt. Im Einkreisen, allmählichen Erschließen und Ausgestalten dieses Motivs erschöpft sich das Maß an Funktionalität, das der Paktszene gesetzt ist" (S. 114).

In der folgenden Partie der Szene (V. 1714 ff.) kommt die Dialektik von *Geist* und *Buchstabe* erneut zum Tragen. Es geht um die Verbindlichkeit des Wortes, und Mephisto hält sich als „Pedant“ (V. 1716) an das schriftlich fixierte Wort. Mephisto tritt Faust gegenüber als der Anwalt des Endlichen und des Statischen auf und will die menschlichen Beziehungen kleinlich fixieren — eine Haltung, die Faust als Idealist und als ein Mann, der die Welt „in allen Strömen“ fortrasen sieht (V. 1720), ablehnt.

Das folgende Gespräch zwischen beiden (V. 1741 ff.) bezieht sich auf den Gegensatz des *Ganzen* und des *Teils*. Die Vorstellung, zur Erfassung der Totalität des Lebens und der Welt die Unendlichkeit des Wissensstoffes durchlaufen zu müssen, erregt Fausts Abscheu („Mir ekelt lange vor allem Wissen“, V. 1749); statt dessen will er die Fülle des Lebens erlebend ergreifen (V. 1750 ff.). Erneut entwirft er ein Bild der Welt, die durch Gegensätze konstituiert ist (V. 1765 ff.), und eines Lebens, das gleichermaßen „Wohl und Weh“ (V. 1773) und auch die Möglichkeit des Scheiterns (V. 1775) miteinschließt. Seine Äußerung erinnert an seine Worte beim Anblick des Erdgeistes (V. 464). Wollte Faust dort aber die reale Welt auf einmal erfassen, so schwebt ihm nunmehr eine Totalität von Erlebnissen vor. Dieses Welterleben wird von Faust in dem Wort „genießen“ (V. 1771) zusammengefaßt. Mephisto, in der Absicht, Faust von seinem Streben nach dem Ganzen abzulenken, versucht dessen Idealismus durch Ironie zu zersetzen, dabei zugleich Wahres aussprechend:

> „Glaub unsereinem: dieses Ganze
> Ist nur für einen Gott gemacht“ (V. 1780 f.).

Überall „will Mephisto Grenzen ziehen“ (Requadt S. 184), Faust an das Endliche und Teilhafte binden. Er nimmt (leitmotivisch) den Aphorismus des Hippokrates wieder auf (V. 1787), mit dem schon Wagner (V. 558) die Unbegrenztheit wissenschaftlicher Erfahrung ausgedrückt hat. Mephisto zielt damit auf die Vergeblichkeit von Fausts Streben ab. Fausts Paradoxienkatalog (V. 1678 ff.) gleichsam parodierend, entwirft er (V. 1790 ff.) das Bild eines Menschen, der alle gegensätzlichen Qualitäten als ein „Mikrokosmus“ (V. 1802) in sich vereint, und verweist dieses zugleich in das Reich der Poesie (V. 1789). Die Konstanz des Menschenwesens („Du bleibst doch immer, was du bist“, V. 1809) setzt er dem Faustischen Streben entgegen. Dem Partner, der die Quell-Metapher gebraucht (V. 1813), antwortet Mephisto mit dem Bild vom Tier „auf dürrer Heide“ (V. 1831): Leitmotivik des Feuchten und des Trockenen! Faust wird, da er der Realistik des Teufels nichts mehr entgegenzuhalten hat, immer resignierter und kleinlauter (V. 1834).

Mephisto, in der „Maske“ des Professors Faust (V. 1847), die er für das Gespräch mit dem Schüler schon angelegt hat, ruft Faust hämisch nach, er solle nur „Vernunft und Wissenschaft, / Des Menschen allerhöchste Kraft“

(V. 1851 f.) verachten. Vernunft ist für Goethe, wie Requadt (S. 190) dargelegt hat, das Vermögen, „in den Ursprung des Lebens, zu Gott, zurückzuleiten". Gerade den christlichen Tugenden aber, die Goethe als „ausgeübte Vernunft" betrachtet, hat Faust abgeschworen (V. 1587 ff.). Auch Wissenschaft muß hier als Fähigkeit der Erkenntnis des Ganzen, wie Faust sie erstrebt, verstanden werden. Der Mensch, der dieses Streben vergißt und in „flache Unbedeutenheit" (V. 1861) versinkt, ist dem Teufel verfallen.

Zu dem erreichten Bewußtseinsstand Fausts sagt *Requadt* (S. 188): „Wir haben damit den archimedischen Punkt erreicht, von dem aus Fausts bisherige Positionen einzusehen sind. Es sind Abgleitungen von einem Weg, den man nur in ständiger Spannung begehen kann. Statt diese Spannung auszuhalten, schwankt Faust zwischen den Extremen; er verabsolutiert (wie zu Anfang) das Unendliche, oder er glaubt sich (nach der Unterschrift) an das Endliche gebunden. Bezieht man sich auf Goethes Überzeugung, so sieht man, daß er schon darum das Endliche verfehlt, weil er sich nicht ‚recht' daran hält. Er möchte das Einzelne in raschem Wechsel ergreifen und wieder hinter sich lassen mit der trügerischen Aussicht, dann einmal das Ganze zu besitzen, aber nur im ruhigen Anschaun des Naturobjekts oder im konkreten Engagement wird das Einzelne transparent für das Ganze."

Rickert (2 S. 185 f.) sieht im Gegensatz zu dem oben Vorgetragenen in den beiden Teilen der Wette die Darstellung zweier verschiedener Bedingungen: „‚Werd ich beruhigt je mich auf ein Faulbett legen', und: ‚Werd ich zum Augenblicke sagen: Verweile doch!', das ist nicht dasselbe. Das ‚Verweilen' braucht sich doch nicht auf ein ‚Faulbett' zu beziehen. ... Zuerst erklärt Faust: mit Genuß bin ich nicht zu betrügen, faul werde ich nie sein, meine Tätigkeit wird nie erschlaffen, was Guts in Ruhe schmausen, werde ich nie wollen. Das kann, ja das muß er als echter Knecht Gottes sagen. Daß er sich hierin treu bleiben wird, weiß Gott, und das wissen auch wir, seit wir seinen Charakter kennen. ... Dann aber erklärt Faust, und zwar in voller Übereinstimmung mit dem großen Fluch, also ebenfalls aus seiner Natur heraus, die stets eine Doppelnatur ist: ich werde mich überhaupt mit nichts zufrieden geben, was die Welt mir bietet, ich werde niemals bei etwas beharren, niemals für die Dauer etwas bejahen, denn es gibt nicht einen Augenblick, der einen solchen Wert in sich trägt, daß man ihm ein ‚Verweile' zurufen könnte. Alles Menschenleben ist auf die Dauer sinnlos. Dafür setze ich mein irdisches Dasein ein. Sollte ich mich darin irren, dann sei es mit meinem Leben zu Ende, und dann kann der Teufel mit mir machen, was er will."

Zur Bedeutung des *Augenblicks* an dieser Stelle sagt *v. Wiese* (S. 163): „Offensichtlich bedeutet dieses Bekenntnis zum Augenblick, das von Faust hier abgeschworen wird, etwas anderes als das bloße Betrogenwerden durch den Sinnengenuß. Was hier geleugnet wird, das ist die Möglichkeit, auf dieser Erde die Gottesnähe als Einheit von Augenblick und Ewigkeit zu besitzen." *Reske* (S. 99) sieht im zweiten Teil der Wette „eine Steigerung, die mit Sinnengenuß nichts mehr gemein hat; der Inhalt der Wette verlagert sich vom Sinnlichen ins Übersinnliche. Aus der Leugnung des Sinnengenusses wird die Leugnung des Gottesgenusses. Der ‚schöne Augenblick' ist ein Augenblick größter Gottnähe, bedeutet die Gegenwart des Unendlichen im Endlichen, bedeutet Zeitlosigkeit im Bereich des Zeitlichen. Diesen Augenblick, den der verzweifelnde Gottsucher Faust mit aller Seelenkraft ersehnt, leugnet der vom irdischen Dasein Enttäuschte."

Die *marxistischen* Faust-Interpreten halten die Wette für die Hinwendung Fausts zum Tätigwerden in der Welt, zur Produktivität zum Zwecke der Befreiung der Menschheit. *Scholz* (S. 71) sieht Fausts Ziel in „einer dialektischen Einheit von Genießen und Tätigwerden". „Wettergebnis und Wette enthalten eine Achsendrehung nach der Seite des Menschen. Goethe erklärt sich damit für eine Perspektive der Entwicklung der ganzen Menschheit und einer Veränderung der Welt durch den Menschen" (S. 19).

In der Literatur ist wiederholt die Frage erörtert worden, warum Goethe der Paktszene die *erste Studierzimmerszene* vorangestellt hat bzw. warum es nicht schon dort zu Pakt und Wette gekommen ist. Die Ursache in Mängeln der Komposition oder in der Entstehungsgeschichte des Werkes zu sehen ist wenig befriedigend. *Maché* (S. 202) erklärt die Notwendigkeit der Szene: „... (es) wird deutlich, in welch starkem Maße dieses erste Zusammentreffen zwischen Faust und Mephisto ein verdecktes Ringen der beiden großen Gegenspieler ist, ein Kampf, der die Begrenzung des Teufels in ominöser Weise sichtbar macht und die schließliche Unbesiegbarkeit des Goetheschen Helden vorwegnimmt." *Requadt* ist der Ansicht, nach dem extremen Entschluß zum Selbstmord habe es einer „inneren Anlaufzeit" zur extremen Diastole der Wette bedurft (S. 105). Außerdem habe Fausts Hinwendung zum Arkadischen hier eingebaut werden müssen (S. 127).

Die folgende *Schülerszene* ist lange Zeit nur als *Wissenschafts- und Universitätssatire* betrachtet worden, in der sich Goethes Erfahrungen aus der Leipziger und Straßburger Studienzeit niedergeschlagen hätten (so unter neueren Interpreten noch *Beutler* S. LV, *Ibel* S. 30, *Müller-Seidel* S. 97). Dies mag sie sein, aber sie ist mehr. Daß sie kompositorisch den Charakter einer leichteren Einlage hat, betont auch *Requadt* (S. 193): „Die Szene entlastet von der Schwere der vorausgegangenen Ereignisse, sie dient als Nachspiel." Sie leitet auch in die Studentenwelt von „Auerbachs Keller" über und stellt „in der Reduzierung des Pathos" ein „Widerspiel der großen Monologe" dar (Requadt S. 202).

Dennoch ist der *Schüler* eine Gestalt innerhalb einer geplanten *Konfiguration*, er und Wagner sind „Vergleichsgestalten zu Faust" (Trunz S. 511). Fausts „ideales Streben nach Einwirken und Einfühlen in die Natur" konfiguriert mit dem „hellen, kalten wissenschaftlichen Streben" Wagners und dem „dumpfen, warmen wissenschaftlichen Streben" des Schülers (s. Schema S. 9). Es werden verschiedene Modi des *Strebens* vorgeführt. Über den Sinn der Einführung des Schülers sagt *Requadt* (S. 201): „Das ‚Über'menschliche an Faust, das bisher fast allein hervorgetreten ist, ist das Idealtypische einer Ausnahmeexistenz, die ganz der poetischen Sphäre angehört und darum auch nicht psychologisch erfaßt werden kann, indes der Schüler als mehr empirische Person bestimmte Entwicklungssymptome aufweist und, will man ihn ‚rein' nennen, höchstens als naiv und unbedarft anzusehen ist." Mephisto behauptet sich dem Schüler gegenüber wie auch gegen Faust; beide Prozesse laufen parallel. Mephisto ist — zunächst wenigstens — auch in der sozialen Wirklichkeit der überlegene Intellekt.

Die Szene ist reich durchsetzt von der *Leitmotivik* des Werkes und dadurch zusätzlich mit diesem kompositorisch verklammert. Requadt (S. 194) hat darüber umfangreichere Ausführungen gemacht. Auch beim Schüler findet man eine *diastolische* Bewegung, die sowohl Erkenntnis des *Ganzen* (V. 1898 ff.) als auch *Freiheit* des Lebens (V. 1884; 1905 ff.) zum Ziele hat. Die Dialektik von *Geist* und *Buchstabe* und die des *Ganzen* und des *Teils* durchziehen das Gespräch (V. 1911 ff.; 1936 ff.; 1950 ff.; 1966 f. 1989; 1993 ff.). Im Zusammenhang damit gebraucht Mephisto das Motiv der engen *Pforte*, die von ihm zur „sicheren Pforte" (V. 1991) umgedeutet wird. Wo man „auf des Meisters Worte schwört" (V. 1989), geht der Mensch scheinbar nicht mehr in die Irre (V. 1983), verliert dieses Signum der Menschlichkeit und findet nicht mehr den Weg durch die enge Pforte. „Es fehlt die Anstrengung des Menschen und die ihm für diese Anstrengung zuteil werdende Gnade der Wiedergeburt, gleich ob er in das Reich der Kunst, in die Sphäre der ‚reinen' Tat oder in die österliche Frühlingswelt durchdringt. ... Mühsal, Wagnis und Gnade gibt es für Mephisto nicht" (Requadt S. 200).

Mephisto als Wortführer der Empirie bedient sich der Metapher des *Lebensbaumes* (V. 2038 f.), die in V. 2048 in einen religiösen Horizont gestellt wird (vgl. auch V. 310 f.). Mit dem Gleichnis vom *Weben* (V. 1923 ff.) wird in Anlehnung an die Selbstinterpretation des Erdgeistes (V. 503 ff.) die logische Wissenschaft als unlebendig abgewertet.

Mephisto bricht nun mit Faust zur Fahrt in die *Welt* auf: „Wir sehn die kleine, dann die große Welt" (V. 2052). Trunz (S. 512) kommentiert: „Die bürgerliche und die fürstlich-staatliche Welt. Insofern erstes Auftauchen des Motivs, daß Faust an den Kaiserhof kommt."

Die *Versstruktur* der beiden Studierzimmerszenen ist außerordentlich reichhaltig. In den Eingangsstrophen der ersten Szene drücken sich im Wechsel Fausts ruhige Stimmung und die durch den Pudel verursachte Beunruhigung im Versrhythmus aus. Die Unsicherheit Fausts vor der Beschwörung des Tieres stellt sich in einem Parlando-Stil in freieren, wenn auch gereimten Versen dar (V. 1238 ff.). Dem Unbestimmten der Geisterwelt und der ihr zugehörenden Beschwörung korrespondieren schwebende Zweiheber (V. 1259 ff.; 1447 ff.; 1607 ff.), die jedoch auch wieder aufgelöst werden. In ihren Gesprächen bedienen sich Faust und Mephisto des lockeren Madrigalverses, der in Fausts Wettvorschlag (V. 1692 ff.) und in seinen folgenden Beteuerungen expressive Kraft gewinnt, wobei seine Sprache in bemerkenswerter Weise an Bildhaftigkeit zunimmt. Mephisto, der Künstler der Verwandlung und der Masken, zeigt in seinem Sprachgestus, daß er ein Wesen ohne Charakter ist. Der echten expressiven Steigerung der Sprache unfähig, stellt er sich mit rationaler Überlegenheit und Ironie auf seine Gesprächspartner ein. Er spricht mit Faust in dessen Sprachstil; er ahmt, wenn auch mit ironischer Distanz, die Sprache des Geisterchores nach (V. 1627 ff.); er spricht mit dem Schüler, der sich in seiner Unbeholfenheit des altfränkischen Knittelverses bedient, in ebendemselben, dann aber, mit immer mehr herausgekehrter Überlegenheit, wieder zum Madrigalvers zurückkehrend (V. 2009 ff.). Seine Sprache ist, besonders in der Schülerszene, voll pointierter Sentenzen (z. B. V. 1972 ff.; 1995 ff.; 2011 ff.; 2017 f. 2038 f.), die seine Rationalität, die Realistik seiner „bescheidenen Wahrheit“ (V. 1346), aber auch seine ungeistige Buchstabengläubigkeit zeigen.

Worterklärungen und Hinweise:

„Die Uhr mag stehn, der Zeiger fallen“ (V. 1705): nach Bastomsky (S. 58 ff.) meint Goethe die antike Wasseruhr (Clepsydra), deren Zeiger herabfällt, wenn sie zerspringt und ausläuft (vgl. auch V. 11593). *Socken* (V. 1808): Kothurn. *Spanische Stiefel* (V. 1913): Folterinstrument. *Encheiresis naturae* (V. 1940): „Handgriff der Natur“; Goethes Straßburger Lehrer, der Chemiker Spielmann, meinte damit vom Menschen nicht reproduzierbare Verfahrensweisen der Natur. *„Eritis sicut Deus . . .“* (V. 2048): 1. Mose 3, 5.

Auerbachs Keller in Leipzig

Mephisto bringt Faust „in lustige Gesellschaft“, „damit du siehst, wie leicht sich's leben läßt“ (V. 2159 f.). Faust bleibt unbeteiligt und distanziert; seine einzigen Worte sind: „Ich hätte Lust, nun abzufahren“ (V. 2296).

Die Szene setzt die Universitätssatire fort: „Die Wagnerszene stellt die Persönlichkeiten der Lehrenden bloß, die Schülerszene die Schwäche des Fakultätswissens, die Szene in Auerbachs Keller die Plattheit und Leere der Studenten“ (Beutler S. LV). Sie ist auch ein weiterer Schritt Fausts in die Wirklichkeit, mit der er sich unter Mephistos Führung nun einläßt. Requadt (S. 203) spricht von dem „Eingehen in eine immer dichter werdende Realsphäre, kenntlich einmal an der trivialen Sprache, die sich bis zur Schülerszene hin ausbreitet, in Auerbachs Keller dann zwanglos herrscht, vor allem aber daran, daß Goethe das Geschehen an einem Ort dieser Erde, in Leipzig, fixiert“.

Vor allem aber ist diese Szene bedeutsam — darauf hat *Requadt* (S. 204 ff.) erstmals hingewiesen — durch die sie durchziehende *Tiermetaphorik*, die die „Bestialität“ des Menschen offenbart (V. 2297). Faust wird am Anfang seiner Weltfahrt mit den negativen Seiten des Menschlichen konfrontiert, als einer Möglichkeit auch seiner Existenz.

Die Tiermetaphorik zeigt sich schon in den Namen der Studenten (Frosch und Brander, d. h. Brandfuchs), aber auch an zahlreichen Stellen der Wechselrede und in dem Flohlied. Auch Mephisto bedient sich öfter einer von Tiervergleichen durchsetzten Sprache. Die Studenten erweisen sich als seiner Sphäre zugehörig.

Die Szene ist in ihrer Bedeutung oft unterschätzt worden. *Rickert* erklärt, die Szene sei „von keiner Bedeutung". „Sie könnte fehlen, ohne daß wir eine Lücke spüren würden" (2 S. 88; ähnlich S. 208). *Müller-Seidel* verweist sie in eine „Komödienwelt niedersten Stils".

Tatsächlich ist „Auerbachs Keller" sehr bewußt als Szene der *komischen Oper* komponiert: „Die Szene bewegt sich einmal ganz und gar in einer Orgie von Klang, in Ton-Malerei. Schon Trendelenburg hat bemerkt, daß diese erste Episode (mit dem vokalen Widerpart der vier lustigen Gesellen — Frosch und Brander: Tenor; Siebel und Altmayer: Baß) ein echtes Quartett darstellt, genauer: ein Quartett der komischen Oper. In dieses Quartett fügen sich als ‚Rezitativ' die verschiedenen ‚Romanzen' ein. ... Das von dem Bariton Mephistopheles gesungene Flohlied ... leitet zum Schlußstück des komischen Opernauftritts über, den Zauberkunststücken des Mephistopheles, d. h. damit zur zweiten Episode, die ganz in einem erregten ‚Crescendo' der Bewegung und der Klangstärke abläuft, das an den ‚Rhythmus einer musikalischen Fuge' erinnert" (Errante S. 40).

Auch in der *Komposition* des Werkes bildet die Szene ein nicht unwichtiges Gelenk. Nachdem die expositorischen Teile des Stückes sich voll entfaltet haben, leitet „Auerbachs Keller" in die eigentliche Handlung, in neue Existenzformen Fausts über. Zugleich fungiert die Szene mit ihrer konkreten Lebendigkeit, ihrem Revuecharakter und ihrer scheinbaren gedanklichen Anspruchslosigkeit als ein unterhaltendes Gegenstück zu der schwergewichtigeren Studierzimmerszene. Sie war in der Schülerszene inhaltlich und atmosphärisch vorbereitet worden und weist zugleich auf die Zaubereien in der Hexenküche und auf die Gretchenhandlung voraus. In der realistisch gezeichneten banalen Welt der Studenten, die große Welt spielen und deren Welt doch ganz klein ist, kann auch die Vision Arkadiens, die sich in der ersten Studierzimmerszene vor Faust im Traume ausbreitet und auf die ästhetisch-arkadische Welt des zweiten Teils verweist, nur in einer verzerrenden Parodie erscheinen (V. 2316 ff.). Auch die große Welt des Staates, in die Faust im zweiten Teil des Werkes eintritt, präsentiert sich im Flohlied (V. 2207 ff.) in trivialisierender Verzerrung. Der kleinen Welt Gretchens, die Fülle, Geborgenheit und Glück ausstrahlt, wird hier eine kleine Welt trivialster Mittelmäßigkeit und schalsten Vergnügens antizipierend gegenübergestellt.

Zur Funktion und zum Stellenwert der Szene sagt *Wolfgang Streicher* (S. 119): „Bleibt die Schülerszene trotz der spielerisch-experimentierenden Züge

Mephistos noch weitgehend im Bereich der ‚methodischen Grundlegung' des ‚Faust', so treten wir mit ‚Auerbachs Keller' in die Durchführung des Faustprinzips, in die verschiedenen Entwürfe und Existenzformen Fausts ein. Im Gesamtsystem dieser Existenzformen bezeichnet ‚Auerbachs Keller' jene Existenzform Fausts, in der dieser noch nicht zu einem Entwurf gekommen ist, in der seine Begegnung mit der Welt noch passiv und der Regie Mephistos überlassen bleibt. Während dieser später gezwungen ist, seine magischen Fähigkeiten in den Dienst von Fausts Entwürfen zu stellen, führt er in ‚Auerbachs Keller' Magie als Selbstzweck, als reines Amüsement vor, in der Hoffnung, Faust auf dieser Stufe seiner Existenz zu halten und ihn so allmählich sich zu entfremden. Um dies zu demonstrieren, um Faust in jener Entwurffremde im Gesamtsystem seiner Existenzformen zu zeigen, genügt eine einzige Szene. Als Paradigma steht diese unter der Kategorie der Substantialität; weder geht ihr eine Exposition voraus noch dient sie dazu, ein späteres Geschehen einzuführen oder anzukündigen. Der philosophische Stellenwert, für den die Szene steht, findet jedoch keine Entsprechung in der Ausführung der Szene selbst. Die ‚Materie', die zur Demonstration dieser Existenzform Fausts dient, ist denkbar wenig abstrakt. Sie hat nichts Philosophisch-‚Allgemeines' an sich, vielmehr wird sie in vollem Umfang demjenigen gerecht, das wir als ‚pars pro toto' zu bezeichnen versuchten. Weder die Saufkumpane, in deren Kreis Faust und Mephistopheles eintreten, noch das magische Spiel, das Mephistopheles mit ihnen spielt, haben als solche die ‚Allgemeinheit' des Philosophischen oder auch nur des Typischen. Ihre philosophische Bedeutung bekommen sie erst im Gesamtzusammenhang der Entwürfe Fausts, weil sie hier stellvertretend für eine Welt stehen, auf die hin Faust sich nicht entwerfen kann, die ihn langweilt. Sie selbst sind jedoch höchst konkret. In dieser Konkretheit unterscheidet sich die Szene von den vorausgehenden Szenen; sie zeigt nicht mehr jene Stilmerkmale, die sich aus dem Eindringen des Philosophisch-Systematischen ins Dramatische ergeben. Daß sie als Ganzes einen philosophischen Systemwert erfüllt, tut dabei nichts zur Sache; in der Immanenz ihrer Entwicklung entbehrt sie jeden begrifflichen Elements."

Die Zuordnung der Szene zu der altdeutschen geschichtlichen Welt zeigt sich im Gebrauch des *Knittelverses.*

Worterklärungen und Hinweise:

Auerbachs Keller in Leipzig (V. 2073): Lokal, in dem Goethe als Student verkehrte. Dort waren Wandmalereien aus der Zeit um 1625 zu sehen, die Faust mit Studenten tafelnd und auf einem Faß zur Tür hinausreitend darstellten. Faßritt und Weinwunder stammen aus Pfitzers Faustbuch. *Rippach* (V. 2189): Dorf bei Weißenfels an der Saale. *Herr Hans* (V. 2190): „Hans Arsch von Rippach": Dorfwirt; Gestalt des Leipziger Studentenwitzes.

Hexenküche

Führte „Auerbachs Keller" den Helden in die Sphäre praller Realität, so bringt ihn die Szene „Hexenküche" in den Bereich des Phantastisch-Märchenhaften, der zugleich dem *Norden* zugeordnet ist (worauf Strich S. 77 hinweist). Die Zauberei in Auerbachs Keller leitet schon dahin über. Beide Szenen sind aber nicht nur antinomisch gegenübergestellt, sondern auch durch Gemeinsamkeiten strukturell verklammert: das *Tiermotiv* aus „Auerbachs Keller" kehrt wieder, jedoch ebenfalls in kontrapunktischer Zuordnung, worauf *Requadt* (S. 206) besonders aufmerksam gemacht hat: „In Auerbachs Keller sinken die Studenten zu Tieren herab, während hier die Tiere zu Menschen stilisiert werden. Eine absteigende und eine aufsteigende Tendenz treffen aufeinander." Die Meerkatzen sind offensichtlich von dem „Bedürfnis der Menschwerdung" beseelt. Der Meerkater will Mephisto um sein Glück würfeln lassen, um menschlichen Verstand zu erhalten („So wär ich bei Sinnen", V. 2399). Die Tierwelt, vom Wunsch nach Steigerung beseelt, erkennt jedoch nicht, daß der Aufstieg ins Menschliche Ergebnis der Formung der eigenen Persönlichkeit ist, sondern sieht ihn als Zufälligkeit an. Daher vertritt sie auch die Auffassung von der Unbeständigkeit der Fortuna und der Sinnlosigkeit und Scheinhaftigkeit des Weltgeschehens (V. 2402 ff.). Insofern gehört sie der Welt Mephistos und seiner nihilistischen Weltansicht an. Wie die Tiere, so ist auch die *Hexe* in einem Bereich zwischen dem Teuflischen und dem Menschlichen angesiedelt, kundig des zauberkräftigen Wortes zwar, aber ohne Geist. Auch für sie ist „die hohe Kraft der Wissenschaft" (V. 2567 f.) nicht Ergebnis menschlichen Strebens, sondern des paradoxen Zufalls („Und wer nicht denkt, / Dem wird sie geschenkt", V. 2570 f.). Dem *Hexeneinmaleins* (V. 2540 ff.) überzeugend einen Sinn beizulegen ist bisher nicht gelungen. Ob es sich, wie Ibel (S. 32) meint, um eine Verspottung der zehn Gebote handelt, mag dahingestellt bleiben. Es ist wohl nur Zeichen des Unsinns und der Paradoxie, die über dem Hexenreich Mephistos herrschen, verbaler Ausdruck einer „verkehrten Welt", Demonstration der „Herrschaft des Buchstabens" (Requadt S. 209). Auch andere namhafte Faust-Interpreten erklären das Hexeneinmaleins für gewollten Unsinn (z. B. Rickert 2 S. 213; Beutler S. 547; Trunz S. 513).

Mephisto, sich hier erneut als König der Tiere aufspielend (V. 2448), benutzt die Einkehr in sein eigenes Reich zu einer Verspottung der christlichen Religion (Schöpfungswerk Gottes V. 2441 ff.; Trinität V. 2560 ff.), ja er zelebriert, wenn man der Deutung *Bubs* (1 S. 200 ff.) folgen darf, zusammen mit den Meerkatzen eine Parodie auf die Eucharistie und die Dornenkrönung Christi (V. 2450 ff.): „... this ceremony is clearly intended as a satanic counterpart of the Eucharist. It is performed with absolute seriousness and a faith in its efficacy that is shared by everyone except Faust. Even the archcynic Mephistopheles affirms that the ,hocuspocus' is essential for the proper action of the potion (V. 2538 f.). He is, in fact, the lord and master who sponsors and inspires the whole ritual. The witch is his priestess. The apes are her acolytes. Holding torches instead of candles, they form an ape-altar within the circled sanctuary where glasses and kettles perform the functions of choir and organ. To the accompaniment of strange gestures, she reads incantations from a sacred book. One of these, the Hexeneinmaleins, could be regarded as a mockery of the Ten Commandments. Like the wine of the Eucharist (1. Cor. 11.27 ff.), the Zaubertrank can work mischief if taken unprepared. ... The use of flame as an image of the Holy Spirit has New Testament sanction (Acts 2.3); the flame that proceeds from the potion is purely Mephistophelian. ... Like the sacramental wine, the potion produces a rebirth, but it is a rebirth of the body and lusts rather than of the spirit" (Bub 1 S. 204 f.). „Seen in this light, therefore, the crown incident is not an allusion to poetry or autocracy or the French Revolution, or indeed to anything extrinsic to the scene of which it is a part. As religious parody it forms an integral part of the Mephistophelian mockery of Christianity that constitutes the underlying theme of the Hexenküche scene. Even its position in the scene is significant. For the Eucharist is preeminently a sacrament commemorative of the Passion. Therefore it is fitting that the vast Eucharist travesty of the rejuvenation ceremony should be introduced by the mockery of the Passion inplicit in the grotesque and abortive coronation of the king of evil" (Bub 1 S. 206).

Mehrere ältere Autoren hatten die Verse 2450 ff. als eine Anspielung auf die *Französische Revolution* gedeutet. Da die Hexenküchen-Szene jedoch 1788 in Rom geschrieben worden ist, müßten die Verse später eingefügt worden sein. *Erich Schmidt* hat diese Interpretation zuerst aufgebracht (S. 652): „Mit Schweiß und Blut: Anspielung auf die Französische Revolution." *Ernst Trautmann* (S. 320 f.) hat die Theorie weiterentwickelt: „Während Faust ... sich im Bilde weidet und Mephisto sich behaglich auf seinem Throne dehnt, bringen ihm die Tiere schreiend eine Krone, die er ,mit Schweiß und Blut' leimen soll, obwohl sie noch ganz unversehrt ist. Als sie aber durch ihre Ungeschicklichkeit zerbricht, erklären sie: ,Nun ist es geschehn!' Diese widerspruchsvolle Rede, die das, was verhütet werden soll, als Zweck ausgibt und alle Begriffe, wie Macbeths Hexen mit ihrem ,Schön ist häßlich, häßlich schön', auf den Kopf stellt, spielt unverkennbar auf das französische Volk an, dessen Schweiß und Blut die Krone, die es zusammenhalten sollte, schließlich zerbrach." So erklären die sich dieser Ansicht anschließenden Interpreten denn auch, die Stelle sei erst nach der Französischen Revolution in die Szene eingefügt worden.

Mephisto ergeht sich — und dadurch wie durch das Hexenwesen weist die Szene auf die Walpurgisnacht voraus — in satirischen Anspielungen auf die Zeitepoche: auf den Teufelsglauben im Zeitalter des Rationalismus (V. 2506 ff.), auf vielschreibende Autoren und ihr Publikum (V. 2392 f.), auf Moden der Zeit (V. 2501 f.), auf das modische Lottospiel (V. 2400 f.). Dabei wird wiederum deutlich, daß Mephisto außerhalb der Zeit steht, während die Hexe als Zwischenwesen dem Zeitlauf unterworfen ist und deshalb auch — wie Requadt (S. 206) ausführt — nur allein den Verjüngungstrunk brauen kann, wozu es der „Geduld“ und der „Zeit“ bedarf (V. 2368 ff.).

Für *Faust* geht es hier um die *körperliche Verjüngung.* Beim Anblick des „himmlischen Bildes“ (V. 2429) im *Spiegel* beginnt für ihn eine neue Phase der Ausweitung, worauf auch die Flugmetapher (V. 2431) hindeutet. Die Spiegelvision, leitmotivisch schon eingeführt in der Kristallschau des Bürgermädchens (V. 880 ff.) und im Traum von Arkadien (V. 1439 ff.) weist auf Zukünftiges voraus und verbindet Ideales und Reales. Sie bezieht sich zugleich auf Gretchen und Helena. Dazu sagt *Malsch* (S. 136): „Die Hexenküchenszene deutet auf die Korrespondenz der dargestellten natürlich-lebendigen Erscheinung des Schönen in Gretchen mit der in Helena dargestellten künstlich-lebendigen Erscheinung der Idealität des Schönen voraus. Formt die Verlockung der ‚Zauberspiegelung‘ Fausts Phantasie ästhetisch vor für die sogleich auf der ‚Straße‘ erfolgende Begegnung, so setzt die künstlerische Neuformung des schönsten Frauengebildes die von Gretchen verheißene ‚Wonne‘, die ‚den Göttern nah und näher bringt‘ (V. 3241 f.), wieder in ästhetische Verheißung um.“ Seine ideale Leidenschaft ist erregt, bevor er das Verjüngungsmittel trinkt. Der Trank öffnet ihm den Weg in die Welt der sinnlichen Erotik. Faust erkennt in seinem idealischen Aufschwung nicht die Möglichkeiten des Bösen in dieser Welt. Mephisto will ihn von dem Idealbild weiblicher Schönheit ablenken (V. 2596 ff.); er aber tritt nun in die Welt ein und damit in Irrtum und Schuld.

Straße - Abend - Spaziergang - Der Nachbarin Haus - Straße - Garten - Ein Gartenhäuschen

Faust, seelisch und körperlich verjüngt, beginnt unmittelbar und ohne daß eine Exposition vorgeschaltet wäre, die Realisierung seiner Existenz als *Liebender.* Die Rolle, die er dabei übernimmt, ist die des „Verführertypus des Rokoko“ (Requadt S. 219). Das zeigt sich in der Anrede Gretchens als eines „Fräuleins“ (V. 2605), d. h. einer adeligen jungen Dame, und an seinem chevaleresken Angebot (V. 2606), obwohl er natürlich über den sozialen Stand des Mädchens keinen Zweifel hat. Mephisto will, worauf Requadt (S. 220) besonders hinweist, „Faust auf diesen Typus festlegen, als welcher er seinen Absichten entgegenkommt“. Er bezeichnet ihn als „Hans Liederlich“ (V. 2628), suggeriert ihm die Rolle eines „Franzosen“ (V. 2645) und spielt auf laszive „welsche Geschichten“ (V. 2652) an. Er „stempelt ihn zum Verführer, dem gerade am reflektierten Genusse liegen müsse“ (Requadt a.a.O. zu V. 2647 ff.). Mephisto stellt sich auf diese Rolle ein, indem er in seine Rede französische Wörter einflicht (V. 2674 ff.) und — wenn auch einmalig — den Alexandriner gebraucht (V. 2674). Faust freilich zielt nicht nur auf Verführung und Genuß, sondern auf Liebe. „Mephistopheles will Sinnlichkeit, bei Faust wird es Liebe, Mephistopheles will flache Unbedeutenheit (V. 1862), bei Faust wird es allhaltige Seligkeit, und insofern siegt das Faustische. Aber Faust bedient sich fortgesetzt Mephistos und verwickelt sich dadurch in Lüge, Verführung, Mord und Untreue, insofern siegt das Mephistophelische“ (Trunz S. 514). Faust fühlt sich von vornherein von Gretchens Persönlichkeit affiziert:

„Beim Himmel, dieses Kind ist schön!
So etwas hab' ich nie gesehn.
Sie ist so sitt- und tugendreich,
Und etwas schnippisch doch zugleich.
Der Lippe Rot, der Wange Licht,
Die Tage der Welt vergess' ich's nicht!
Wie sie die Augen niederschlägt,
Hat tief sich in mein Herz geprägt;
Wie sie kurz angebunden war,
Das ist nun zum Entzücken gar!“ (V. 2609 ff.)

In lyrisch, dann hymnisch gehobener Sprache beschreibt er in der Szene „Abend“ die Gefühle, die er Gretchen entgegenbringt (V. 2687 ff.). Wiederholt betont er die Leidenschaft des *Herzens,* die ihn ergriffen habe (V. 2616; 2689; 3055). Er spricht von ihr als einem „Götterbild“ (V. 2716), das ihn schon, wenn er es erahne, mit „Wonnegraus“ (V. 2709) — ein Wort aus der religiösen Sphäre — erfülle. „Faust versammelt hier um Gretchen die Metaphorik seiner Makrokosmusschau, die der Natur eigenen Attribute von Reinheit und Wirksamkeit (V. 440 f.) und das Gleichnis des Webens (V. 447 f.), das die Ganzheit des aus dem Ursprung entstehenden, und darum als ‚Götterbild‘ (V. 2716) Göttliches spiegelnden Menschen verbürgt“ (Requadt S. 227). Gretchen erscheint ihm als Repräsentantin natürlicher Reinheit (s. a. Mephisto V. 2686) und Unschuld; in ihrer engen Welt konzentriert sich die ganze *„Fülle“* des Daseins (V. 2693; 2703), die Ganzheit des Lebens mit „Freud' und Schmerz“ (V. 2696), unter Einbeziehung einer natürlichen Tradition der Generationen (V. 2697 ff.). Es ist die Welt der *„Hütte“* (V. 2708), die den Menschen still, zufrieden, selig (V. 2691 ff.) und in festgefügter Ordnung (V. 2703) leben läßt. Faust hingegen ist der *Wanderer,* der „Flüchtling“, der „Unbehauste“ (V. 3348), der als Geist der Unruhe in die friedliche Welt Gretchens einbricht. Wie Faust am Anfang des Werkes in der Eingeschränktheit seines engen gotischen Zimmers, so befindet sich auch Gretchen anfänglich in der Systole ihrer Hüttenexistenz (die Goethe allgemein der Frau zuordnet). Allerdings ist ihre Beschränkung auf einen Punkt konzentrierte welthaltige Fülle. *Helmut Rehder,* der die Bedeutung des Hüttensymbols bei Goethe und im „Faust“ als erster festgestellt hat, weist auch nach, daß Treue und Reinheit zur Hütte gehören (2 S. 416 f.). Systole und Diastole halten sich hier bei Gretchen zunächst die Waage; erst ihre Ausbreitung in die Welt wird dieses Gleichgewicht zerstören.

Zur Bedeutung und zur Herkunft des Hüttensymbols, das Goethe von *Hamann* und *Herder* übernommen hat, führt *Rehder* (2 S. 404) aus: „Wüste und Hütte, Wandern und Seßhaftigkeit gehören zusammen, und hier sind bildhafte Anzeichen jenes späteren begrifflichen Gegensatzes von unendlicher Ausbreitung und verzichtender Einschränkung, der sich durch Goethes ganzes Lebenswerk zieht. Von Straßburg an weiß Goethe, daß Erwartung und Enttäuschung ihn innerlich zu sprengen drohen. Jedesmal, wenn er einen neuen Ort betritt, wird die grenzenlose Erwartung von einem dumpf ahnenden Schuldgefühl zerstört, daß er nur noch ein verfolgter Wanderer sei. Dabei erweisen sich Schuld und Wanderschaft als Gewissensfragen, die von religiösen Hintergründen her gestellt sind. Nicht nur verwendet Goethe mit Wüste und Hütte Ausdrücke, die sich aus biblischem Wortgebrauch herleiten, sondern er scheint auch im symbolischen Gebrauch der Worte ein Vertreter des durch Hamann ausgedrückten religiösen Lebensgefühls zu sein. — Bei Hamann wird die soziale Frage des Menschen, der durch Aufklärung und Pietismus vereinsamt, zu einem Gewissensproblem der Erwählung und Erlösung. Er sieht sich in einer ‚dürren Wüste von Wasser und Ähren verlassen', bevor er sich der biblischen Offenbarung erschließt." Und zum Hüttensymbol bei Herder (2 S. 411): „War bei Herder die Hütte nur an den Beginn der Kulturentwicklung gestellt, wo sie ‚die ersten Neigungen des menschlichen Herzens' befriedigte, so wird sie bei Goethe zum Symbol erdnaher Existenz, die noch jedem Menschen der Gegenwart zugänglich ist, der sich seiner Grenzen und Verpflichtungen (Schuldmotiv!) bewußt ist."

Gretchen verläßt diesen Zustand in dem Augenblick, in dem sie das *Kästchen* mit dem Schmuck annimmt (V. 2783 ff.). Das *Gold,* für Goethe Symbol des schöpferischen Lebens und zugleich der dämonischen Macht der Sexualität, verlockt sie, die Ordnungen ihres eingeschränkten Daseins zu durchbrechen und in die Welt hinauszutreten. Nach der ständischen Kleiderordnung des 18. Jahrhunderts darf sie einen solchen Schmuck nicht tragen (V. 2883 f.). In ihrer Erkenntnis, das „alles" „nach Golde drängt", artikuliert sie ihre Sehnsucht nach Ausbreitung in die Welt. Die Mutter, Hüterin des eingeschränkten Daseins (V. 2815), kann ihre Tochter nicht mehr in der Beschränkung halten. Gretchens Eintritt in die Welt geschieht in einzelnen Stadien, zunächst räumlich in der Einbeziehung von Marthens Haus und Garten. Aber auch der *Garten* ist, wie Requadt (S. 235) feststellt, „noch eine umhegte Welt; er ist kultivierte Natur". Das Gartenhäuschen, eine Art Hütte, Schauplatz eines entscheidenden Fortschritts in der Liebesbeziehung zwischen Faust und Gretchen, signalisiert bereits ihre Rückkehr in die Einschränkung. Erste Anzeichen einer Entfremdung werden sichtbar (V. 3211 ff.). Wie Mephisto Faust immer aus dem idealischen Aufschwung ins Endliche herunterziehen will, so tut es Marthe, „als die einzige Person im ersten ‚Faust', die im Alltag lebt" (Requadt S. 233), mit Gretchen.

Die Vergeistigung der Liebe zwischen Faust und Gretchen wird auch in der von Gretchen gesungenen Ballade vom König in Thule sowie im Blumenorakel und im Religionsgespräch mit Faust deutlich.

Das sechsstrophige Lied vom *König in Thule* ist „das Hohe Lied der Treue des Mannes zur Geliebten" (Roß 1 S. 148). Die ersten drei Strophen stellen die Vorgeschichte des Liebesopfers dar, das der König in den letzten drei Strophen vollzieht. Das *Treue*-Motiv klingt schon in V. 2760 an. Den Becher, den die sterbende „Buhle" dem König als ihr Vermächtnis übergeben hat (V. 2761 f.), gönnt er, selbst vor dem Tode stehend, seinen Erben nicht. Die Liebe wird hier aus der gesellschaftlichen Tradition herausgehoben und zu einer unbedingten Liebe in Freiheit — jenseits aller Konvention — stilisiert. Die Treue, von der hier die Rede ist, „ist nicht die biedere bürgerliche Treue, der Verzicht auf Seitensprünge, sondern ein kühner, frei gesetzter Akt — umso mehr, als keine feste Bindung den König und die Buhle vereint hat" (Roß 1 S. 151). Den letzten Trunk des Königs, das Versenken des Bechers im Meer nennt *Roß*, der die eindringlichste Interpretation des Liedes geliefert hat, „das Sakrament der Treue" (a.a.O.). Er erinnere an das Abendmahl und an den altgermanischen „Minnetrunk", die durchaus zu diesem feierlich-zeremonialen Opfer in Beziehung zu setzen seien. Die letzte Teilnahme des Königs am rauschhaften Leben („trank letzte Lebensglut", V. 2776) schließt die Treue nicht aus; diese gibt vielmehr dem Leben abschließende Erfüllung. Der versinkende Becher, das Liebespfand, „trinkt" das Meer (V. 2779 f.) und nimmt damit die Unendlichkeit gleichsam in sich auf.

Der Marxist *Gerhard Scholz* stellt die Ballade in einen gesellschaftlichen Zusammenhang und sieht in ihr „das philosophische Kernstück der Gretchen-Handlung" (S. 91): „Der König früher Vorzeit zieht in der Todesstunde Bilanz seines Lebens; für ihn ist der Wert, der bleibt, die Liebe seiner individuellen Wahl. Er vergleicht und identifiziert den Besitz der bis in die letzte Stunde Geliebten mit dem goldenen Becher, den er in das Meer wirft, das die Kräfte der Natur im Werden und Vergehen des Menschen versinnbildlicht; der Tod ist auch hier eins mit der Liebe. Goethe läßt Gretchen diese Ballade gleichsam erfinden und singen. Das intuitive Gleichsetzen mit der Empfindungswelt eines Königs betont den gleichen Charakter jedes menschlichen Empfindens. Zugleich läßt Goethe hierin Gretchen als freie Herrin ihres Schicksals das Wagnis ihres jungen Lebens für ihre Liebe zu Faust aussprechen. Niemals ist in dem Liebesversprechen zwischen Faust und Gretchen von einer feudalen oder bürgerlichen christlichen Ehe die Rede gewesen, was zu einer Konflikthandlung geführt hätte, die eine sogenannte Moraltragödie fundieren könnte. Das zeigt die philosophische Höhe in der individuellen Liebesentscheidung."

Auf den Reichtum der *Form*elemente, den Roß (1 S. 151 f.) ausführlich beschrieben hat, kann hier nur hingewiesen werden: auf den regelmäßig jambischen, nur in den beiden „lyrischen ritardandi" (Roß a.a.O.) V. 2765 und 2781 abweichenden Vers; auf die archaisierende Wort- und Bildwahl; auf das kontrastive Wort- und Sinnspiel in der zweiten und sechsten Strophe; auf die verschleiernde Litotes im letzten Vers des Liedes.

Das Lied ist außerhalb des „Faust" 1774 entstanden. Anregungen hatte Goethe auf der Rheinreise mit den Brüdern Jacobi erhalten (s. „Dichtung und Wahrheit", HA

Band 10, S. 34). Literarische Vorbilder sind das Lied der Desdemona beim Auskleiden in Shakespeares „Othello“ (IV, 3) sowie die von Macbeth in II, 2 und 3 geäußerten Gedanken vom „Fest des Lebens“ („life's feast“) und vom ausgeschenkten „Wein des Lebens“ („the wine of life is drawn“).

Die Feststellung einiger Interpreten, das Lied habe mit Gretchen gar nichts zu tun (z. B. Kommerell S. 331), oder sie verstehe es überhaupt nicht (zumal es in dem Liede „nicht um eheliche Liebe, sondern um die ‚Buhle‘ und Geliebte“ gehe; Ibel S. 33), geht von einer völligen Verkennung der Rolle Gretchens aus. Auch der Hinweis auf die Realistik des kleinbürgerlichen Milieus und die Herstellung eines sozialen Bezugs, das Heranziehen des sozialkritischen Motivs der verführten Unschuld in der Literatur der Zeit oder die Auffassung Gretchens als einer Symbolgestalt für das „Naturrecht der Liebe“ als einer natürlichen Humanität gegen die Konvention im Sinne des Sturm und Drang (so bei Korff I S. 238) führen letzten Endes an einem Verständnis der Rolle Gretchens im „Faust“ vorbei. Gretchen ist von vornherein vom Dichter auf *Stilisierung* hin angelegt. *Streicher* weist auf die äußerste Stilisierung schon der Werbeszene hin (S. 128): „Als Paradigma einer Konzentration aufs Modellhafte kann bereits die erste erotische Szene, die Begegnung zwischen Faust und Gretchen, gelten. Zwei Zeilen männlichen Werbens, zwei Zeilen weiblicher Antwort, kürzer läßt sich eine erste Begegnung zwischen Mann und Weib nicht formulieren. Der erotische Vorgang wird auf ein Äußerstes an Abstraktion reduziert.“ Das Geschehen entwickle sich ohne dramatische Intrigen in modellhaften erotischen Stadien weiter (S. 127). Das Lied vom König in Thule zeigt einen, wenn auch in lyrischer Expression artikulierten Bewußtseinsstand, der einem kleinbürgerlichen Mädchen in realistischer Darstellung völlig unangemessen wäre. *Requadt* verwirft ebenfalls jede „kleinbürgerliche Idyllisierung dieser Gestalt“ (S. 236). Er betont: „Da Gretchen nicht eigentlich Individuum ist, entzieht sie sich letztlich auch der psychologischen Analyse“, trotz feststellbarer Charakterzüge. Das Schauermotiv (V. 2757; 3187) stammt, wie *Pniower* (S. 183) erstmalig nachgewiesen hat, aus dem Hohenlied des Alten Testamentes, das Goethe in starker Ergriffenheit vor 1775 übersetzt hat. Diese wie andere Stellen deuten darauf hin, daß der Dichter Gretchen zur *Braut des Hohenliedes* stilisieren wollte. Im Gegensatz zu dem durch Reflexion innerlich gespaltenen Faust ist „Gretchen in ihrer (wie sie meint) durch den Himmel bestätigten Liebe zu Faust ungeteilt, sie ist überhaupt realitätssicherer, weil in jener begrenzten Welt zu Hause. Dadurch erhält ihre Gestalt die unpsychologische Ganzheit, das in keinem Zug Überspannte, aber das mindert nicht ihr Niveau. Wenn Goethe sie in dieser entscheidenden Szene einen Augenblick in die Rolle der Braut des Hohenliedes versetzt und sie später noch im Spinnlied weiter danach stilisiert, so erhöht er sie unmerklich in den Rang der exemplarisch Liebenden“ (Requadt S. 242).

Die Problematik von *Buchstabe* und *Geist* durchzieht auch diese Szenenfolge. Um Gretchen zu gewinnen, muß Faust das Wort mißbrauchen, nämlich „falsch Zeugnis" über Herrn Schwerdtleins Tod ablegen (V. 3042). Gleichzeitig erscheint das Wort Faust als kaum noch zureichender Träger eines unendlichen (d. h. göttlichen) Gefühls, ein Gefäß für einen gleichsam überquellenden Geist (V. 3059 ff.). Mephisto als realistischer Zyniker relativiert auch diesen Wortgebrauch, die Zweideutigkeit des Wortes „Trieb" hervorhebend (V. 3057). Auch Gretchens *Blumenorakel* (V. 3179 ff.) nimmt Faust zum Anlaß, das „Blumenwort" als „Götterausspruch" zu deuten (V. 3184 f.). Gretchen, innerlich ungespalten, läßt es dann bei der gestischen Expression ihres Gefühls („Mich überläuft's", V. 3187) und bei einem Händedruck (nach V. 3194). Die Zweideutigkeit des Wortes, von ihr nur als Möglichkeit empfunden, hält sie letzten Endes von der verbalen Artikulation ihres Gefühls ab.

Sprache und *Vers* passen sich der realistischer gestalteten Welt Gretchens an. Dem altdeutschen Milieu, der systolischen Enge der Situation korrespondiert der Gebrauch des Knittelverses. Zur Versgestaltung führt *Winkler* (S. 10 f.) aus: „Besonders der Grundton der Gretchenhandlung wird durch den Knittelvers gekennzeichnet. In seiner Schlichtheit und Anspruchslosigkeit ist er das geeignete Ausdrucksmittel für den tugendsamen, bürgerlich bescheidenen und sittlich reinen Charakter der Heldin. Dazu zeigt sich der Vers hier in einem neuen Gewand. Er ist weder unbeholfen noch markig, noch polternd und zackenhaft, noch unruhig hin und her eilend, sondern naiv und anmutig in seiner Einfachheit. In dieser Gestalt wird er bei der Einführung Gretchens benutzt. Faust versucht sich am Anfang in eine ihr ähnliche Gemütslage zu versetzen, doch seine Worte ... (V. 2605 f.) lassen die galante Künstelei zu deutlich durchklingen. ... Als sie das Schmuckkästchen entdeckt, d. h. etwas Überraschendes und ihr Ungemäßes sie aus der sicheren Beschränkung ihrer Sphäre heraushebt, ändert sich die Sprachgestik, um ihre Verwunderung und Freude zu gestalten: ‚Es ist doch wúnderbár! Was mag wohl drínne séin?' (V. 2785). Auf den schnell gesprochenen Anvers unruhiger Erwartung folgt die Vorfreude mit angehaltenem Atem, um dann in der vollen Seligkeit der Freude zu verweilen: ‚Gott im Hímmèl! Scháu, / Só was hab' ich mein' Táge nícht geséhen!' (V. 2791 f.). Und in spielerischen Kurzversen löst sich dann die ganze Spannung in behutsam ausgleichender Ironie auf: ‚Nach Golde drängt, / Am Golde hängt / Doch alles. Ach wir Armen!' (V. 2802—2804). Dabei klingt jedoch schon ein melancholischer Ton mit, der andeutungsweise etwas von der seelischen Tiefe erkennen läßt, die sie später im Kerker zeigt. Auch als bei Gretchen bisher nicht gefühlte Liebesregungen aufkeimen, ändert sich der Sprachstil. In ihrer Unterhaltung mit Faust bedient sie sich galanter Modewörter der großen Welt und der Rhythmus ihrer Zeilen wird glatter und weicher durch das Eindringen südlicher Versfüße. Die Satzmelodie wird geschmeidiger und bringt eine neue Nuance der Leichtigkeit hinzu."

Fausts Sprache erhebt sich, wo sie starkes Gefühl widerspiegelt, ins Freirhythmische (z. B. V. 3188 ff.); seine Verse werden „im Klang sehr unregelmäßig, abgerissen, gezwungen" (Trunz S. 516 zu V. 3068 ff.), wo er durch den inneren Kampf mit seinem Gewissen verunsichert ist. Mephistos Sprache bleibt kühl, überlegen, spöttisch, im Gespräch mit Marthe „im gewöhnlichen Plauderton" (Winkler S. 11), zuweilen in „schlau geheuchelte Bürgerlichkeit" verfallend (Winkler S. 16 zu V. 3013 ff.).

Die *Gartenszene* läßt die banale Bürgerlichkeit im Licht der *Satire* erscheinen. Die von der Sache gebotene Konfiguration Mephisto / Marthe und Faust / Gretchen wird architektonisch durch einen opernhaften Duettstil unterbaut. Goethe bedient sich in diesem satirischen Teil des Werkes der Mittel der Opera buffa. Zur kontrapunktischen Führung der einzelnen Personen in der Gartenszene sagt *Fähnrich* (S. 259): „Goethe führt die beiden Gegenpaare: Faust - Margarete und Mephisto - Marthe erst einzeln, dann mit- und gegeneinander, so daß das Mephisto-Marthe-Thema den Kontrapunkt zum Faust-Margareten-Thema bildet, ein Keimmotiv zum tragischen Ausgang der Gretchentragödie."

Worterklärungen und Hinweise:

durch zweier Zeugen Mund (V. 3013): nach dem Rechtsgebrauch der Zeit mußten zwei Zeugen den Tod eines Menschen bestätigen (nach Trunz S. 516). *Sancta Simplicitas* (V. 3037): heilige Einfalt. *häufig* (V. 3098): einen Haufen.

Wald und Höhle

Die Szene „Wald und Höhle" wird von Requadt (S. 248; nach dem Vorgang von Willoughby S. 96) als „Mittelpunkt des ersten ‚Faust'" bezeichnet. Tatsächlich ist sie eine Achse, um die sich die Schicksale Fausts und Gretchens drehen.

Sehr schön beschreibt *Stöcklein* (1 S. 154) die Bedeutung der Szene: „Hier wird auf dem Höhepunkt des Weltgefühls das sinngebende Rahmenspiel der Dämonen wieder angedeutet. Hier wird vor allem der Punkt der weitesten Entfernung von der Sorge markiert. Faust steht schon ganz in der Welt, und er ist noch nicht schuldig geworden, er wird es erst mit dem Entschluß am Ende dieser Szene. Hier ist die Peripetie seines Weltglücks. ... Mit hoher dramatischer Kunst sehen wir also in dieser Szene die Aufstiegslinie heraufgeführt, gipfelhaft umgebogen und die Abstiegsrichtung deutlich angezeigt."

Faust befindet sich, jedenfalls im ersten Teil der Szene (V. 3217—3239), im Zustand der inneren Ausgeglichenheit, in dem die Spannung zwischen Systole und Diastole für den Augenblick aufgehoben ist. Dafür dankt er dem *Erdgeist* (V. 3217). *Requadt* (S. 249) spricht von einer „engweiten Situation", wie sie Faust schon in Gretchens Zimmer erlebt hat. Enge und Weite erscheinen symbolhaft in der Natur: der *Wald* als das uneingegrenzte, sich ausbreitende organische Leben, die *Höhle* als archetypisches Symbol der Enge als des Ortes der Geborgenheit. Man mag die Höhle auch, wie es *v. Wiese* (S. 155) tut, als ein Gleichnis von Fausts Innenwelt auffassen und Ruhe und Sicherheit seines Seelenzustandes daraus ablesen. Er sieht die Natur in ihrer Ganzheit vor sich mit ihrem stillen Leben (V. 3227) und mit ihrer zerstörerischen Gewalt (V. 3228 ff.). Der *Mond* (V. 3235) als Symbol der reinen Natur steigt über der Szenerie auf. Die Geschichte der Menschheit („Der Vorwelt silberne Gestalten", V. 3238), nach Goethes Vorstellung in die Natur eingebettet, erscheint vor seinem geistigen Auge. Auch sein Inneres wird für ihn Quelle der Offenbarung (V. 3233 f.).

Politzer (S. 360 f.) weist darauf hin, daß das von Faust gesehene Bild der Natur eine typisch *romantische* Gartenszenerie darstellt. Faust sei „hier selbst ein Dichter, der romantische Poet, der poète maudit. Zwar spricht er anfangs vom Königreich, zu dem ihm die herrliche Natur gegeben ist. Aber sein Blick ist auf ein dichterisches, nicht auf ein philosophisches und am wenigsten auf ein technokratisches Herrschertum gerichtet (V. 3220). Was er von dem ‚erhabnen Geist' (V. 3217) als Geschenk empfangen hat, ist ein Imperium der Seele, die innere Herrschaft eines Schöpfers über seine Schöpfung, eines Sehers über seine Gesichte".

Faust spricht hier seinen letzten großen *Monolog*. Insofern weist die Szene auf vorangegangene Partien des Werkes zurück. Faust bescheidet sich aber in seinem Anspruch: er empfindet jetzt den einfühlenden, genießenden Anblick der Natur (V. 3221) als das Erfassen des Ganzen, als „alles", was ihm gegeben worden sei (V. 3217). Die Maßlosigkeit seiner Anfänge ist hier schon überwunden; insofern weist die Szene auf den Eingangsmonolog des zweiten Teiles („Am farbigen Abglanz haben wir das Leben", V. 4727) voraus.

Fausts ausgeglichener Zustand bleibt jedoch ein Bewußtsein des Augenblicks; bald gewinnt das Gefühl des Beengtseins wieder das Übergewicht: „O daß dem Menschen nichts Vollkommnes wird, / Empfind' ich nun" (V. 3240 f.). Das Glück des Einsseins mit der Natur wird getrübt durch Mephistopheles und seinen Nihilismus (V. 3243 ff.). Die Stimmung der Ruhe weicht der „Begierde"; das Wort „Genuß" wird wieder zweideutig (V. 3221 und 3249 f.).

Umstritten ist bis heute das Verhältnis des *Erdgeistes* zu Mephistopheles. Nach den Worten Fausts („Du gabst ... mir den Gefährten", V. 3241 ff.) ist Mephisto ein Abgesandter des Erdgeistes. Dies steht jedoch in offenbarem Widerspruch zum „Prolog im Himmel", wo Mephisto zum Gesinde des Herrn gehört und eine stimulierende Kraft in Gottes Heilsplan ist. Beim Auftreten des Erdgeistes in der Szene

„Nacht“ (V. 482 ff.) ist von einer Beziehung zu Mephisto nicht die Rede. In der Prosaszene „Trüber Tag. Feld“ wiederum klagt Faust, „der große herrliche Geist“ habe ihn an den „Schandgesellen“ geschmiedet (HA Band 3 S. 138, Zeile 11 ff.). Man hat diese Unstimmigkeit lange Zeit aus der Entstehungsgeschichte des Werkes erklären wollen. *Pütz* (S. 172) führt dazu aus: „Im 19. Jahrhundert, als die Faust-Forschung ganz im Banne der Entstehungsgeschichte stand, gab man auf die Erdgeistfrage folgende Antwort: Da zwischen dem ‚Urfaust‘ und der Szene ‚Wald und Höhle‘ rund 20 und zwischen dieser und dem ‚Prolog im Himmel‘ fast 10 Jahre lagen, hatte sich Goethes Verhältnis zur Geisterwelt entscheidend gewandelt, und so kamen die Unstimmigkeiten zustande. Bereits 1837 vertritt Ch. H. Weiße die Auffassung, daß der Erdgeist ursprünglich eine viel größere Rolle spielen sollte: ‚So scheint es denn fast gewiß, daß nach dem ersten Plane der Dichtung die Gestalt des Erdgeistes die Stelle einnehmen sollte, die in der späteren Überarbeitung durch die metaphysische Auffassung des Mephistopheles als Geist der Verneinung auszufüllen versucht worden ist.‘ Die genaue theologische Gliederung nach Gott, Engel und Teufel sei dem jungen Goethe fremd gewesen und daher als spätere Hinzufügung zu betrachten.“ Eine ähnliche Auffassung wird im 20. Jahrhundert noch von *Strich* (S. 94 f.) und von *Beutler* vertreten. Dieser sagt (S. 551): „Als Goethe aber 1788 in Rom die Szene ‚Wald und Höhle‘ schuf, war die Dichtung noch nicht so folgerichtig in den christlichen Rahmen der Faustsage eingespannt, sondern mehr die Dichtung von einem Magier, der sich über das Leben mit der Natur und den Naturgeistern auseinandersetzt; nach diesem Plan war Mephisto Faust zugesellt von dem V. 460 beschworenen Erdgeist ...“.

Rickert, der dem Erdgeistproblem eine besondere Abhandlung gewidmet hat, glaubt den Widerspruch lösen zu können, indem er die Hypothese aufstellt, der „erhabene Geist“ sei nicht der Erdgeist, sondern der Geist des Makrokosmus. Dieser sei ein Geist der Kontemplation, die in „Wald und Höhle“ vorherrsche, während der Erdgeist ein Tatengenius sei (1 S. 110 ff.; 2 S. 240 ff.). *Requadt* versucht, die Unstimmigkeit zu beseitigen, indem er Faust sich über das Verhältnis des Erdgeistes zu Mephisto irren läßt. Er halte den Erdgeist noch überwiegend für einen Genius kontemplativer Naturbetrachtung, während er „das Tathafte, das dieser Kontemplation ein Ende macht, Mephisto zuteilt“ (S. 259). *Pütz* (S. 177 f.) vertritt die Ansicht, der Widerspruch löse sich durch die Berücksichtigung verschiedener Perspektiven im „Faust“ auf: „Autor und Zuschauer blicken während des Vorspiels in den Himmel und sehen den Teufel als theologischen Partner und Widerpart eines jenseitigen Gottes. Faust dagegen bleibt dieser Einblick verwehrt, und er weiß nichts von einem Himmel. Für ihn ist Mephisto ein Geist dieser Erde, der dem erhabenen Erdgeist unterstellt ist. Dieser ‚erhabne Geist‘ ist nicht identisch mit Gott, aber er ist die Verkörperung der von Gott geschaffenen Natur. Während im Himmel der Schöpfer selbst auftritt, erscheint Faust in seiner irdischen Beschränktheit nur der Geist des Geschaffenen. Dieser ... war anfangs zu stark für Faust. Offenbar hat er ihm dann aber die Kraft verliehen, die ‚herrliche Natur‘ zu genießen, indem er ihm den Gesellen beigegeben hat. Hierin liegt eine deutliche Parallele zu Gott, der ebenfalls dem Menschen als Stimulans den Teufel schickt. Der Erdgeist verhält sich somit in der Natur und für den an die Erde gefesselten Faust ähnlich wie der Herr aus der Perspektive des Jenseits. Der Teufel ist zwar je nach der Blickrichtung verschiedener Herkunft und erscheint bald als christlich verstandener Satan, bald als Abgesandter eines nicht christlich gesehenen Naturdämons. Seine Funktion aber ... ist in beiden Fällen dieselbe. Sowohl als Diener des Herrn wie auch als Sendling des Erdgeistes hat Mephistopheles die Aufgabe, die Kehrseite des Guten zu verkörpern und dadurch den Menschen zu stimulieren.“

Alle diese Erklärungen können letztlich nicht gänzlich überzeugen. Vielleicht hat *Trunz* recht, der sagt (S. 517): „Der Versuch, ein genau abgestuftes Geisterreich zu konstruieren und das Verhältnis von Gott, Erdgeist, Mephistopheles, Satan, Hexen, singenden Geisterchören usw. genau festzulegen, geht am Wesen der Dichtung ... vorbei. ... Es gehört zum Wesen des Geisterreiches, daß es geheimnisvoll bleibt und daß der Mensch immer nur Teile davon, die in seine Welt hineinragen, wahrnimmt."

Wie in anderen Situationen der Ausgeglichenheit (z. B. in der Szene „Vor dem Tor", in Gretchens Zimmer, in der Szene „Gartenhäuschen") tritt auch hier *Mephisto* als Element der Störung und der Zerstörung auf. Er versucht, Faust von der Hinwendung zum Ganzen der Natur abzulenken mit dem Hinweis auf die Vorzüge der Zerstreuung (V. 3254). Er wertet die von Faust erfaßte Natur ab, indem er sie aufs Vegetative und Animalische reduziert (V. 3272 ff.); er bringt Fausts ideales Naturgefühl in die Nähe triebhafter Sexualität, als die er seine Liebe zu Gretchen decouvriert (V. 3291 f.). Mephisto spielt auch hier seine Partie als Anwalt der Endlichkeit, als rationalistischer Entlarver des hochfliegenden Idealismus.

Faust erkennt sich selbst ernüchtert in seiner Rolle als der „Flüchtling", der „Unbehauste", der „Unmensch ohne Zweck und Ruh'" (V. 3348 f.). Er ist sich seiner Schuld bewußt, die darin besteht, daß er Gretchen nicht nur in ihrer menschlichen und bürgerlichen Existenz ruiniert, sondern auch den engen, aber erfüllten Frieden ihres *Hütten*daseins (V. 3353) vernichtet. Er selbst versteht sich als der in die Welt ausgreifende und dabei beschränkte Existenzen zerstörende *Wanderer*. Die Unerbittlichkeit seines Entschlusses entspringt seiner Unbedingtheit beim Anblick des Zeichens des Erdgeistes (V. 464 ff.) und bei der Wette mit Mephisto (V. 1692 ff.). Seine Entschlossenheit ist aber böser, weil er gewillt ist, einen anderen Menschen mit in den Untergang zu ziehen.

Auch für *Gretchen* bedeutet die Szene „Wald und Höhle" eine Wende. Zwar steht die Erfüllung ihrer Liebe noch aus, aber ihr Rückweg in die Enge kündigt sich schon an. Sie sehnt sich weiterhin nach Ausdehnung ihres Daseins (V. 3316 ff.), während ihre faktische Lage von Mephisto anders eingeschätzt wird (V. 3304). Beide aber, Faust und Mephisto, zeigen, daß sie sich des hohen Ranges des Mädchens bewußt sind: Faust versteht seine Versuchung durch Mephisto als eine sich auf der Ebene des Religiösen vollziehende Versuchung, wie seine auf Christi Versuchung (Matth. 4, 10) anspielenden Worte (V. 3326 ff.) zeigen; Mephisto anerkennt Gretchens Rolle als Braut des Hohenliedes durch seine Anspielung V. 3336 f. (s. dazu Requadt S. 262 ff.).

Der Ausgewogenheit von Fausts Seelenlage korrespondiert der *Vers:* Goethe gebraucht (V. 3217 ff.) den Vers des klassischen Dramas, den fünffüßigen ungereimten Jambus, den *Blankvers*. Dieser wird auch noch in den Versen

3240 ff., in denen sich die Trübung von Fausts Stimmung ausdrückt, beibehalten. Mephisto nimmt bei seinem Erscheinen den Blankvers auf (V. 3251), dann (wie auch Faust) in den Madrigalvers zurückfallend. Requadt (S. 250) weist noch auf „die reiche Vokalmelodie" der Eingangsverse des Monologs hin, „die von der Mittellage in die Tiefe sinkt (a — u) und sich dort ausgleicht".

Worterklärung und Hinweise:
Leib des Herrn (V. 3334): die Hostie. *„Zwillingspaar, das unter Rosen weidet"* (V. 3337): Anspielung auf Hoheslied 4, 5: „Deine zwei Brüste sind wie zwei junge Rehzwillinge, die unter den Rosen weiden".

Gretchens Stube - Marthens Garten - Am Brunnen - Zwinger

Gretchens *Lied am Spinnrade* ist erfüllt von der Spannung zwischen der Wendung nach innen (Strophe 2 und 3) und dem Blick nach außen (Strophe 5). Einschränkung und Drang in die Weite kommen hier jedoch nicht zu einem Schweben im Gleichgewicht; daher ist Gretchens „Ruh' ... hin". Dreimal wird diese Strophe refrainartig wiederholt; sie drückt die Grundstimmung der Disharmonie aus. Goethe läßt wohl absichtlich dieses Lied des Mädchens der Szene „Wald und Höhle" folgen. Der Geliebte wird nun auch von ihr stilisiert. Strophe 6 zeichnet ein Bild Fausts nach dem Vorbild des Hohenliedes 5, 15. Die Verse 3384 f. deuten schon auf die spätere Umnachtung hin.

In dem *Religionsgespräch* in der Szene „Marthens Garten" geht es nicht nur um die Differenz zwischen dem naiven dogmatischen Kirchenglauben Gretchens und einer freien pantheistischen Religiosität, wie sie Faust hymnisch artikuliert, sondern auch um das leitmotivisch wiederkehrende Problem der Wahrheit des *Wortes*. Faust erklärt die Worte der „Priester oder Weisen" geradheraus für „Spott über den Frager" (V. 3428 ff.) und entwickelt in freien Rhythmen eine Religiosität, die ihre Quelle in der göttlichen Natur und ihren Sitz im *Herzen* (V. 3448; 3451) und im *Gefühl* hat. Als Margarete dann das Gespräch auf Mephisto bringt, zögert er freilich nicht, das Wort zur Ablenkung von der Wahrheit zu benutzen (V. 3476; 3483; 3501). Auch seine Anweisung zum Gebrauch des Fläschchens (V. 3511 ff.) ist, wenn nicht mit einer Lüge verbunden, so doch verderblich. Mephisto, der nach Gretchens Liebeserklärung wieder auftritt, interpretiert ihre Liebe rational und destruktiv als „Interesse" (V. 3525).

Faust aber lädt erstmalig schwere *Schuld* auf sich: „Ohne sein Wollen wird der Schuldlose schuldig, nur weil er in der Welt handelt. Diese Verstrickung ist im Schlaftrunk verdinglicht" (Requadt S. 246).

Die Szenen „Am Brunnen“ und „Zwinger“, die nach Gretchens Hingabe spielen, sind Schritte auf ihrem Weg in Not und Enge. Die erste der beiden Szenen zeigt Gretchens zunehmende menschliche Isolierung („Ich komm' gar wenig unter die Leute“, V. 3545). „Hier wird die soziale Bedingtheit der Gretchen-Tragödie durch die bürgerliche gesellschaftliche Ordnung deutlich“ (Ibel S. 38 f.). Gretchens Schicksal wird in dem des Bärbelchen (Untreue des Geliebten) vorweggenommen.

Der *Zwinger* (Raum zwischen der äußeren und der inneren Stadtmauer) symbolisiert Gretchens Situation. Deren Veränderung wird an den Versen 3602 ff. deutlich: ging Gretchen in dem Lied am Spinnrade noch nach dem Geliebten aus dem Haus (V. 3392 f.), ist für sie jetzt der Ausgang nur noch mit Schmerz verbunden. In ihr Gebet sind Stellen aus der Hymnik mittelalterlicher Marienklagen verwoben, in denen die Gläubigen ermahnt werden, am Schmerz der Gottesmutter teilzunehmen. „Aus Lukas 2, 35 entstand das Motiv, das in dem Hymnus ‚Stabat mater dolorosa‘, in der Sequenz ‚Planctus ante nescia‘ und in vielen mittelalterlichen Marienklagen vorkommt: ein Schwert geht durch Marias Herz“ (Trunz S. 520). Wie in der Schlußszene des zweiten Teils, in der auch das leitmotivische Gebet V. 3616 ff. in verwandelter Form wiederaufgenommen wird (V. 12069 ff.), greift der Dichter hier schon Motive des Katholizismus auf.

Nacht - Dom

In der *Valentin-Szene* wird erneut die altdeutsche Atmosphäre heraufbeschworen. Das zeigt auch der *Knittelvers,* dessen sich Valentin bedient. Faust hingegen tritt als „degentragender Kavalier und Verführer“ aus „dem späten Rokoko“ auf (Requadt S. 281). Auch „die Wiederkehr des Geschenkmotivs zeigt an, daß Faust in die Rolle des Verführers zurückgefallen ist. Mit ihr fügt er sich auch in den konventionellen Stil der ganzen Szene ein: Serenade mit nachfolgendem Duell. Man wird sich die beiden wie anfangs ‚in rotem, goldverbrämten Kleide‘ und ‚mit einem langen spitzen Degen‘ (V. 1536, 1539), nämlich als Standespersonen, vorstellen müssen. Bei Faust ist der kavaliersmäßige Habitus unverkennbar, und wenn Mephisto Valentins Niederlage mit dem Wort quittiert: ‚Nun ist der Lümmel zahm!‘ (V. 3711), dann bezieht er das Standesverhältnis mit ein“ (Requadt a.a.O.). Auch Mephisto setzt sich in einen Gegensatz zu dieser versinkenden Welt altdeutscher Biederkeit: er orientiert sich an der nordischen Welt Shakespeares; sein Lied, das er zur Zither singt (V. 3682 ff.), ist Ophelias Lied (Hamlet IV, 5) nachempfunden. Auch der Name Valentin ist aus diesem Liede entlehnt. Beutler (S. 553 f.) weist mehrere weitere Anspielungen auf Shakespeare nach. Valentins Tod beraubt Gretchen ihres letzten Schutzes in der bürgerlichen

Welt. Faust verfällt dem *Blutbann* (V. 3715), der ihn in weitere Abhängigkeit von Mephisto bringt.

Streicher sieht in dem sonst überwiegend episch strukturierten Werk in der Valentin-Szene ein dramatisches Element (S. 143 f.): „Daß gerade die Valentinszene dramatisch ausgeführt wurde, hat seinen Grund wohl darin, daß Faust hier zum ersten Male eindeutig böse wird. Die Szene hat deshalb nicht nur dramatischen Selbstwert, sondern ist zugleich Demonstration eines Schuldigwerdens, das aus der Möglichkeitsexistenz Fausts zwangsläufig folgt. ... Sie ist ein Drama im Kleinen und enthält als solches alle entscheidenden Elemente, die zu einem Drama gehören: eine Exposition (Valentin erläutert seine Situation), einen Höhepunkt (Kampf), eine Katastrophe (Valentin fällt) und, zumindest, was Valentin allein betrifft, eine Art Katharsis. Doch bewirkt der übergeordnete Wert der Demonstration, daß sich alle diese Stadien sehr schnell ablösen, sich auf engstem Raume konzentrieren, und die so entstandene Miniaturtragödie fast etwas Komisches bekommt. Dieses Komische ist zugleich jedoch eine besondere Form des Tragischen."

Die Szene *„Dom"* (es handelt sich hier wohl um das Totenamt für den Bruder; s. dazu Petsch S. 150 und Beutler S. 554 f.) zeigt Gretchens ersten Zusammenbruch. Wenn sie (V. 3815) ausruft „Mir wird so eng", weist dies nicht nur auf einen physiologischen Zustand hin, sondern auf die extrem systolische Situation, in die sie gefallen ist. Die Ohnmacht, in die sie versinkt (V. 3884), ist nicht „eine der Ohnmachten, die zur psychischen Mode des 18. Jahrhundert gehören", sondern „die Umnachtung, in der sie dann ihr Kind ertränkt, die sie noch im Kerker umfangen hält" (Ibel S. 40). Der entscheidende Schritt, der in der Domszene geschieht, „ist der Verlust des letzten Haltes, der Transzendenz. Goethe erzielt diese Wirkung, indem er von der Totenmesse nur einen Ausschnitt gibt, die Sequenz ‚Dies irae'; die tröstlichen Teile der Messe vernimmt Gretchen nicht mehr. Dazu ist der böse Geist bestimmt, den Text gleichsam zu kommentieren und die Drastik des Jüngsten Gerichts zu verschärfen" (Requadt S. 276 f.).

Ob es sich bei dem *„bösen Geist"* um eine Personifikation des Gewissens (wie z. B. Ibel S. 40 meint) oder um einen „wirklichen" Geist aus der Geisterwelt (Rickert 2 S. 259) handelt, mag dahingestellt bleiben. Wesentlicher ist die von verschiedenen Interpreten (z. B. Beutler S. 556; Trunz S. 521; Requadt S. 277) gewonnene Erkenntnis, daß der böse Geist der *Sorge* nahe verwandt ist.

Setzte Gretchen den emotional geladenen freien Rhythmen Fausts im Religionsgespräch die aus ihren Ordnungsvorstellungen erwachsene Klarheit gereimter Vierheber entgegen (V. 3471 ff.), so spricht sie hier selbst in *freien Rhythmen,* die „etwas Schwankendes, Unruhiges und zugleich völlig Subjektives" haben (Trunz S. 520). Ihr inneres Ungleichgewicht spiegelt sich in *Sprache* und *Vers.* Zu V. 3834 führt *Trunz* (S. 521) aus: „Neben die zwei Sprachschichten der Szene — die von Gretchens verwirrtem Innern und die des kirchlich-objektiven Gefüges — tritt hier eine dritte, die des Alltags, deren Gretchen sich überall sonst bediente und von der sie nur durch die Übermacht inneren Erlebens sich fortentwickelt hat."

Worterklärung und Hinweise:

Scherben (V. 3608): Blumentöpfe. — Übersetzungen V. 3798 f., 3813 ff., 3825 ff.: „Der Tag des Zornes, jener Tag löst unser Zeitalter auf in Asche." „Wenn der Richter auf seinem Richterstuhl sitzen wird, wird offenbar werden, was verborgen ist, und nichts wird ohne Vergeltung bleiben." „Was soll ich Elender dann sagen? Wen als Fürsprecher anflehen? Da doch nicht einmal der Gerechte sicher ist" (nach Trunz S. 521).

Walpurgisnacht

Wie die Szene „Wald und Höhle" stellt auch die Walpurgisnacht einen Höhepunkt des ersten Teiles dar. Während allerdings in „Wald und Höhle" Faust sich zum letzten Male im Zustand der Ausgeglichenheit befand, gibt er sich in der Walpurgisnacht bis zum Erscheinen des Gretchenphantoms der hemmungslosen Ausbreitung hin. Für Beutler (S. 557) ist die Szene „im Aufbau des gesamten ersten Teils der Höhepunkt und ... zugleich die Peripetie. Während Gretchen vernichtet im Dom zusammenbricht, ist Faust von Mephisto auf den Blocksberg geführt, damit er der letzten satanischen Weihen teilhaftig werde."

Die Walpurgisnacht, eine typische *Revueszene*, besteht aus einer Folge von vierzehn Bildern: Fausts Brockenwanderung (V. 3835—3854); das Irrlicht (V. 3855—3911); die Erscheinung Mammons (V. 3912—3935); die Windsbraut (V. 3936—3955); der Hexenzug (V. 3956—4015); Fausts Absonderung vom Hexenzug (V. 4016—4049); die hundert Feuer (V. 4050—4071); die alten Herren (V. 4072—4095); die Trödelhexe (V. 4096—4117); Lilith (V. 4118—4123); der Tanz mit den Hexen (V. 4124—4143); der Proktophantasmist (V. 4144—4182); die Vision Gretchens (V. 4183—4208); das Dilettantentheater (V. 4209—4222; Überleitung zum Walpurgisnachtstraum).

Faust gibt sich bei seiner *Brockenwanderung* zunächst dem Anblick der schöpferischen („webenden", V. 3845) *Natur* hin und läßt sich von ihr seinen Erwartungshorizont öffnen. *Mephisto* hingegen betrachtet die Natur griesgrämig teils als tot („winterlich", V. 3849), teils als monströs (V. 3889 ff. — wenn wir annehmen, daß sich hier Mephisto artikuliert), teils als zerstörerisch (V. 3941 ff.). Auch der *Mond* zeigt sich ihm „traurig" als „unvollkommne Scheibe ... mit später Glut" (V. 3851 f.).

Zugleich wird in diesem ersten Abschnitt der Walpurgisnacht schon das Leitmotiv des *Irrens* wiederaufgenommen, das die ganze Szene durchzieht. Faust zieht es vor, „im Labyrinth der Täler hinzuschleichen" (V. 3841), statt den geraden Weg mit „einem Besenstiele" (V. 3835) zu wählen; d. h. er entscheidet sich für die Möglichkeit des Irrtums. Er bewahrt damit seine Humanität, die wesenhaft mit Irrtum und Verworrenheit verknüpft ist (V. 3863). Mephisto will ihn auf den „geraden" Weg bringen, indem er das führende Irrlicht zwingt, von seinem naturgegebenen Zickzackkurs abzulassen (V. 3864 f.).

Der Bereich des bloß Natürlichen wird im zweiten Abschnitt verlassen: „In die Traum- und Zaubersphäre / Sind wir, scheint es, eingegangen" (V. 3871 f.). Diese manifestiert sich nicht nur im folgenden Auftreten dämonischer Geister und einer zunehmenden Dämonisierung der Natur (V. 3876 ff.), sondern auch in der Einbeziehung des Geistigen, Künstlerischen, sowie der Zukunft (Hoffnung) und der Vergangenheit in die Natur. Die Walpurgisnacht weitet sich so in gewisser Weise zur Welt aus; dieser ihrer Bedeutung entspricht die Erhöhung ins *Opernhafte*, die der Dichter in dem Terzett V. 3871—3911 sichtbar gemacht hat. Anzunehmen, daß das Geschehen der Walpurgisnacht von Faust nur geträumt sei, erscheint abwegig.

Die Interpreten des 19. Jahrhunderts haben viel Scharfsinn darauf verwendet festzustellen, wer die einzelnen Strophen des „Wechselgesanges" singe. *Resenhöfft* (1 S. 65) stellt dazu fest: „Wenn im Terzett des Wechselgesanges die Einzelstimmen nicht angegeben sind, so verrät das keine Unsicherheit des Dichters über sein eigenes Werk, sondern es ist ein versteckter Hinweis darauf, daß die drei Stimmen aus derselben Seele tönen, in deren Bewußtsein sie sich abwechselnd durchsetzen. Es ist erstens die des schlußfolgernden Verstandes Str. 1, zweitens die der verwirrenden Wahrnehmung Str. 2 und 4, drittens die des unsicher tastenden Gefühls Str. 3 und 5."

Während im folgenden Abschnitt Faust einen „morgenrötlich trüben Schein" (V. 3917) wahrzunehmen glaubt und entzückt die Schönheit des erwachenden Morgens beschreibt, deutet Mephisto die Erscheinung als das Glühen des *Mammon* im Berge (V. 3915). Der Gott des Geldes (Matth. 6, 24; Luk. 16, 13) repräsentiert das Gold in der mineralischen Natur; dieses wiederum ist für Goethe Symbol sowohl dämonischer Schöpferkraft als auch des Geschlechtlichen, die sich hier als wesentliche Mächte der teuflisch-dämonisierten Natur präsentieren. Die *Windsbraut* (V. 3956) verkörpert die zerstörerischen, lebensfeindlichen Kräfte in der Natur; sie kündigt den Zug der Hexen an.

Mit dem *Zug der Hexen* (V. 3956 ff.) bricht sich die *bloße Triebhaftigkeit* und mit ihr die *Lebensfeindlichkeit* Bahn; ein Prozeß der *Entstaltung* setzt ein. „Mit dem Auftreten der Hexen wird das Böse massiv gegenwärtig. Es wird durch ihr halbes Menschsein andringender als in der mehr ein Prinzip vertretenden Figur Mephistos. Es sind Ausgeburten des Bösen mit der ganzen Aura, in die sie der Volksglaube gehüllt hat, Ausgeburten auch, seitdem sie im ‚Macbeth' auf die Bühne gelangt sind, der nordischen Natur" (Requadt S. 291). Der Entstaltungsprozeß wird deutlich an der anonymen Massenhaftigkeit des Hexenvolkes; Mephisto stellt fest:

„Das drängt und stößt, das rutscht und klappert!
Das zischt und quirlt, das zieht und plappert!
Das leuchtet, sprüht und stinkt und brennt!
Ein wahres Hexenelement!" (V. 4016 ff.)

Dennoch heben sich einige Gestalten heraus. „Herr Urian", der Teufel, wird (V. 3959) besonders genannt (nach Frankenberger S. 80 und Resenhöfft 1 S. 67 allerdings der aufklärerische Philisterverstand in Anlehnung an die Gestalt des Urian in Matthias Claudius' „Urians Reise um die Welt"). Die „alte Baubo", die auf einem Mutterschwein vorwegreitet (V. 3962 f.), verkörpert die entartete Sinnlichkeit. Die Verse 3976 f. muß man wohl als eine Anspielung auf die Abtreibung ansehen. Der Halbchor der Hexenmeister sieht in der Frau die Konzentration zerstörerischer Triebhaftigkeit (V. 3979 ff.), ein Gegenbild zum Ewig-Weiblichen! Solche Wesen aber, die „rein" bleiben und am Triebhaft-Bösen der Natur nicht teilhaben wollen, bleiben, wie die Wäscherinnen (V. 3987 ff.), auch wiederum „ewig unfruchtbar". Das gilt auch für den „Bedenklichen" (Resenhöfft 1 S. 68), der sich in einer Felsspalte verstiegen hat und schon dreihundert Jahre vergeblich steigt (V. 3995 ff.), und für die halbherzig „trippelnde" Halbhexe (V. 4004 ff.). Es handelt sich bei diesen Gestalten um „Abseitig-Unzulängliche" (Resenhöfft a.a.O.), die am Bösen des Hexenwesens partizipieren möchten, ohne sich aber recht zu trauen. Diesen gegenüber stellen die Hexenmeisterchöre in perverser Verkehrung der christlichen Vorstellung der Verlorenheit fest: „Wer heute sich nicht heben kann, / Ist ewig ein verlorner Mann" (V. 4002 f.; s. ferner V. 4011). Überhaupt ist der Hexenflug nach oben eine Perversion, eine „Parodie der Goetheschen ‚Steigerung'" (Requadt S. 293). „Wie es ... in der Klassischen Walpurgisnacht einen Kairos gibt, an dem sich das Schöne ereignet, so gibt es im Norden einen ‚negativen' Schicksalsaugenblick (den 1. Mai), den die Hexen nicht verfehlen, genau zu bezeichnen" (Requadt a.a.O.).

Das Motiv der *Pforte* wird hier wiederaufgenommen. Während der Mensch zur Wahrheit nur durch die enge Pforte und durch den Irrtum gelangt, fahren die Hexen auf einem *breiten Wege* (V. 3974) zum Brocken. Der breite, gerade und irrtumslose Weg ist der Weg der Inhumanität, weil er das Signum des Menschlichen, den *Irrtum*, ausschließt. Der Anklang an Matth. 7, 13 zeigt: „Der ‚breite Weg' der Hexen ist somit der Weg zur Verdammnis; in seiner Breite ermöglicht er, daß sie sich in ihrer Masse darauf fortbewegen. Für Goethe geht in dieser Masse die Person unter. In seiner symbolischen Verwandlung wird er aber auch zum graden Weg (dem ‚labyrinthischen' Weg im Tal entgegengesetzt), den diejenigen einschlagen, die das menschliche Recht zu irren preisgegeben haben. Und endlich tritt mit der überdeutlichen Herausarbeitung des Moments der Schnelligkeit noch zutage, daß es eben der ‚breite Weg' ist, der diese Eile gestattet, da er keine Hindernisse bietet. So kreuzen sich die verschiedenen Symbollinien in diesem Kardinalpunkt" (Requadt S. 295).

Zusammenfassend sagt *Requadt* (S. 296) zu diesen Partien der Szene: „Erst wenn man den Text in seiner ganzen Prägnanz auffaßt, verliert man das Vorurteil, daß die Absichten Mephistos sich lediglich auf die Abmachungen der Wette beziehen, daß er also Faust nur durch den Genuß verderben will. Tatsächlich setzt er tiefer an; denn die Verführungen der Walpurgisnacht bestehen einmal in der Hingabe an den negativen Naturprozeß der Entstaltung, in dem der Mensch seine Person einbüßt, dann aber in dem Wandeln auf dem ‚breiten Weg', bei dem die ‚enge Pforte', die ‚Gnadenpforte', verfehlt wird. Beide Wege verlaufen insofern parallel, als der Mensch auf ihnen die Kraft zu irren aufgibt und geradewegs dem Bösen zueilt. Goethe verschmilzt Natürliches, ihm aus der Metamorphosenlehre Vertrautes, mit einem säkularisierten christlichen Glaubensinhalt."

Im folgenden Abschnitt (V. 4016 ff.) zieht Mephisto Faust gegen seinen Willen aus dem Hexenzug heraus. Das ist erstaunlich, weil Faust, wie es scheint, dabei ist, seine Personalität aufzugeben und mit der Masse der Hexen dem Bösen zuzustreben (V. 4039). Mephisto muß aus seiner Begründung („Da muß sich manches Rätsel lösen", V. 4040) jedoch entnehmen, daß sein Motiv keineswegs die Hingabe an die Entpersonalisierung und sein Verfallen an die Triebhaftigkeit ist. Er versucht daher, ihn gleichsam individuell mit der Sexualität in Berührung zu bringen (V. 4046).

Zunächst wird Faust in die Region der *hundert Feuer* (V. 4057) geleitet. Jedes dieser Feuer ist der Mittelpunkt einer „kleinen Welt" (V. 4045); diese präsentieren sich als Welten der Banalität: „Man tanzt, man schwatzt, man kocht, man trinkt, man liebt" (V. 4058). Es ist eine triviale Welt der *Zeitlosigkeit,* die, scheinbar harmlos, dem Bösen zugeordnet ist. Hier gibt es keine Entwicklung, keine Steigerung. Wo Bewußtsein vorhanden ist, ist es rückwärts gewandt wie bei den „alten Herren" (V. 4072), dem General, dem Minister, dem Parvenu und dem Autor. Eine Zeitsatire (nörgelnde Exulanten der Französischen Revolution!) wird überhöht durch exemplarische Darstellung metaphysischer Ideen. Auch Mephistopheles stellt sich proteushaft ebenfalls plötzlich als Vertreter des Alten dar (V. 4092 ff.). Die Leitmotivik des *Alten* und des *Jungen* kommt hier wieder zum Tragen. „Das Böse ist nicht das in der Zeit Gealterte, sondern das von Anfang an Alte, das ohne Vergangenheit und ohne Hoffnung ist" (Requadt S. 299). Kurz darauf wird er mit der alten Hexe tanzen (V. 4136 ff.).

Im Rahmen dieser Leitmotivik ist auch das Auftreten der *Trödelhexe* (V. 4096 ff.) zu sehen. Mit den von ihr angebotenen „Reliquien" deutet sie schon, wie Resenhöfft (1 S. 74) festgestellt hat, auf das Schicksal Gretchens hin: „Die Trödelhexe verkörpert also das im Volk umlaufende . . . Gerücht, das sich des Schicksals von Gretchen nach ihrer Aufsehen erregenden Verhaftung bemächtigt hat und sich weithin verbreitet. Es spricht ohne Nennung von Namen von der Verführung eines jungen Mädchens (Schmuck), der Vergiftung ihrer Mutter (Giftbecher), der Ermordung ihres Bruders (Schwert) und der Tötung ihres Kindes (Dolch, statt der Ertränkung, die sich nicht veranschaulichen läßt)." Mephisto lenkt daher auch ab (V. 4110 ff.), da er nicht daran interessiert ist, Fausts Gedanken auf Gretchen zurückzulenken. Zugleich zielt er auf „Neuigkeiten", wohl weil er erkennt, daß Faust mit dem Alten nicht zu beeindrucken ist. So macht er ihn auch gleich auf *Lilith* aufmerksam (V. 4118 ff.), das „Urbild weiblicher Sinnlichkeit" (Ibel S. 42).

Der *Tanz* Fausts und Mephistos *mit den Hexen* (V. 4124 ff.) korrespondiert der Konfiguration der Szene „Marthens Garten". Faust wird zu der jungen Hexe hingezogen, Mephisto nimmt sich der alten an. Der obszöne Gesang der vier spiegelt erneut das Verhältnis Fausts und Mephistos zur Natur: der fruchttragenden und der abgelebten. Die Beziehungen der jungen Hexe zur Natur sind jedoch nur scheinhaft: das rote Mäuschen, das ihr aus dem Munde springt (V. 4179), zeigt in perverser Weise die Affinität zum Bloß-Tierischen. „Auch die regressive Tendenz der Entstaltung setzt sich nochmal durch, da die Hexe als immerhin menschenähnliches Wesen ein Tier produziert" (Requadt S. 301).

In dem folgenden Auftritt des *Proktophantasmisten* (V. 4144 ff.) haben wir wohl mehr als eine gegen den Berliner Aufklärer *Nicolai* gerichtete Satire vor uns. Wenn wir der Interpretation Frankenbergers und Resenhöffts folgen, die bereits den „Herren Urian" als die Verkörperung des Philistertums ansahen, wird man auch den platten Verstand des Aufklärers als eine philiströse Erscheinung ansehen müssen. Das Philistertum ist, obwohl es gegen das teuflische Hexenwesen polemisiert, genauso naturfremd und unfruchtbar wie dieses.

Die *Vision Gretchens* (V. 4183 ff.) bringt Faust zu sich selbst zurück und zur *Umkehr*. Gretchen, gefesselt (V. 4186) und sich nur langsam fortbewegend, erscheint Faust in ihrer tatsächlichen Situation (die er visionär erahnt) und in extremer Systole. Ihre Erscheinung kontrastiert mit dem breiten und ungehemmten Zug der Hexen. „Sie ist der Hast des Bösen entrückt und als dessen Gegenbild für Faust auch der Ort, in dem diese Bewegung zur Ruhe kommt" (Requadt S. 304). Mephisto versucht ihn abzulenken, indem er zuerst vorgibt, es handle sich um eine Hexe, die jedem „wie sein Liebchen" vorkomme (V. 4200). Nach der Vision Fausts von der Enthauptung Gretchens (V. 4203 ff.) weicht er ins Mythologische aus, indem er die Erscheinung als Medusa deutet, der Perseus das Haupt abgeschlagen hat (V. 4206 ff.). Als ein weiteres Mittel der Ablenkung Fausts erscheint schließlich das *Dilettantentheater*, in das ihn Mephisto führt.

Die hier vorgetragene Deutung der Walpurgisnacht als eines Versuches der *Entpersonalisierung* und *Enthumanisierung* Fausts entspricht im wesentlichen der Interpretation *Requardts. Benno v. Wiese* (S. 170) fügt einer solchen Auslegung einen tiefenpsychologischen Akzent hinzu: „Die teuflische Seite des Gretchenerlebnisses findet ihre symbolische Spiegelung in der Walpurgisnacht. Diese ‚Traum- und Geistersphäre' Mephistos bedeutet Auflösung der einmaligen und geschichtlich gewordenen Bindungen von Ich und Du im unbewußten Bereich des erinnerungslos gewordenen Es. Das Wachbewußtsein geht in jenen chaotischen Seelenzuständen unter, die in der drohenden Bewegung dieser Szene, in den Tiersymbolen, den Uhus, Schuhus, Molchen, Funkenwürmern bis hinab zu den Wurzelschlangen, den Kröten, Hexen, Fratzen und Irrlichtern ihre geisterhafte Wirklichkeit entfalten. In dieser von der späten Glut der unvollkommnen Scheibe des roten Mondes erleuchteten Traumwelt treiben die triebhaften und ungeformten Schichten der Seele ihr unheimliches und phantastisches Spiel."

Streicher sieht im Gegensatz zu anderen Interpreten, die in der Walpurgisnacht Fausts tiefstes Versinken in Sinnlichkeit konstatieren, den Versuch des Helden, sich aus den Verstrickungen des Erotischen zu lösen. Er führt zur Walpurgisnacht aus: „Die Unterbrechung der Gretchen-Linie durch die ‚Walpurgisnacht' ist Ausdruck für Fausts Versuch, sich sein Faustisches zurückzugewinnen und sich aus den Verstrikkungen des Erotischen und seiner Folgen zu lösen. So hat die ‚Walpurgisnacht' die kompositionelle Funktion, gegen die sich in sich selbst immer weiterspinnende Leidensgeschichte Gretchens ein Gegengewicht zu schaffen, das den Ausgangspunkt Fausts wieder festhält. Dieses Wiedergewinnen des Faustprinzips ist jedoch kein dramatisches, sondern ein philosophisches Motiv. Primäre Funktion der ‚Walpurgisnacht' ist es, diesem philosophischen Motiv zum Durchbruch zu verhelfen. Daneben hat sie jedoch auch die dramatische Bedeutung, die entscheidenden Vorgänge der Gretchen-Tragödie zu überbrücken. Der philosophisch-systematische Stellenwert, den die ‚Walpurgisnacht' in der Entwicklung des Faust-Geschehens einnimmt, macht aus ihr ... einen in sich abgeschlossenen, nach außen abgedichteten Komplex, der zwar zu anderen Szenen (etwa auch zur ‚Klassischen Walpurgisnacht') ein philosophisches, aber kein dramatisches Verhältnis unterhält" (S. 147). Zum „Bösen" in der Walpurgisnacht sagt Streicher (S. 149): „Ihr Böses, oder vielmehr das Böse, das Mephistopheles ihr im Hinblick auf Faust abzugewinnen hofft, besteht darin, daß durch sie die kontinuitätstragenden, die erotischen, seelischen, treuehaltenden Kräfte in Faust neutralisiert werden sollen. Sie erscheint daher in zweierlei Gestalt: als ‚Sinnliches' (wobei ‚sinnlich' im weitesten, kantischen Sinne zu verstehen ist) und als Ironisch-Pointiertes, als Witz, als Esprit. Beiden gemein ist die Punktualität einer in sich abgeschlossenen Reizausübung. So folgt impressionistisch Reiz auf Reiz, ohne daß sich aus dieser Folge ein klares Motiv herauskristallisierte, es sei denn dasjenige des Hexenhaft-Walpurgismäßigen, das jedoch kein eigentliches Motiv, sondern nur eine Atmosphäre der Erregung ist, die, wie jede Atmosphäre, sofern sie sich ‚rein' verwirklicht, nur in einem funktionslosen In-sich-Kreisen besteht."

Bemerkenswert ist auch die in die Details gehende Gesamtinterpretation der Szene durch *Resenhöfft.* Dieser betont die Einheit der Walpurgisnacht: „An ihrem Anfang steht die Abkehr von Gretchen mit der Verdüsterung seines Weltbildes; ihr Verlauf führt in psychologisch fein abgestufter Vermittlung zu deren Überwindung und zur Rückwendung zu Gretchen, so daß sein anschließender Rettungsversuch nicht als eine notgedrungene Aktion zum Schutz des eigenen Gewissens, sondern als ein entschlossener Einsatz zur Sicherung ihrer Existenz im Bewußtsein des absoluten Wertes ihrer seelischen Reinheit zu erkennen ist. So klar die WN in sich geschlossen ist, so innig schließt sie sich nach vorwärts und rückwärts an" (1 S. 82). Die Abkehr

Fausts von Gretchen und seine Verdüsterung hätten ihre Ursache in der Enttäuschung über die Geliebte, in deren Hingabe er nun Berechnung sehe (1 S. 62). Faust werde nur von geschlechtlichen und auf Besitz gerichteten Trieben bestimmt. So erscheine ihm das ganze Hexentreiben (die *Hexen* repräsentierten das *Unpersönlich-Triebhafte,* 1 S. 60) als „Sinnbild des gesamten Lebens mit Einschluß seiner selbst" (1 S. 64). Das Irrlicht verkörpere diesen Irrglauben; Mammon und die Windsbraut stellten die Schönheit und die Gewalt der Triebe dar (1 S. 64 ff.). Faust sei in Gefahr, im Triebhaften zu versinken und werde von *Mephisto,* der Verkörperung des *bloßen Verstandes,* „gerettet" (1 S. 71 zu V. 4024 ff.). Die hundert Feuer und die „kleinen Welten" bedeuten nach Resenhöfft die „kleinen deutschen Höfe des 16.—18. Jahrhunderts" (1 S. 72), die Faust besuche, um sich auf die große Hofwelt des zweiten Teiles vorzubereiten. Zentralpunkt der Szene sei das Erscheinen Liliths, die die Erinnerung an Gretchens Schönheit wecke und damit die Umkehr Fausts vorbereite (1 S. 75 f.). Die Vision Gretchens schließlich lasse Faust aus seinem Traum (d. h. seinem Irrglauben) erwachen. „Mit der Erinnerung an Gretchens Hingabe erwacht zugleich das jetzt unbeirrbare Gefühl für die absolute Reinheit ihrer Haltung und ihrer Gestalt; das zeitweise in den Hintergrund gedrängte echte Bild der Geliebten tritt wieder hervor, allen Ausreden Mephistos zum Trotz" (1 S. 79).

Sprache, Versgestaltung und *Symbolik* der Walpurgisnacht sind von starker Expressivität. „Die Symbolik der Seele als magische Welt ist (anders als die Gretchenszenen) sprachlich klangrauschend, opernhaft, sinnbetörend, virtuos; Klang und Bild sind alles. Aber wir sollen wissen, daß es Bild, daß es Dichtung ist; darum mitten darin, bewußt illusionsstörend, die Satire auf Nicolai und andere Zeitgenossen" (Trunz S. 522). Von starker lyrischer Ausdruckskraft sind die Beschreibungen der Natur in den Versen 3916 ff. (Faust) und 3940 ff. (Mephistopheles). Ruhige Kontemplation spiegeln die vierfüßigen Trochäen der Terzettstrophen (V. 3871 ff.) wider; im Gegensatz dazu wird „das sausende Fliegen der Hexen symbolisiert im wilden Tempo der vierfüßigen Jamben 3956 ff." (Trunz S. 523).

Worterklärungen und Hinweise:
Die *Walpurgisnacht* ist die Nacht zum 1. Mai. *fodern* (V. 3857): ältere Form von „fordern". *Baubo* (V. 3962): in der antiken Sage Dienerin der Demeter, die diese in ihrer Trauer über den Verlust der Persephone mit obszönen Witzen aufzuheitern sucht. *Junker Voland* (V. 4023): der Teufel (mhd. vâlant). *Knieband* (V. 4064): Hosenbandorden. *Lilith* (V. 4118): nach altrabbinischer Sage Adams erste Frau. *Proktophantasmist* (V. 4144): Trunz (S. 524) erklärt: „*Phantasmist* wäre etwa als ‚Geisterseher' zu übersetzen, *Proktos* ... aber heißt im Griechischen ‚der Hintere'. Satire gegen den Berliner Aufklärer Nicolai, der seiner Zeit Goethes ‚Werther' völlig verurteilt hatte und seither immer wieder durch seine aggressive Verständnislosigkeit Goethe und Schiller lästig fiel. 1797 wurde in Berlin erzählt, es spuke in Humboldts Schloß in Tegel (V. 4161). Nicolai hielt darauf in der Berliner Akademie der Wissenschaften einen Vortrag, in welchem er mitteilte, er selbst sei im Jahre 1791 durch Geistererscheinungen geplagt worden, doch nachdem ein Arzt ihm Blutegel angesetzt habe (an den Körperteil, den Goethe altgriechisch bezeichnet), sei er davon befreit gewesen. Die Tatsache, daß der platte Rationalist an Geister geglaubt hatte, war ebenso grotesk wie seine Methode der Heilung." *„Ein einzig rotes Schnürchen ...* " (V. 4204 f.): Anspielung auf Gretchens kommende Hinrichtung.

Walpurgisnachtstraum

Der Walpurgisnachtstraum war 1797 im Zusammenhang mit den *Xenien* entstanden. Goethe wollte noch einmal zeitkritische Verse schreiben, aber nicht in Form antiker Distichen, sondern in deutschen gereimten Vierhebern. Das Rahmenspiel von Oberons und Titanias goldener Hochzeit war angeregt durch eine Operette des Weimarer Theaters „Oberon, König der Elfen" von Wranitzky. Er wollte das im Faust-Drama später als „Intermezzo" bezeichnete Stück in Schillers „Musenalmanach" veröffentlichen; da aber Schiller (Brief vom 2. Oktober 1797) abriet, gliederte Goethe es in den „Faust" ein.

Diese Entstehungsgeschichte und die Unverständlichkeit des Intermezzos im Rahmen des Faust-Werkes haben dazu geführt, daß es von zahlreichen Interpreten bis in die jüngste Zeit hinein als unpassender Fremdkörper in der Tragödie angesehen worden ist. Obwohl *Frankenberger* bereits 1926 die Bedeutung des Stückes im Gesamtzusammenhang klar erwiesen hat, erklärt von den neueren Interpreten z. B. *Beutler* (S. LIX), der Walpurgisnachtstraum gehöre, „trotz schöner Verse, kaum in die Fausttragödie"; *Buchwald* (S. 107) sieht nur „eine Zerstörung der dichterischen Einheit, eine Rücksichtslosigkeit gegen die Leser"; *Trunz* (S. 525) konstatiert „eine Verbindung ... fast nur zu den zeitsatirischen Teilen der Walpurgisnacht"; für *Ibel* (S. 43) ist das Stück „eine ungemäße Zumutung"; *Strich* (S. 99 f.) sagt, es sei nichts weiter als „eine literarische Satire auf die deutsche Literatur des 18. Jahrhunderts"; *Gillies* (S. 90) stellt fest: „It is no more than a ghastly dream."

Demgegenüber haben *Frankenberger* (1926), *Maurer* (1929), *Jantz* (1952), *Hippe* (1966), *Dietze* (1969), *Resenhöfft* (1, 1970) und *Requadt* (1972) nicht nur tiefdringende Interpretationen des Walpurgisnachtstraums geliefert (wenn auch nicht mit einheitlichem Ergebnis), sondern auch den Zusammenhang mit dem Gesamtwerk klar aufgezeigt. „Welche Gründe wären denkbar, die den Schöpfer des ‚Faust' hätten veranlassen können, leichtfertig Flickwerk an einem Kunstprodukt zu betreiben, das sonst überall strengsten Kompositionswillen ausgeprägt zeigt?" (Dietze S. 485).

Der Zusammenhang des Walpurgisnachtstraums mit der Walpurgisnacht zeigt sich auch im Strukturellen. *Dietze* (S. 477) sagt: „Beide Walpurgisnacht-Stücke präsentieren nämlich auf dem Felde künstlerischer Gestaltung Einheit und Widerspruch, Übereinstimmung und Kontrast. Zweimal gibt es Begegnungen zwischen Faust und Mephisto einerseits, einer Reihe symbolisch-allegorischer Figuren andererseits. Aber: während im ersten Falle, der Walpurgisnacht selbst, die beiden Wanderer sich bewegen, von Ort zu Ort fortschreiten müssen, um jeweils neue Bekanntschaften erleben zu können, nehmen sie im zweiten Falle, dem Walpurgisnachtstraum, den festen und ruhenden Standpunkt von Theaterzuschauern ein, vor deren Augen jetzt das Figurenensemble vorbeizieht." Während die Walpurgisnacht aus einem bloßen

Nacheinander der Szenenteile besteht, liegt dem Walpurgisnachtstraum ein strenges Kompositionsprinzip zugrunde: „Im Dramaturgischen: Symmetrie und zyklische Anlage; bei der Versbehandlung: kontinuierliche Einheitlichkeit im Metrum, in der epigrammatischen Strukturierung, sogar in der Reimanordnung; im Oratorisch-Rhetorischen: durchgehende Einverleibung von musikalischen, opernhaften Elementen" (Dietze a.a.O.).

„Alle Epigramme ausnahmslos vierzeilig. Das Metrum mit ganz geringen Abweichungen durchgehend trochäisch in der ersten und dritten, jambisch in der zweiten und vierten Zeile. Die Reimanordnung stets a b a b. Die Kadenz bei a männlich, bei b weiblich. Reimlose dritte Zeile kommt nur viermal vor: bei ‚Titania', ‚Geist, der sich erst bildet', ‚Die Massiven' und (anschließend) ‚Puck'. Ob damit im sprachlichen Ausdruck ein Hinweis auf das Wesen der Sprechenden gegeben sein soll, ist für die Elfenkönigin fraglich, für die anderen Figuren denkbar: Plumpheit" (Dietze a.a.O.).

Das „Intermezzo" ist klar gegliedert: *Vorspiel* (V. 4223—4250; auf der Bühne erscheinen der Theatermeister und der Herold; sie inszenieren die Revue; Oberon und Titania sollen sie sich ansehen); die *Revue,* in der Zeitgenossen auftreten, und zwar *Schriftsteller* (V. 4255—4330), *Philosophen* (V. 4343—4362) und *Politikertypen* (V. 4367—4386). Eingerahmt werden diese Teile von Orchester- und Balletteinlagen (V. 4251 ff.; 4331 ff.; 4363 ff.). Der erste Teil wird durch den Kapellmeister unterbrochen (V. 4291 ff.). Ein *Nachspiel* (V. 4387—4398) führt in die Rahmenhandlung des Vorspiels zurück.

Es soll allerdings nicht verschwiegen werden, daß über die Einteilung des Walpurgisnachtstraums bei den Interpreten keine Einigkeit besteht (s. dazu Dietze S. 477 f.).

Von dem „neuen Stück" (V. 4215) wird in der Vorankündigung gesagt: „Ein Dilettant hat es geschrieben, / Und Dilettanten spielen's auch" (V. 4217 f.). Nicht nur das Dilettantenstück als solches, sondern auch die Figuren Oberon, Titania und Puck verweisen auf Shakespeares „Sommernachtstraum". Ariel, den Goethe auch zu Beginn des zweiten Teiles wieder auftreten läßt, ist der hilfreiche Luftgeist aus Shakespeares „Sturm". Auch das Theater auf dem Theater ist dem englischen Dichter nachgebildet, hier freilich dessen Verschachtelungen noch überbietend: Faust und Mephisto sehen sich in der Walpurgisnacht den Walpurgisnachtstraum an; in diesem treten Oberon und Titania auf, an denen wiederum die Revue vorüberzieht. Also „Theater auf dem Theater auf dem Theater" (Dietze S. 488), eine höchst romantische Idee, die dadurch, daß sie als Dilettantenwerk hingestellt wird, zugleich persifliert wird.

Der *Dilettantismus* ist aber nicht nur ein Mittel der Ironie, sondern Thema der Revue selbst. Der *Theatermeister* und der *Herold* geben sich mit ihrem Selbstverständnis und ihrer holprigen Sprache (V. 4227 ff.) als Dilettanten.

Auch die Sprache des Elfenkönigspaares ist demonstrativ vereinfacht; außerdem ist ihre Märchen- und Traumsphäre ins Reale verwandelt und ihr Verhältnis verbürgerlicht: sie feiern ihre Goldene Hochzeit (V. 4227) und zugleich ihre Versöhnung nach einem ehelichen Streit (V. 4234 ff.). Der in der Revue folgende Einbruch der zeitgenössischen Wirklichkeit wird durch die Rahmenhandlung, die als solche wiederum ironisch herabgestuft wird, poetisiert und seiner allzu derben Realität entkleidet. Trotz der dilettantischen Beschränktheit des Stückes öffnet sich in ihm vor Faust die Sphäre des *Ästhetischen.* Der Walpurgisnachtstraum verweist (auch durch die Figur Ariels) wie keine andere Episode des ersten Teils schon auf den zweiten hin. *Ariel* verkörpert mit seinen „himmlisch reinen Tönen" (V. 4240) die Reinheit und Überwirklichkeit der Kunst, während *Puck,* der „den Fuß im Reihen" schleift (V. 4235), die Verwurzelung der Kunst im Wirklichen und Natürlichen repräsentiert. An diesen Pol des Ästhetischen gehört auch das *Insektenorchester;* die Ungeziefermetaphorik wiederum verweist das Dilettantentum in den Bereich Mephistos.

In dem revueartigen *Festzug* ziehen nun die Dilettanten des wirklichen Lebens vorüber. Mittelmäßige Schriftsteller und eifernde Kritiker treten auf, darunter wiederum Nicolai (als „Neugieriger Reisender", V. 4267 ff.; 4319 ff.), Friedrich Leopold Graf Stolberg, der als christlicher „Orthodox" Schillers Gedicht „Die Götter Griechenlands" angegriffen hatte (V. 4271 ff.), ironischerweise Goethe selbst (als „Nordischer Künstler", V. 4275 ff., und als „Weltkind", V. 4327 ff.), der „Purist" Campe (V. 4279 ff.), als „Windfahne" vielleicht Reinhard, „der einerseits Goethe hofierte, andererseits über den Weimarer Kreis Böses äußerte" (Trunz S. 527 zu V. 4295 ff.), August v. Hennings, der Goethe und Schiller als unchristliche Dichter angegriffen hatte (V. 4307 ff.; Hennings hatte eine Gedichtsammlung „Der Musaget" veröffentlicht und wird hier „ci-devant", d. h. bisheriger Genius der Zeit genannt), und Lavater, der wegen seines Ganges den Spitznamen „Kranich" trug (V. 4323 ff.).

Die dann folgenden *Philosophen* (V. 4343 ff.) beschäftigen sich als Vertreter verschiedener philosophischer Richtungen mit der Wirklichkeit des Bösen. Ihre Unfähigkeit, das Phänomen des Teuflischen von ihren dogmatisch verhärteten Positionen des Denkens her zu begreifen, erweist sie als Dilettanten des Gedankens. An bestimmte Zeitgenossen kann hier kaum gedacht werden; die Revue abstrahiert fortschreitend immer mehr vom Konkret-Persönlichen.

Aus der großen Welt der *Politik* treten Gestalten eines kleinlichen Dilettantismus auf. Den Zuschauern werden politische Opportunisten („Die Gewandten", V. 4367 ff.) vorgeführt, dann Emigranten der Französischen Revolution, Angehörige des ehemaligen Hof- und Beamtenadels, die sich auf neue gesellschaftliche Verhältnisse nicht mehr einstellen können („Die Unbehülflichen",

V. 4371 ff.), Emporkömmlinge „aus dem Sumpfe", wie sie Revolutionen plötzlich aufsteigen lassen („Irrlichter", V. 4375 ff.), Tagesberühmtheiten, die schnell wieder stürzen („Sternschnuppe", V. 4379 ff.) und brutal gewalttätige Volksmassen („Die Massiven", V. 4383 ff.).

Der Welt des Bösen, die sich in der Walpurgisnacht entfaltet, ist verknüpft die Welt der *Dilettanten,* der Dilettanten nicht nur der Kunst, sondern auch der Dilettanten des Lebens im weitesten Sinne. Auch Faust ist ein „Dilettant des Lebens" (Resenhöfft 1 S. 85); ihm wird im Walpurgisnachtstraum der Spiegel vorgehalten. Der Dilettantismus ist von der „reinen" Tätigkeit, die Faust anstrebt, am weitesten entfernt; er ist kleinlich, unvollkommen, schuldbehaftet und dem reinen Bösen verwandt. Aber er gehört wesenhaft zur Wirklichkeit der Welt. „In ihrem Gesamt formieren die Gruppen der satirischen Revue ... eine Art negatives Welttheater, in dem statt der Sphärenharmonie die Dissonanz herrscht" (Requadt S. 323).

Ariel, der Genius der reinen Kunst, zeigt die Möglichkeit, die Dissonanzen dieser Welt zu heilen, indem er zugleich auf die heilenden Kräfte der „liebenden Natur" hinweist (V. 4391 ff.). Wie Oberon und Titania sich auf dem „Rosenhügel" in ihrem Feenpalast versöhnen, so ist auch der beflügelnde Geist der Kunst der Versöhnung fähig.

Der Ausblick auf die Welt des Schönen ist zugleich ein Durchblick in den zweiten Teil des Werkes. Aus der *nordischen* Welt der Walpurgisnacht wird, wie Requadt (S. 316 ff.) gezeigt hat, die *südliche* Welt der *Antike* in zahlreichen Anspielungen sichtbar. Die Märchensphäre des Elfenkönigspaares vereint Nördliches und Südliches, Nordisches und Antikes (V. 4249 f.). Die Kritiker und Puristen sind Exponenten einer nordisch-christlichen Kunstfeindlichkeit; der „nordische Künstler" (Goethe selbst) hingegen öffnet sich der antiken Welt der Schönheit (V. 4278). Die Beziehung zum Geist der griechischen Antike wird, wenn auch in verzerrender Spiegelung, mehrfach hergestellt (V. 4273; 4314; 4317; 4342).

Auf die Beziehungen des Walpurgisnachtstraums zum zweiten Teil weist zuerst *Jantz* hin. Er stellt die Frage nach der Stellung des „Intermezzos" im Werk und antwortet (S. 399): „The ‚Dream' artistically, can be an intermezzo only between Part I and Part II of the drama." Während die satirische Revue sich an die Walpurgisnacht anschließe, indem sie wie diese den Zusammenbruch „of all the normal standards of life as well as of the necessary human coordinates of time, space and individuality" (S. 401) zeige, sei die Rahmenszene mit ihrer Freiheit von Raum und Zeit der Klassischen Walpurgisnacht verwandt.

Dietze, von marxistischer Grundlage her interpretierend, betont besonders die Tendenz des Intermezzos zum Realistischen. In der satirischen Behandlung der Kritiker sieht er vor allem eine Auseinandersetzung Goethes mit christlich-orthodoxem Zelotismus (S. 480); beim Auftreten der Philosophen zeige sich „Goethes Polemik gegen den erkenntnistheoretischen Idealismus" (S. 482). Der Revueteil, in dem die Politiker auftreten, sei gesellschaftskritisch, indem hier der Versuch unternommen werde, „wenigstens einen Ausschnitt aus dem sozialen und politischen Umwälzungsprozeß abzuschildern, der, ausgelöst von der Französischen Revolution, die alte Klassenstruktur der meisten westeuropäischen Länder ins Wanken brachte und neu zu formieren begann“ (S. 484).

Resenhöfft versucht, eine unmittelbare Beziehung des Stückes zur Faust-Handlung herzustellen. Faust selbst sei der, der das Spiel aufführe; er schlüpfe auch in die Rolle des Oberon. „Oberon und Titania, die durch einen Streit getrennt waren und wieder vereinigt wurden, entsprechen insoweit Faust und Gretchen, aber nur im Geiste eines der Beteiligten, und das kann nur Faust sein“ (1 S. 84). Er sei ein „Dilettant des Lebens“, der sich trotz drohender Ahnungen einem blinden Optimismus hingebe und ihn sogar zum Gegenstand seines Spiels mache (1 S. 85). „Echt dilettantisch ist das Stück mit einer ‚Lehre‘ versehen ... : die zeitweilige Trennung der Liebenden löst Trübungen des Verhältnisses schmerzlos auf, der billige Trost Fausts“ (1 S. 88). In den folgenden Partien der Revue würden Faust und Gretchen parodiert; die auftretenden Kritiker wiederum parodierten die Faust-Dichtung. Die Philosophen machten die Faust-Auslegung zum Problem. „Es geht um die Frage, welche Weltanschauung der Dichter in seinem Werke zugrunde lege“ (1 S. 94). Der letzte Teil der Revue mache die ästhetischen Probleme der Dichtung zum Thema (1 S. 97 f.).

Trüber Tag. Feld - Nacht. Offen Feld

Die Prosaszene *„Trüber Tag. Feld“* ist vom Dichter mit geringen Veränderungen aus dem *„Urfaust“* übernommen worden. Die rhythmisierte und äußerst expressive *Prosa* zeigt Fausts Verzweiflung über das Schicksal Gretchens, von dem er inzwischen erfahren hat. Von einer Reue Fausts ist jedoch nicht die Rede; er schiebt vielmehr die Verantwortung Mephisto („Wer war’s, der sie ins Verderben stürzte? Ich oder du?“, HA S. 138, Zeile 19 f.) und dem Erdgeist („Großer herrlicher Geist ...“, HA S. 138, Zeile 11 ff.) zu. Mephisto betrachtet den Fall unter dem Gesichtspunkt der Statistik: „Sie ist die erste nicht“ (HA S. 137, Zeile 15). „Mephisto verleugnet das Individuelle, er verleugnet Freiheit und Schicksal des einzelnen, weil dies den Menschen auf eine, wenn auch verborgene Transzendenz beziehen würde. Er will Faust die Welt als sinnloses Konglomerat in der Perspektive des Walpurgisnachtstraums aufdrängen, damit er Gretchen fahren läßt“ (Requadt S. 326). Im übrigen befindet sich der reuelose Faust erneut in einem Tiefpunkt seiner Humanität: die Expressivität seiner Sprache kann über seine Transzendenzlosigkeit nicht hinwegtäuschen. Die Prosa ist — bei aller Kraft — der Symbolik nicht fähig, die die gestaltete Sprache des Verses ermöglicht. Transzendenz scheint nicht durch.

Zu der ebenfalls aus dem „Urfaust“ übernommenen kurzen Szene *„Nacht. Offen Feld“* sagt *Ibel* (S. 45): „Während des Rittes auf Mephistos Zauberpferden taucht geisterhaft das Bild des Hochgerichtes, der Rabenstein, auf. Aus Fausts aufgewühlter Seele erhebt sich diese Vision: Nebelhafte Gestalten,

Dämonen des Todes, brauen und bereiten das Kommende, die Hinrichtung der Geliebten."

Vom Standpunkt der *marxistischen* Interpretation führt *Albrecht* (S. 400) zur Absicht Fausts, Gretchen zu befreien, aus: „So eilt Faust zu Gretchen. Unterwegs wird er durch die Rabenstein-Erscheinung ... auf die am nächsten Morgen bevorstehende Hinrichtung hingewiesen. Er will einen letzten Versuch unternehmen, die entstandenen Konflikte durch Gretchens Befreiung und die erneute Vereinigung mit ihr — also subjektiv — zu lösen. Wie sich zeigt, sind die objektiven Widersprüche zwischen individueller Liebe und der erstrebten Persönlichkeitsentfaltung sowie zwischen individueller, frei gewählter Liebe und der gesellschaftlichen Konvention in der Klassengesellschaft subjektiv nicht auflösbar. Unter den gegebenen und gestalteten Bedingungen der sozial antagonistischen Gesellschaft führen diese Widersprüche bei verantwortlichem Durchleben zur individuellen Tragik."

Worterklärungen:
Witz (HA S. 138, Zeile 5): Verstand. *Türner* (HA S. 138, Zeile 35): ältere Form für „Türmer" (Gefängniswärter).

Kerker

Mephisto hat Faust Zugang zu Gretchens *Kerker* verschafft. Faust eröffnet die Szene:

„Mich faßt ein längst entwohnter Schauer,
Der Menschheit ganzer Jammer faßt mich an" (V. 4405 f.).

Das *Schauer*motiv wird von Goethe im „Faust" leitmotivisch gebraucht (V. 29; 2757). In der „Zueignung" begleitet der Schauer die Verjüngung; Gretchen empfindet ihn beim Ausgang aus ihrer beschränkten Welt. Der Schauer, den *Faust* fühlt, ergreift ihn bei der Erinnerung an Gretchen, die er fast schon hinter sich gelassen hatte. „Der Menschheit ganzer Jammer" — das zeigt, daß er — bei aller Erschütterung — Gretchens Schicksal nicht mehr als ein persönliches, sondern als ein allgemeines begreift. Der künstliche Chiasmus der Verse deutet Distanz an. Diese bleibt auch, ungeachtet aller verzweifelten Versuche Fausts, Gretchen zum Verlassen des Kerkers zu bewegen, durch die ganze Szene erhalten. Die gemeinsame Vergangenheit, die Gretchen beschwört (V. 4507), schiebt Faust von sich („Laß das Vergangne vergangen sein", V. 4518). Gretchen erkennt, daß er noch Mitleid für sie hat, aber sie nicht mehr liebt (vgl. V. 4493 ff.).

Gretchen ist in der Szene vom *Wahnsinn* ergriffen. Sie singt im Kerker das Lied aus dem Märchen vom Machandelboom von dem getöteten Kind, dessen Knochen sich in einen Vogel verwandeln. In ihrem Wahn hält sie den eintretenden Faust für den Henker. Erst als Faust ihren Namen ruft (V. 4460), erkennt sie ihn; die Fesseln, die er schon vorher aufgeschlossen hat, fallen ab. In der wiedergewonnenen Helle des Geistes werden ihr Vergangenheit und

Schuld wieder bewußt. Da sie erkannt hat, daß Faust sie nicht mehr liebt, macht sie von ihrer *Freiheit* einen anderen Gebrauch, als Faust es wünscht: sie entschließt sich, ihr Schicksal auf sich zu nehmen, und will Faust verpflichten, für die Gräber zu sorgen (V. 4520 ff.). Statt „Freund" nennt sie Faust nun fortan „Heinrich" (V. 4542; 4610; 4612). Das Auftreten Mephistos verstärkt nur noch ihren schon gefaßten Entschluß. Der Wahnsinn dient, wie von den Interpreten immer wieder betont worden ist, der seelischen Entlastung der Verurteilten durch die Natur. Der Wahnsinn (der V. 4551 ff. wiederkehrt) führt aber auch zu einer Steigerung ihrer Persönlichkeit, die, wie Requadt (S. 336 ff.) dargelegt hat, durch eine erneute Stilisierung zur Braut des Hohenliedes unterstrichen wird. Mehrfach klingen in der Szene Zitate aus dem Hohenlied an (V. 4435; 4461 f.). Die Verse „Wir werden uns wiedersehn, / Aber nicht beim Tanze" (V. 4585) weisen auf christliche Transzendenz. Der Kerker wird ihr „ihrem metaphysischen Erzfeind gegenüber" (Ibel S. 46) zum „heiligen Ort" (V. 4603). Fausts Kniefall (V. 4451) mißverstehend, wirft sie sich selbst zum Gebet nieder und ordnet den Kerker als einen Platz zwischen Welt und Hölle ein (V. 4453 ff.). Ihr Wahnsinn wird am Schluß religiöse Entrückung. Sie trifft eine äußerste und unbedingte Entscheidung im Hinblick auf die sich ihr öffnende Tranzendenz. Diese Steigerung ihrer Persönlichkeit verbürgt ihr — wie Faust am Schluß des zweiten Teils — die *Rettung* (V. 4611). Für Gretchen wird die „Stimme von oben" innere Stimme, „Vergewisserung der Erhörung ihres Gebets" (Requadt S. 351).

Gretchen ist ihren Weg in die *Enge* zurückgegangen. Angesichts des Todes, der für sie wie einst für Faust vor dem Ostermorgen gleichsam eine „enge Pforte" zu einer neuen, freien Existenz darstellt, erfüllt sich der Raum des Kerkers für sie mit Transzendenz; die Spannung von Systole und Diastole erscheint erneut ausgeglichen. *Faust* kehrt nicht in die Enge zurück; er ist auf dem Weg der Ausbreitung in die *große Welt*.

Zur *Versgestaltung* der Szene sagt *Winkler* (S. 20 f.): „Die besprochenen Versmaße erscheinen in gedrängter Ballung zusammen in der ‚Kerker'-Szene. Sie beginnt im Faustvers, dem der Vorzug über die Prosa der Urfassung gegeben ist, weil der Dichter nicht mehr auf individuelle Ausdruckskraft abzielt. Nur der schwebende Rhythmus des Verses ist in der Lage, dem Geschehen jene allgemeine Gültigkeit zu geben, die Faust mit ‚der Menschheit ganzer Jammer' (V. 4406) bezeichnet, und die Bedrängnis und Enge des Bühnenraumes zu durchbrechen. Einen Umschwung in der Stimmung bringt dann Gretchens kurzes Lied, das in seiner knappen und schlichten Eindringlichkeit ihre dem Wahnsinn nahe Verzweiflung ausdrückt und doch am Ende einen Funken der Hoffnung aufglimmen läßt, die auf die ‚Stimme von oben' vorausdeutet. Ebenso wird das Schwanken zwischen hellwacher Einsicht und dem Irrsinn durch den Wechsel von lyrisch zarten Tönen freudigen Wiedererkennens und dem gehetzten Drängen der freien Rhythmen ausgedrückt. Doch in beiden Fällen ist der Vers und Endreim flexibel genug, um der Bewegtheit der seelischen Erregung gerecht zu werden, ohne jedoch die Szene in bloßen Gefühlsausbruch auseinanderfallen zu lassen. Die Aussichtslosigkeit von Fausts Begehren und sein verhaltener Jammer werden in knittelversähnlichen Strophen dargestellt, und die religiöse Bindung (als Gretchen niederkniet, um die Heiligen anzurufen) zeigt sich in den an die Chorlieder erinnernden paarweise gereimten Kurzzeilen. Zwar ist dadurch etwas von der dramatischen Eindringlichkeit und Heftigkeit des ‚Urfaust' verlorengegangen, doch nur der Gebrauch der verschiedenen Versmaße ermöglicht es, ... die verschiedensten Schattierungen innerer und äußerer Vorgänge zu gestalten."

Gedanken und Probleme

Die Faust-Gestalt

Die moderne Faust-Forschung hat sich sowohl von der Idealisierung als auch von der Verdammung Fausts gelöst. Der Held erscheint weder als Übermensch noch als der Unverbesserliche, sondern er ist *Mensch.*

Als Mensch verkörpert er aber nicht den Durchschnitt, sondern er ist *Idealtypus* in dem Sinne, daß er alle positiven und negativen Wesensmerkmale des Menschen in sich vereinigt. Zugleich ist er aber auch Ausnahmeexistenz durch sein hohes *Streben.* Insofern hat er einen Zug des *Titanismus* behalten, der der Konzeption der Sturm-und-Drang-Figur eigen war. So kennzeichnen ihn sein Streben nach *Ganzheit* der Erkenntnis und des Daseins, seine Kraft zur Überschau, sein hoher Sinn, seine Fähigkeit zur magischen und poetischen Durchdringung der Welt. Ein beherrschender Wesenszug ist der *Ausdehnungsdrang* — insofern wird sein Wesen im Symbol des *Wanderers* begriffen —, der freilich auch den Goetheschen Lebensgesetzen gehorcht und immer wieder in die *Enge* zurückfällt. Hier zeigt sich deutlich, daß ein Merkmal des Lebensrhythmus des Helden zugleich formales Strukturprinzip der Dichtung wird (*Diastole* und *Systole*), wie auch andere Wesenszüge das Werk *leitmotivisch* durchziehen und so strukturbildend werden. Dies wird durch den idealtypischen Charakter der Faust-Figur möglich. Als Mensch muß sich Faust auch wesenhaft in *Irrtum* und *Schuld* verstricken. Sein Streben gilt der Überwindung dieser Schatten seiner Existenz durch immer *„reinere Tätigkeit“*, ein utopisches, um seiner selbst willen geschehendes, sich am Widerstand der Materie nicht mehr brechendes und darum schuldloses Handeln. Sein Ausnahmewesen hat auch immer wiederkehrende *Kommunikationslosigkeit* zur Folge, die z. B. in den Szenen mit Wagner, in der Volksszene „Vor dem Tor“ und auch gegenüber Gretchen hervortritt.

Die Rolle Fausts hat Goethe erst später, zur Zeit der Arbeit am zweiten Teil, gleichsam theoretisiert. Goethe nennt unter Verwendung von philosophischen Kategorien des Aristoteles und Leibniz' Faust eine *„Entelechie“* oder eine *„entelechische Monade“* (erste Fassung der Regieanweisung zu V. 11954; ferner Brief an Zelter vom 19. März 1827). Er will damit das Zielgerichtetsein des strebenden Menschen bezeichnen.

Im Rahmen dieser Vorstellungen setzen die modernen Faust-Interpreten freilich verschiedene Akzente. *Requadt* (S. 27) betont Idealität und Durchschnittlichkeit Fausts: „Vielleicht ist jener ein Idealtypus, sofern er durch seine übermenschliche Fassungkraft an Erfahrungen teilhaben kann, welche die des Durchschnittsmenschen übersteigen. Aber er ist zugleich dieser Durchschnittsmensch selbst, weil er der Ausbreitung und Einschränkung ... gehorcht, weil er irrt und sich aus dem Irrtum zurückholt wie jeder Verantwortliche." Ähnlich äußert sich *Müller* (S. 140): „Alles, was sich in ihm bewegt, macht ihn nach des Herrn Willen zum repräsentativen Menschen, der aus der Verworrenheit in die Klarheit kommt, der strebend irrt und irrend strebt. ... Faust präsentiert das rastlose Streben der Menschheit nach Selbstverwirklichung, das durch schwere Irrtümer hindurchgehen muß. ... Als Durchschnittswesen, das Faust auch ist, ‚liebt (es) sich bald die unbedingte Ruh'." *Rehder* (1 S. 148) sagt: „In diesem kosmischen Spiel erfüllt Faust eine eigentümlich doppelte Funktion: in der Vordergrundshandlung agiert er als einzelnes Individuum, als ‚er selbst'; in der Hintergrundshandlung ist er als ‚Repräsentant der Menschheit' zu verstehen, wozu er von Anfang an ausersehen ist."

Andere Interpreten sehen in Faust vor allem den gespaltenen Menschen, das *Doppelwesen.* Die „Doppelnatur" Fausts betont *Rickert* immer wieder. Er stützt sich bei seiner Interpretation der Faustischen Existenz auf die Worte des Herrn V. 300 ff. und auf Fausts Aussage über die zwei Seelen in seiner Brust (V. 1110 ff.). Die *Polarität* in Fausts Wesen findet daher auch seine besondere Beachtung: „Tag und Nacht, Gott und Teufel, Himmel und Erde sind solche Weltgegensätze, und immer steht Faust zu deren beiden Gliedern durch seine Doppelnatur in Beziehung. Er ist nicht nur dem Lichte zugewendet, sondern es mischen sich in ihm Hell und Dunkel. Er dient Gott, aber er dient ihm ‚verworren', so daß der Teufel hoffen kann, ihn zu sich hinüber zu ziehen. Dem Himmel strebt er zu, doch auch von der Erde fordert er jede höchste Lust. ... Achten wir aber nun auf Fausts persönliches Wesen noch weiter, so zeigen sich in seinem Seelenleben zwei Tendenzen, die man dahin formulieren kann, daß in ihnen entweder Genuß und Tätigkeit, oder Ruhe und Bewegung, oder Schauen und Schaffen, oder Kontemplation und Aktivität einander entgegentreten, und dabei ist nicht in jeder Hinsicht von vorneherein bestimmt, wie diese Gegensätze innerhalb des faustischen Subjekts mit den sozusagen ‚objektiven' Weltgegensätzen des Lichts und der Finsternis, des Göttlichen und des Irdischen in notwendiger Verbindung stehen. Das muß ausdrücklich gesagt werden, und dann erst tritt das faustische Wesen auch begrifflich klar hervor" (2 S. 161 f.). *Wachsmuth* (1 S. 132) sieht im „Thema vom Doppelwesen" das entscheidende Leitmotiv des Werkes. *Strich* (S. 97) interpretiert die Antinomie zwischen Faust und Mephisto als die nach außen transponierte Zweiseelenhaftigkeit Fausts. Für *Thomas Mann* (S. 585) sind „Tasso und Antonio, Faust und Mephistopheles dialektische Auseinanderlegungen der Dichterpersönlichkeit". *Trunz* (S. 474) sieht in der polaren Persönlichkeit Fausts ein Abbild der Polarität der Welt: „Welt muß Polarität sein, Licht und Finsternis, Geist und Materie. Der Mensch als Wesen der Welt hat an beidem teil, und nur weil es Finsternis gibt, weiß er, was Licht ist. Faust ist eine Gestalt, an der beides in besonderem Maße deutlich wird. Die Mischung von Licht und Materie ist das Trübe. ... Erst als Faust in himmlische Regionen aufsteigt, ist er der ‚nicht mehr Getrübte' (V. 12074). Solange er lebt, haben beide Bereiche an ihm teil, und er kann nie den einen Bereich allein ergreifen. Denn er kann nie das Licht unmittelbar erfassen, sondern immer nur das Beleuchtete, Lichtdurchdrungene, und also Materielle, Irdische. Und wer Materielles, Irdisches, Luziferisches ergreift, wird schuldig."

Andere Autoren sehen in Faust vor allem den Menschen in der *Grenzlage*. So sagt *v. Wiese* (S. 146): „Denn Faust ist ja keineswegs durchschnittliche oder eine Mehrheit vertretende menschliche Existenz, auch nicht beispielhafter, in sich unbestimmter, aber durchaus bestimmbarer Träger einer Entwicklungsreihe, wie Wilhelm Meister, sondern Faust ist in seinem übermenschlichen Streben ... und in seiner Magie, die sich übernatürlicher Mittel bedient und die er erst am Ende seines Lebens von seinem Pfade entfernen möchte, Mensch in einer außergewöhnlichen, nach innen und außen gesteigerten Grenzlage, die auf andere nicht übertragbar ist, die aber gerade als Grenzlage ein Maximum des Menschlichen sichtbar zu machen vermag, wie es hier am extremen, durch Dichtung angenommenen Fall verdeutlicht wird: die absoluten, nicht mehr zu steigernden Möglichkeiten des Menschen wie auch seine absoluten, nicht mehr überwindbaren Grenzen."

Streicher stellt fest, Fausts Existenz sei zu begreifen als *Möglichkeit* und als *Entwurf*, und insofern sei er die erste eigentlich moderne Gestalt der Literatur: „... so lebt diese (Fausts Bewußtseinsstruktur; H. K.) rein unter der Kategorie der Möglichkeit, verhält sich zu sich selbst und zu der Welt rein experimentierend und geht im Namen eines totalen Experiments über das jeweilige Einzelexperiment hinweg. Die ‚immer höhere und reinere Tätigkeit bis zum Ende' erlaubt es Faust nicht, sich mit einer besonderen Form von Tätigkeit eindeutig zu identifizieren. Vielmehr versucht er, mit dem Licht seines Geistes die Unendlichkeit einer geistigen und vitalen Landschaft zu durchdringen. Diese Existenz unter der Kategorie der Möglichkeit hat zur Folge, daß sich das konventionelle Verhältnis von Charakter und Situation, wie es sich seit Shakespeare im neuzeitlichen Dramentypus darstellt, in entscheidender Weise modifiziert. Nicht mehr ist ein Charakter in eine Situation gestellt, mit der er sich auseinanderzusetzen hat, sondern er entwirft, provoziert eine Situation, die nicht mehr als gegeben vorausgesetzt werden kann. An Stelle des Primats der Situation tritt nun der Primat des Charakters, wobei nun freilich der Begriff des Charakters in stark modifizierter Bedeutung verstanden werden muß. Denn dieser Charakter bedeutet ja Entwurf, Entwurf verschiedener Existenzformen. Faust als Erkennender, als Liebender, als Höfling und Krieger, als Schönheitssuchender, Faust im Zustande der Langeweile, der Schuld, der Vorahnung des Todes, des letzten, orgiastisch ausbrechenden Tätigkeitsdranges, der Heiligkeit und des Erlöstseins, Faust als Allegorie und Symbol, als Raum und Zeit überspringendes Symbol sind solche Existenzformen" (S. 89 f.). Schon *Franz* hatte auf „die Vielfalt der Masken, in denen Faust auftritt“ (S. 33), hingewiesen und nennt ihn deshalb eine „Foliegestalt“ (S. 32): „Anfangs alternder und lebensüberdrüssiger Gelehrter, dann verwegener Zauberer und feuriger junger Liebhaber. In den Osterszenen erscheint er als Luther, der bei der Bibelübersetzung vom Teufel in Hundsgestalt gestört wird, am Nachmittag als Paracelsus, der mit seinem Vater gemeinsam durch wilde Kuren eine Seuche bekämpfte. Nach dem Höllenvertrag zieht er gemeinsam mit Mephisto als fescher Junker und Lebemann in die Welt auf Abenteuer“ (S. 33). ... „Die Bereiche des geistigen Kosmos bilden den Ausgangspunkt, sie sind das Fundierende, und die Gestalten der Dichtung werden selber erst von hier aus geformt. Jeder Bereich hat seinen eigenen Faust und seinen eigenen Mephisto“ (S. 36).

Als Menschen, der als *Einzelwesen* mit der Natur und dem Universum ringt, sehen *Fairley* und *Fuchs* den Helden. Fairley (1 S. 267) sagt: „Das Problem in ‚Faust‘ und ‚Werther‘ ist ... das des inneren Menschen, des Menschen als Einzelwesen, der nicht so sehr mit seinen Mitmenschen oder mit großen und kleinen sozialen Ordnungsformen zu ringen hat als vielmehr mit den Mächten der Natur oder mit dem sogenannten Universum. Werther allein zwischen Gräsern am Wasserfall, Faust allein in der Nacht vor dem Erdgeist stehend, das sind typische Situationen in Goethes Jugendwerken ... “.

Lange Zeit wurde Faust von den Interpreten als eine *sich entwickelnde Persönlichkeit* aufgefaßt. Noch *Korff* (II S. 391) sieht in der Gesamtkurve des Faustischen Lebens „ein Emporsteigen vom Niederen zum Höheren, nämlich von allen Stufen der natürlichen bis zur letzten Stufe der sittlichen Befriedigung, vom subjektiven Genuß zur objektiven Leistung, von der Befangenheit im Ich zur Hingabe an die Welt.“ Hauptvertreter der Entwicklungstheorie ist *Rickert*, der Faust vom unmittelbaren, sinnlichen Dasein (erster Teil) in ein ästhetisches und nach dessen Überwindung in ein sittlich-praktisch-soziales Dasein sich erheben läßt und ihn damit in die Nähe des Deutschen Idealismus rückt. Die neueren Interpreten *lehnen* im allgemeinen jedoch *eine Entwicklung Fausts ab.* Dazu sagt z. B. *Staiger* (1 S. 364 f.): „Faust erscheint als Mann und Jüngling, als Liebender und Gelehrter; im Grunde ist er stets der wesentlich unbefriedigte Mensch.“ Auch *Requadt* (S. 376) hält „die idealistische Vorstellung von einer ständigen Aufwärtsentwicklung Fausts“ für falsch: „Diese Entwicklung erfolgt unter ständigen Umbrüchen, und es ließe sich höchstens behaupten, daß sich im Verlaufe seines Lebens seine Irrtümer steigern, daß aber auch seine Kraft zunimmt, sich aus diesen Irrtümern zurückzuholen.“

Andere Forscher interpretieren die Faust-Gestalt unter bestimmten philosophischen oder methodologischen Gesichtspunkten. Auf die *geschichtsphilosophische* Deutung der *marxistischen* Interpreten ist oben schon hingewiesen worden. *Flitner,* der Goethes Werk, besonders die Alterswerke „als religiöse und ethische Gesamtaussage“ (S. 7) betrachtet, sieht in Faust einen „frommen

Ketzer", dessen „Lebensproblem wie das aller Mystiker die Erfahrung der Gottesnähe sei" (S. 293). *Fuchs* untersucht *psychologisch* die Persönlichkeit und den Charakter Fausts an Hand des Textes. Er beschreibt seinen Charakter als eine „Kraft, die ausschreitet" (S. 26) und stellt als Charakterzüge Dynamik, Extremismus, Schwanken zwischen Ruhe- und Erregungszuständen, als Denkformen Verworrenheit, Fehlschlüsse, Sprunghaftigkeit, als Persönlichkeitsmerkmale Labilität, intellektuellen und ethischen Solipsismus, Hemmungslosigkeit des Handelns, aber auch Sinn für Größe fest. Ob die psychologische Betrachtungsweise der Faust-Gestalt ihrer Rolle im Stück gerecht wird, muß allerdings bezweifelt werden, da diese vom Dichter stilisiert ist und von vornherein von bestimmten Vorstellungen von der menschlichen Persönlichkeit her konstruiert ist.

In unterschiedlicher Weise sind auch von den Interpreten die Akzente bei der Beantwortung der Frage nach der *Tragik* Fausts gesetzt worden. Einige Forscher bestreiten überhaupt, daß es sich bei dem Werk — trotz der Benennung durch den Dichter — um eine Tragödie handelt. Bei der Erörterung dieser Frage muß natürlich der zweite Teil mit herangezogen werden, da sich Fausts Schicksal im ersten nicht vollendet.

Einige Autoren sehen die Gestalt Fausts noch als eine Konzeption aus dem Geiste des *Sturm und Drang*. So spricht *Gundolf* von der Tragik Fausts als der „Genietragik des starken Einzelnen" (S. 124), von einer „titanischen Tragik", hervorgebracht durch den Konflikt „zwischen seinem Trieb nach Allheit und seinem Wunsch, sich ganz in den schönen Augenblick hinzugeben" (S. 139). *Gillies* (S. 18) spricht mit leichter Akzentverschiebung von der Tragödie Fausts als der „tragedy of titanism, of egotism". *Atkins* (S. 274 f.) sieht in der Faust-Tragödie eine Tragödie des großen Einzelnen im Sinne der europäischen Tradition: „the drama of a man destroyed by the larger force than himself." *Albert Daur* (S. 10) sieht die Tragik Fausts in seinem Charakter begründet: „Fausts Lebensgang ist demnach in sich tragisch, und der tragische Charakter hat ein tragisches Geschick. Es fließt aus seinem Wesen, das nach allen Mißerfolgen immer wieder neuen Anfang nimmt und immer wieder den Absturz erleidet — bis zum letzten Neubeginn. Der sich nur im Unendlichen erfüllen könnte, er wird durch Magie im Endlichen an all das hin und wieder über all das fortgetragen, was er selbst erobern müßte, wenn es Dauer haben sollte. Aber gerade dies Dauernde will er nicht, vermag er nicht; es liegt in seiner tragischen Natur, daß er nicht halten darf, was er doch halten möchte, und nicht selbst vollbringen kann, was er vollbringen will. Sein Vorwärtsdrang strebt über jeglichen Stillstand hinaus und eilt selbst über Leichen fort, und so vergeht ihm friedlos und in Schuld sein Leben und erreicht mit einem Ausblick in die Ferne seinen Einklang mit der Welt erst in dem Augenblick, der es ihm nimmt."

Eine *differenziertere* Sicht der Tragik Fausts haben wiederum andere Interpreten gewonnen. *Benno v. Wiese* (S. 157) spricht von der „großen tragischen Paradoxie der Faustdichtung, daß der Mensch nur durch den Teufel zu Gott gelangen kann". In ähnlichem Sinne, wenn auch wiederum etwas anders, formuliert *Trunz* (S. 474): „Fausts Tragik ... ist also die desjenigen Menschen, der das Göttliche nicht anders als durch die Welt erfassen kann."

Fairley sieht die Tragik Fausts nicht so sehr in seinem Scheitern und seinem Tod, sondern in einer dauernden *Befindlichkeit.* Er vergleicht auch die Tragik Fausts und Werthers (1 S. 49 f.): „Zunächst einmal gleicht die Art der Tragödie im ‚Werther' oder ‚Faust' nicht der Shakespearschen, denn Shakespeares Tragödie ist ohne ihre Handlung und das Theater nicht denkbar, während die Goethes den Eindruck macht, daß sie von beiden unabhängig ist. Goethe gibt weniger eine Handlung mit Anfang, Höhepunkt und Ende, als einen Gemütszustand, der alles durchdringt und dem alles untergeordnet wird, dessen Sprachrohr die Hauptgestalt und dessen Opfer das tragische Individuum ist. Bei aller Verschiedenheit sind ‚Faust' und ‚Werther' in diesem Formprinzip gleich; der Unterschied liegt darin, daß in dem einen Fall der Held zugleich das Opfer ist, das sich selbst vernichtet, während in dem anderen der Held ein anderes Wesen zum Opfer macht und dessen Vernichtung verursacht. In beiden Werken ist ferner der Gemütszustand des Helden fast aus den gleichen Elementen zusammengesetzt: Verworrenheit, Trübsinn, Gefühlsüberschwang und eine völlige, zugegebene Vernunftfeindlichkeit. Kurz, es ist die seelische Struktur des Sturm und Drang, wie wir sie in Goethe bei Betrachtung seiner Schattenseite finden."

Kleinschmidt von Lengefeld hält Faust überhaupt nicht für den Helden einer Tragödie, sondern einer *Legende,* einer *Fabel,* eines *Märchens* (S. 101 f.): „Wir haben keine Tragödie vor uns, sondern eine Legende, eine Parabel. Wie der Protagonist in orientalischen Erzählungen, auch in kürzeren Märchen, soll Faust einen Schatz erringen: den Schatz der Selbstbestätigung. Der dämonisch Ruhelose, Unzufriedene sucht im Grunde als Glückseligkeit das Gleichgewicht zwischen seinem Wollen und seinem Können. Über die Stufen des Wissens, der irdischen Lust, der absoluten, mythischen Schönheit, der Gründerarbeit für Zehntausende, Herrschaft über Land und Meer strebt er dem Ziele zu. Doch nur mit magischer Hilfe bewältigt er die Arbeit und den langen Weg. Nach hundertjährigem Leben gelangt er zur Einsicht: Befriedigung von der Qual der Zweifel steigt allein aus der Kraft, die dem Menschen zugemessen ist. Diese am Ende seiner Fahrt durch die reale und surreale Welt nicht erkämpfte, sondern ihm zugewachsene Erkenntnis bringt ihm schließlich Lösung aus dem Bann der Teufelswette, der er sich wohl mit viel Gewinn, aber doch vergeblich angeschlossen hat. Im Sinne der hohen Dramatik ist der Gelehrte und später verjüngte Faust des I. Teils ein unsteter Charakter, eher eine schwache Figur, seiner selbst nicht mächtig. Im Geist der Märchenpsychologie ist nichts an ihm auszusetzen. Der Held des Märchens ist allemal zunächst der Schwächere, der Verirrte, der anderen Mächten Verbundene, nur mit außergewöhnlichen Mitteln am Leben Erhaltene. Seine Schwächen werden ihm nachgesehen. Den Leser fesselt er nicht durch seine Person, sondern das, was er erlebt, was ihm begegnet, seine wechselnde Umwelt. Es wäre pedantisch, dies an Szenen des I. Teils zu illustrieren. Damit reiht sich das, was Faust im I. Teil erlebt, ebenso in die Fabelatmosphäre wie auch im zweiten Teil die Szenen, die sich um den Kaiser gruppieren."

Die *marxistischen* Interpreten, für die Faust der Repräsentant der Menschheitsgeschichte ist, schreiben dem Drama im ganzen wegen seines ihrer Meinung nach optimistischen Schlusses mehr einen *komödischen* als einen tragischen Charakter zu. Im Prozeß der Geschichte gebe es zwar zahlreiche Individualtragödien, nicht aber einen tragischen Gesamtverlauf. Der Altmeister der marxistischen Faust-Interpretation, *Lukács,* erklärt: „Aber das Tragische ist für Goethe nicht mehr ein letztes Prinzip; er sieht eine Weltentwicklung, die durch einzelne Tragödien siegreich hindurchgeht" (S. 139). Und: „Goethe nennt den ‚Faust' eine Tragödie. Er ist in Wirklichkeit mehr als das: er ist die gleichzeitige Setzung und Aufhebung des Tragischen. Das individuelle Schicksal Fausts umfaßt mehr als eine Tragödie (Erdgeist, Gretchen, Helena, Schluß), aber für den Entwicklungsweg der Gattung ist jede nur ein Durchgangsstadium" (S. 148).

Im Zusammenhang mit der Frage nach der Tragik Fausts steht die nach seiner *Schuld.* Es besteht kein Zweifel, daß Faust auf seinem Weg durch die Welt wieder und wieder schuldig wird, freilich nicht aus Bösartigkeit, sondern weil der *handelnde* und zugleich *irrende* Mensch sich immer in Schuld verstrickt. Es ist auf Goethes Satz aus den „Maximen und Reflexionen" hinzuweisen: „Der Handelnde ist immer gewissenlos; es hat niemand Gewissen als der Betrachtende." Die Wanderer-Existenz Fausts bringt das Schuldigwerden mit sich, weil sie expandierend in die Schicksale anderer Menschen eingreift. Auch ohne Absicht führt das Handeln in der Welt zur Schuld, wie Fausts Anteil am Tod der Mutter Gretchens zeigt: „Ohne sein Wollen wird der Schuldlose schuldig, nur weil er in der Welt handelt. Diese Verstrickung ist im Schlaftrunk verdinglicht" (Requadt S. 246). Aber auch das Abweichen von der Natur ist Schuld, das zeigt sich in Fausts Fluch (V. 1587 ff.), der „das Edle seiner Natur verkehrt" (Requadt S. 140). Trotz aller Verstrickung in Schuld gelingt es Faust aber immer wieder — und dies ist das Positive an der Gestalt —, „den Sinn für die ‚reine Tat' offenzuhalten" (Requadt S. 389).

Einige Interpreten leugnen eine Schuld Fausts, indem sie seine Handlungen nicht aus freier Willensentscheidung entspringen lassen. *Gundolf* (S. 147) führt in bezug auf Faust aus: „Die tragische Schuld, wie sie in Goethes Werken auftritt, gehört nicht, wie bei Schiller, dem Reich der Freiheit, sondern der

Notwendigkeit an, nicht dem Reich der Sittlichkeit, sondern dem der Natur ... und von Schuld darf man bei ihm eigentlich nur sprechen, insofern der Mensch durch das Bewußtsein aus dem Bereich der reinen Naturwesen herausgehoben, und für seine Zustände vor sich selbst verantwortlich ist: das Bewußtsein, nicht der freie Wille ist bei Goethe die Grundlage des Schuldbegriffs." *Hefele* (S. 117) sagt: „Fausts Schuld aber besteht darin, daß er aus seiner eigenen Natur leben und kraft seiner Natur einen Zustand zerstören muß, der nicht ihm allein zu eigen gehört; er greift in fremdes Schicksal über ... ".

Der „faustische Mensch" ist von Spengler zum Sinnbild des modernen Europäertums gemacht worden. Ist Faust aber wirklich ein *moderner* Mensch? Als *Wissenschaftler* ist Faust gewiß gänzlich unmodern. Die moderne Wissenschaft durchschreitet die Unendlichkeit des Details, versucht aber nicht, das Ganze der Welt zu erkennen. Der moderne Wissenschaftler ist Wagner, nicht Faust. Faust verkörpert dennoch mehrere historische Typen des Wissenwollens in sich. Dies ist auch ursächlich dafür, daß die Faust-Gestalt unter verschiedenen Aspekten betrachtet worden ist. Als Magier ist Faust ein Mensch des 16. Jahrhunderts. „Die Magie soll nicht Macht, sondern Erkenntnis bringen, Verbindung mit den wirkenden Geistern; sie soll offenbaren, ‚was die Welt im innersten zusammenhält'. Die Vorstellungswelt Fausts ist dabei die des 16. Jahrhunderts. Nach spätantiker Auffassung, die damals neu belebt wurde, arbeiten ja in der Natur Geister; sie sind das Substantielle, Schaffende und Lebendige der Naturkräfte" (Flitner S. 248). Die emotionale Leidenschaftlichkeit des Erkenntnisstrebens, das unmittelbare Ergreifenwollen der Natur, das Titanentum seines Charakters machen ihn zu einem Menschen des Sturm und Drang. Das Ausgreifen in die Welt, das Ergreifen des Ganzen im Durchschreiten aller Weltregionen rücken ihn in die Nähe des Deutschen Idealismus. Seine schöpferische Tätigkeit, seine schließliche Beherrschung der Natur durch Ökonomie und Technik lassen ihn als großes Individuum im Sinne der Weltanschauung des 19. Jahrhunderts erscheinen. Das Selbstverständnis seiner Existenz als Entwerfen von Möglichkeiten schließlich greift in das Bewußtsein des 20. Jahrhunderts aus. In der Faust-Gestalt hat Goethe nicht nur die Humanität seiner eigenen Zeit und die vergangener Epochen gesammelt, sondern Faust ist auch zugleich Entwurf in die Zukunft.

Mephistopheles

Das Bild Mephistopheles' schillert, als Person gibt er sich unter zahlreichen Masken, die Rollen, die er spielt, sind mannigfaltig. *Requadt* (S. 115) erklärt, „daß der Goethe des ersten ‚Faust' zwei Ansichten des Satan zeigt, die alttestamentliche, dem Buch Hiob entsprechende: der Satan als Widersacher des Schöpfergottes, wie der Prolog im Himmel ihn einführt, außerdem aber den Teufel des Neuen Testamentes, der durch Christi Tod überwunden ist. Als solcher figuriert er (dazu mit dem Pferdefuß versehen, den der Volksglaube ihm angehängt hat) in dem beschränkteren irdischen Geschehen, an dem Faust teilhat. Beide Auffassungen stimmen in dem Punkte überein, daß der Teufel den Menschen versucht." *Franz* (S. 150 f.) läßt Mephisto in verschiedenen Rollen in drei „Mythenkreisen" auftreten: „Er ist zunächst schlecht und recht der *Teufel der Bibel,* der böse Feind der Menschen, der sie verführen und um ihr Seelenheil prellen will, indem er ihnen alle Reiche, Güter und Genüsse der Welt als Lockpreis anbietet. Er ist listig, verschlagen und darum gefährlich, andererseits aber auch machtlos und wertblind, der ‚dumme Teufel' der volkstümlichen Auffassung, von dem Luther sagt: ‚Ein Wörtlein kann ihn fällen.' Dabei läßt der Dichter in lässiger Weise ihn bald als untergeordneten Diener und Abgesandten des Teufels erscheinen, bald als den Satan selber. Sodann der *zweite Mythenkreis,* der des *Humanitätsglaubens.* Hier ist der Teufel das Widerspiel des Menschen, und der entscheidende *Gegensatz von Mensch und Dämon* tut sich auf. ... Mephisto wird hier einerseits als Dämon, als geistig-mythisches Wesen aufgefaßt, andererseits dennoch mit ganz individuellen, menschenartigen Zügen ausgestattet. Einen metaphysischen Satan im Sinne Klopstocks oder Miltons konnte Goethe nicht brauchen; er macht den Teufel durch diese Individualisierung und ‚Vermenschlichung' erst wahrhaft poesiefähig. Er konstruiert ihn gleichsam nach menschlicher Art und fragt: ‚Was wird an einem Menschen am entschiedensten und fraglosesten als wirklich böse empfunden?' Antwort: Nicht irgendwelche einzelnen Untaten oder Verbrechen, sondern die lieblose, gefühllose Kälte, die Teilnahmslosigkeit, das Unpersönliche. So wird Mephisto der alles Niederziehende, alles Reine Beschmutzende, jeden Aufschwung der Seele Verächtlich-Machende, eine ‚Spottgeburt von Dreck und Feuer'. Aber selbst hier wird nach der positiven Seite hin eine Möglichkeit berührt: Die kühle skeptische Ironie hat eine Verbindung zur Wahrhaftigkeit, zu einem nüchternen Realismus, während umgekehrt der sich erhitzende Idealismus leicht in Phantastik und Unechtheit ausarten kann. Endlich der *dritte Mythenkreis, der naturphilosophische.* Hier erscheint Mephisto als das negative kosmische Prinzip der Zerstörung, als Gegensatz zur göttlichen Schöpfermacht." *Rehder* (1 S. 158) sagt: „Als Verkörperung des Negativen kommt ihm die Funktion der Entwertung und des Verfalls zu, die sich ebenso in der Zerstörung der Form wie in der Erhaltung der Starrheit äußert: in uralter Einsamkeit wird er selbst zum ‚Freunde', Gefährten und Verführer; ruhelos sucht er nach absolutem Stillstand; schalkhaft betreibt er den Ernst des Nicht-Seins in einem ironischen Spiel des schönen Scheins (Phantasmagorie); unter zahllosen Verwandlungen und Verkleidungen, die er an- und ablegt, bleibt er unentwegt der Gleiche. Im Prozeß des Werdens vertritt er die Möglichkeit des Abbaus, des Chaos. Ohne mephistophelisches Wirken gäbe es keinen Gestaltwandel des Lebendigen, ebenso wie es ohne die starren, grotesken, zusammengestückten, lüsternen und unfruchtbaren Gestalten der Klassischen Walpurgisnacht kein üppiges Fest der kosmischen Metamorphose geben könnte. Die Verbindungsfäden zwischen ‚Faust' und Goethes morphologischen Schriften, die Gedanken über den Aufbau und Abbau der Formen, laufen durch die Charakteristik des Mephistopheles."

In der dialektischen Leitmotivik des Werkes ist er der *Nacht* und dem *Chaos* zugeordnet; er bezeichnet sich als „Teil der Finsternis" (V. 1351) und als „des Chaos vielgeliebter Sohn" (V. 8027). Das Licht ist dem Wirkend-Gestaltenden der Natur verwandt, dem der nächtliche Mephistopheles das *Nichts* (V. 1363), das Gestaltlose, das „Ewig-Leere" (V. 11603) entgegensetzt. Im Gegensatz zu Faust fehlt ihm der Blick für das Ganze; sein Wesen ist immer auf das *Teilhafte* bezogen. Er selbst definiert sich als „Teil des Teils" (V. 1349). So will er Fausts Expansionsdrang überall *Grenzen* ziehen, ihn am Ergreifen des Ganzen hindern. Er ist der Grenzsetzer, während Faust der Grenzüberschreiter schlechthin ist. Mephisto ist der Transzendenzverneiner, der Repräsentant des Nur-Irdischen. Er hat kein Verhältnis zum Geiste, sondern klammert sich an das *Wort*, an den *Buchstaben*. Wie er selbst *Unperson* ist, daher *zeitlos*, *geschichtslos* und von Anfang an *alt*, nur fähig, sich in Masken darzustellen, verneint er Freiheit und Schicksal der einzelnen Person. Er ist „der Geist, der stets verneint" (V. 1338), und doch ein notwendiges Moment in Gottes Schöpfungsordnung. Er ist *Unnatur* und zugleich Herr über die chaotischen, entstaltenden und zerstörerischen Kräfte der Natur (s. V. 1516; 11549 f.). Er ist der Vertreter des Bösen, aber dennoch kein unbedingt gegengöttliches Prinzip.

Dieser letzte Gesichtspunkt wird von zahlreichen Forschern betont. So sagt z. B. *Böckmann* (S. 208): „Zur Unergründlichkeit der Allnatur gehört es, daß selbst Mephisto als scheinbar gegengöttliches Prinzip noch dem Göttlichen dienen muß. Auch er gehört zum ‚Gesinde' des Herrn. Als ‚der Geist, der stets verneint' ist er ‚ein Teil von jener Kraft, die stets das Böse will und stets das Gute schafft'. So kann der Herr bestätigen: ‚Von allen Geistern, die verneinen, / Ist mir der Schalk am wenigsten zur Last'. Wohl ist dem Mephisto eine dämonisch-zerstörerische Gewalt eigen, sofern er den Sinn alles menschlichen Treibens in Frage stellt: ‚Ich sehe nur, wie sich die Menschen plagen'. Aber noch mit dieser Einstellung verweist er auf die in sich kreisende Natur; was ihm als sinnloses Geschehen erscheint, nennt der Herr ‚das Werdende, das ewig wirkt und lebt'. So geht es in der Konfrontation des Herrn mit Mephisto um die Frage nach Sinnlosigkeit oder Sinnerfüllung des menschlichen Strebens in einer göttlichen Allnatur."

Ernst Busch deutet die Rolle, die Mephisto spielt, aus seiner biblischen Herkunft (S. 90 f.): „Schon der Ursprung des Satans liegt in seinem Aufruhr gegen Gott begründet. Er ist nach der Tradition vom vormenschlichen Sündenfall, die bereits in Jes. 14 vorzuliegen scheint, als ursprünglicher Engel des Lichts gestürzt worden. Paulus denkt daran, wenn er in Phil. 2, 6—11 das Bild Christi und seiner Erniedrigung malt. Mehrfach spricht die Bibel von Satans Himmelsturz: Luk. 10, 18; Joh. 21, 31; 2. Petr. 2, 4; Judas 6; Offenb. 12, 7 ff. Die Ursache seines Aufruhrs und

Sturzes ist die superbia, die sich gegen Gottes Alleinherrschaft erhebt. Nach Jes. 14, 14 will der Satan Gott gleich sein. Er ist der Neider Gottes (Sapientia Salomonis 2, 24; Pseudo-Philon 60, 3). Das Wesen des Satans als des Widersachers Gottes besteht aber nicht bloß in offenem Kampf und Aufruhr, sondern auch in seiner Funktion als *Verkläger* der Heiligen vor Gott. Scheinbar tritt er als Staatsanwalt Gottes vor Gottes Thron auf, um die Heiligen anzuklagen, mit dem Ziele, daß Gott seine Hand von ihnen abziehe. In Sacharja 3, 1—2 steht der Hohepriester vor dem Engel des Herrn und rechts von ihm der Satan. Der Satan klagt den Hohepriester an. Offenbar verleumdet er, sonst würde der Engel Satan nicht entgegentreten. Die Funktion des Teufels als des Verklägers und des Verleumders hat ihm ja den griechischen Namen *Diabolos* eingebracht, aus dem unser Wort ‚Teufel' entstanden ist. Im Alten Testament ist am bekanntesten das Auftreten Satans vor Gott im Hiobbuch, das Goethe unmittelbar bei der Gestaltung des Prologs beeinflußt hat. Der Satan erscheint unter den Engeln vor Gott. Gott fragt ihn, ob er auch auf seinen Knecht Hiob achtgegeben habe, dessen Frömmigkeit der Herr hervorhebt. Der Satan betätigt sich sofort als Verleumder. Ist Hiob umsonst so gottesfürchtig? Ist er es nicht nur deswegen, weil Gott ihn so gesegnet hat? Würde Gott einmal seine Hand gegen ihn ausstrecken, Hiob würde sich offen von ihm lossagen. Die Verleumdung des Satans zeigt deutlich ein doppeltes Gesicht. Nicht bloß Hiob wird verleumdet, indem die Echtheit seiner Frömmigkeit bezweifelt wird, sondern auch Gott selbst wird beschuldigt. Der Satan will sagen: Es ist letztlich nicht des Ruhmes Gottes wert, wenn Hiob fromm ist; denn er ist ja nur fromm, weil Gott ihn segnet. Würde Hiob leiden, so wäre es mit seiner Frömmigkeit zu Ende. Der Satan sucht einen Keil zwischen Gott und seinen Knecht zu treiben. Sein Ziel ist der Abfall Hiobs von Gott und damit Gottes Schmach. Die Verleumdung der Heiligen vor Gott ist ein versteckter Angriff gegen Gott selbst. Als Verkläger und Verleumder der Heiligen ist Satan Gottes Widersacher, der die gloria Dei zu schmälern sucht. Auch im Neuen Testament wird die Funktion des Satans als des Verklägers der Heiligen hervorgehoben: Offenb. 12, 10; Luk. 22, 31; 2. Kor. 2, 11. Auch Mephisto ist der Widersacher Gottes. ..."

Henning Brinkmann bezieht die Gestalten Fausts und Mephistos auf die archetypischen Figuren *Prometheus* und *Luzifer*, die in Goethes Gedankenwelt eine wesentliche Rolle spielen (S. 319): „Wer ist Mephistopheles? Das ist eine wesentliche Frage, wenn wir glauben sollen, daß die Urbilder des Prometheus und Luzifers in der Fausttragödie wirken. Man war lange geneigt, die Figur des Mephistopheles zu verharmlosen und nicht als teuflisches Wesen ernst zu nehmen. Man hat ihn oft mehr als einen menschlichen Typus denn als luziferische Gestalt verstanden. .... Mephisto ist nicht Luzifer-Satan selbst, sondern nur einer von seinen Geistern. ... Das Böse, das er verkörpert, vermag nicht zu schaffen, sondern sich nur in der Auflehnung gegen das Geschaffene und das Schaffen, in seiner Verneinung, in der Zerstörung, zu offenbaren." Wir verstehen seine Auskunft über seine Herkunft (V. 1347 ff.) sofort, „wenn wir an den Luzifermythos aus dem achten Buche von ‚Dichtung und Wahrheit' denken. Dem Willen des Menschen zur Ganzheit, wie ihn Faust vertritt, stellt Mephisto das Geständnis entgegen, daß er als Glied zu jenem Teil gehört, der im Anfang alles war. Tatsächlich war nach Goethes Frankfurter Schöpfungsmythos ursprünglich Luzifer die ganze Schöpfungskraft übertragen; er war damit also wirklich im Anfang alles. Aus dem Abfall der Engel aber, der Absonderung von der Gottheit und der Konzentration um den eigenen Mittelpunkt, war die Welt der Materie und der Finsternis hervorgegangen, der dann mit der Gegenbewegung der Elohim, der mit ihnen wieder beginnenden Ausdehnung, die Entstehung des Lichtes folgte. Mephisto, der mit der luziferischen Welt seitdem in das Stoffliche und Dunkle verbannt war, sieht in der Nacht, der Finsternis das

Unsprüngliche und im Licht das Trennende, das den luziferischen Bereich einschränkt. Er sieht es mit dem Neid des Ausgeschlossenen und mit der Sehnsucht nach dem Untergang des Lichtes. Luziferisch ist nicht allein das Dunkel, sondern auch das Körperliche. Darin aber besteht Mephistos Hoffnung, daß das Licht, an das Körperliche gebunden, mit dem Körperlichen untergeht" (S. 320). „Danach lassen sich Grenzen und Reichweite Mephistos bestimmen. Er gehört zu der luziferischen Welt, die vom Lichte und dem schaffenden Leben ausgeschlossen ist, weil sie sich einmal von der Gottheit löste, deren Wesen das Schaffen ist. Sein Bereich ist das Chaos, das Reich der Elemente, die zerstörend wirken, nicht das Reich des Lebens und der wirkenden Kräfte. Dieses wirre Chaos, in dem er zu Hause ist, tut sich in der romantischen Walpurgisnacht auf. Da gibt sich das Gestaltlose und Stofflich-Triebhafte ein Stelldichein. Er ist fremd im Bereich des wachsenden Lebens, das die klassische Walpurgisnacht offenbart. In der Welt des Schönen, neben Helena, kann er nicht als die Urgestalt des Häßlichen, als Widergestalt bestehen. In den beiden Schlußakten bietet er die drei Gewaltigen auf, Mächte des Raubens, auch sie also Feinde der Schöpfung. Das Leben ist vor seinen Augen sinnlos, ewig sinnlose Wiederholung desselben; er kann nicht verhindern, daß sich das Leben gegen alle Vernichtungsversuche unzerstörbar behauptet, aber er wehrt sich gegen eine Anerkennung seiner Sinnhaftigkeit" (S. 321). „Die Engel sind in dem weiten Kreis des Makrokosmos zu Hause; Mephisto aber weiß von Sonnen und Welten nichts zu sagen (279). Er ist also auf die Erde beschränkt und auf den Menschen gerichtet. So erklärt es sich auch, daß er vom Erdgeist entsendet wird. Die Beschwörung des Erdgeistes durch Faust muß als die Voraussetzung für das Auftreten Mephistos begriffen werden. Der Erdgeist schließt Schaffen *und* Zerstören, Werden *und* Vergehen ein und kann darum an dem Auftreten des Geistes der Zerstörung beteiligt werden, bleibt ihm aber dadurch überlegen, daß er die ganze Welt des Lebens, also auch das schaffende Wirken umfaßt" (S. 322).

Es ist immer wieder die Frage gestellt worden, ob Mephisto der *Geist der reinen Verneinung* sei oder ob er auch positive Züge aufweise. Als der „Geist, der stets verneint" (V. 1338), aber auch als „ein Teil von jener Kraft, die stets das Böse will und stets das Gute schafft" (V. 1335 f.), stellt sich Mephisto in der Studierzimmerszene des ersten Teiles vor — als dialektisches Moment des Negativen in einer im ganzen positiven und letzten Endes heilen Welt — aber spielt er diese Rolle auch noch im zweiten Teil? Daß der Teufel als eine bloß negative Gestalt „eine schlechte, ästhetisch unbrauchbare Figur" sei, stellt schon *Hegel* in seiner Ästhetik (S. 239) fest. Daß Hegel in dem polaren Verhältnis Gott — Mephisto seine eigene Konzeption der Dialektik in Natur und Geschichte wiederzuerkennen glaubt, liegt auf der Hand. Nach *Hans Mayers* Ansicht (2 S. 196) freilich geht Goethe über Hegel hinaus, insofern der Teufel Faust ansporn, sich als Mensch nicht nur von der teuflischen Magie, sondern auch von Gott zu emanzipieren und in einer utopischen Vision seine Selbstbefreiung vorwegzunehmen: „So führt auch der Teufelspakt am Schluß den Faust zu selbständigem Erstarken und zum glühenden Wunsch, die teuflische Magie von seinem Pfade zu entfernen. Damit hat Gott dieser Tragödie einen Anstoß gegeben, der sich schließlich gegen ihn selbst wendet. ... Goethe aber sah die Dialektik des Widerspruchs als schöpferisches Prinzip der Veränderung durch den Menschen, als Einheit aus

Erkennen und Wirken. Das ‚Urphänomen‘ Goethes führt zur Praxis, das ‚Absolute‘ Hegels aber zu Determination und bloß duldender Erkenntnis“ (2 S. 197).

Eine positive Rolle spielt Mephisto auch nach der Interpretation *v. Wieses,* der freilich im Gegensatz zu Mayer den religiösen Charakter der Dichtung hervorhebt. Wiese sagt, es werde „zur großen tragischen Paradoxie der Faust-Dichtung, daß der Mensch nur durch den Teufel zu Gott gelangen kann“ (S. 157). Deshalb sei auch Mephisto nicht mehr „die ursprüngliche Kraft des Urbösen“, sondern sei „als Gegensetzung in Gott mit einbegriffen“ (S. 134).

Andere Forscher deuten die Mephisto-Figur als die reine Negativität. *Heinrich Rickert* (2 S. 462) bestreitet, daß Mephisto eine Verkörperung des „positiven Bösen“ sei; für *Flitner* (S. 296) ist der Teufel das Böse schlechthin, wenn auch von Gott zugelassen: „Mephisto hat in seinem Wesen alle Züge der menschlichen Hölle: bei hohem Verstand und übermenschlichem Wissen, die aber beide da ein Ende haben, wo ihm eine Wandlung seiner bösen, negierenden Existenz abgefordert wird, ist er lüstern, ist sinnlich, listig, haßerfüllt; voll Hohn, Bitterkeit, Schärfe; dann wieder eng und pedantisch, wie ein verzerrter Charakter, ein echtes Satanskind. Die Rolle ist falsch gespielt, wenn über der Bonhomie und Geistreichigkeit dieses abscheulich Böse, Gemeine und Zerstörende nicht in voller poetischer Wirkung zum Vorschein kommt.“

Als den „Verkörperer des moralischen Übels“ betrachtet die moralisierende Auslegung *Böhms* (2 S. 285) den Mephistopheles. Andere Interpreten betonen die *Gehaltlosigkeit* und den *Nihilismus* der Teufelsgestalt. Für *Karl Justus Obenauer* (S. 171) ist Mephisto der *kalte,* lebensverneinende *Intellekt,* der als Gegensatz zum „faustischen Menschen“, der „sich leidenschaftlich gegen jede Tyrannis des Intellekts“ auflehne, konstruiert sei. Als „gehaltlos“ und „herzlos“ bezeichnet ihn *Gottfried Diener* (S. 326) in seiner Interpretation der Klassischen Walpurgisnacht, als überlegenen, aber unschöpferischen und liebeleeren Intellekt. Er vermittle vor allem die Erfahrung des Chaotischen, aus dem Natur, Geschichte und Kunst erst entspringen (S. 485).

Die *marxistische* geschichtsphilosophische Interpretation von *Gerhard Scholz* sieht in dem Teufel die Verkörperung des *geschichtsphilosophischen Nihilismus.* Er sei angesichts der Selbstbefreiung des Menschen in der Geschichte letzten Endes der Unterlegene, der Scheiternde; und dieses Scheitern sei vorgeprägt in seinen inneren Widersprüchen. „Die Figur des Mephisto ist voller beabsichtigter Widersprüche. ... Einerseits steht er für die Bejahung der Materialität des Menschen und seiner kreatürlich-materiellen Bedürfnisse und andererseits für die nihilistische Überstrapazierung des Kreatürlichen und damit für eine negative Kritik an allem Produktiven, das die bloß sensuelle Sphäre übersteigt" (S. 70). „Der zweite charakteristische Widerspruch in der Figur Mephistos zeigt ihn zugleich als zynischen, profeudalen Opportunisten und als nihilistischen Nonkonformisten" (S. 73). „Er verspottet das Sicherheben der Menschheit zu einem Bewußtsein ihrer selbst, zum Bewußtsein ihrer Tätigkeit und zur Bewußtheit ihres Denkens (Vernunft) als Holzweg und Sackgasse der Geschichte. ... Die Mephisto-Figur vergegenständlicht den in der Klassengesellschaft des Feudalismus wie später des Kapitalismus gesetzmäßigen Widerstreit zweier negativer Weltanschauungstendenzen: die Überstrapazierung des Kreatürlichen zu einer Art individuell-anarchistischen Manie des Sensuellen und Sexuellen; den Opportunismus gegenüber der herrschenden Klassengesellschaft bei gleichzeitig auf die Spitze getriebenem nihilistischen Nonkonformismus. Die gesetzmäßige Folge aus beiden Tendenzen ist das Übersteigern einer Zweifelsucht bis zum Zynismus, die an der kulturell-produktiven Tätigkeit der Menschen kein gutes Haar läßt. ... Die Erscheinung Mephistos mit den von Goethe umschriebenen Attributen reduziert sich auf die Klassengesellschaften mit ihren Widersprüchen. Mit dem endgültigen Sieg der Faust-Wettpartei durch die vollendete Umwälzung der gesellschaftlichen Wirklichkeit — und das heißt auch mit der Aufhebung der magischen Qualität — verliert diese Figur ihren Boden" (S. 75 f.). „Fausts Gegner, das Böse, ist ein Böses auf zeitlichen Abruf, dessen Termin bestimmbar ist durch die fortschrittliche Menschheit und ihre geschichtliche Aktivität, diese Welt umzugestalten" (S. 175). Die Mephisto-Figur wird also nach Scholz zur Verkörperung des dialektischen Widerspruchs in der Menschheitsgeschichte, und als Moment des Bösen werde sie schließlich zugleich mit den Widersprüchen aufgehoben. Die bloße Verführerposition des Teufels im ersten Teil werde in dieser Weise im zweiten Teil modifiziert (S. 77).

Das Verhältnis von Mephisto und Faust wird von einigen Interpreten dahingehend gedeutet, daß Mephisto *personifizierter Charakterzug Fausts* sei. *Böhm* (2 S. 51) erklärt Mephisto für „Fausts schlechteres Ich". *Strich* (S. 97) sagt: „Man wird das Verhältnis von Faust und Mephisto aber erst ganz verstehen, wenn man bedenkt, daß Faust den mephistophelischen Trieb in seiner eigenen Brust trägt. Er wünscht die mephistophelische Erstarrung, um von der faustischen Qual der Sehnsucht erlöst zu werden. Er verlangt nach dem Genuß des Augenblicks, um seines ruhelosen Strebens zu vergessen. Das ist der Konflikt im inneren Seelenraume Fausts, der sich in der zwischen Faust und Mephisto sich abspielenden Tragödie nur äußerlich, symbolisch sichtbar verkörpert." *Atkins* (S. 41) sagt, Mephistopheles sei „also the spirit of negation within Faust himself".

Für *Resenhöfft* ist Mephisto „der Gestalt gewordene *Verstand* des faustischen Menschen, aber als allgemeine Erscheinung zeigt er sich auch in der nichtfaustischen Welt, zuerst im ‚Prolog im Himmel' und zuletzt nach dem Tode

Fausts bei dessen Grablegung" (1 S. 16 f.). „Psychologisch läßt sich noch deutlicher sagen: er ist die Summe des Verstandes in Faust" (1 S. 17). Seine Masken seien Ausprägungen verschiedener Möglichkeiten der Verstandestätigkeit: als Pudel, der die Kunst des Apportierens beherrscht, demonstriere er eine bestimmte „Art der Scholastik" (1 S. 24); als fahrender Scholast repräsentiere er den „metaphysisch schweifenden Verstand" (1 S. 25); bei Gretchens Rettung betätige er sich als „technischer Verstand" (1 S. 32); als Phorkyas sei er „dialektischer Verstand" (1 S. 42); als Kommentator geriere er sich als „Auslegungsverstand" (1 S. 48) usw. Die Masken Mephistos ordnet Resenhöfft Geschichtshintergründen zu (1 S. 28): „Pudel: der dressierte Verstand der Scholastik im 13.—15. Jahrhundert. Gespenst: der formlose Verstand der Alchemie im 16. Jahrhundert. Scholast: der schweifende Verstand der Metaphysik im 17. Jahrhundert. Junker: der praktische Verstand der Lebensgestaltung im 18. Jahrhundert."

Wiederholt ist die Frage erörtert worden, ob Mephisto ein *Dämon* sei. Goethe selbst hat zu Eckermann am 2. März 1831 gesagt, Mephisto habe keine dämonischen Züge: „... der Mephistopheles ist ein viel zu negatives Wesen, das Dämonische aber äußert sich in einer durchaus positiven Tatkraft." Schon *Kierkegaard* (S. 136 f.) hat demgegenüber den dämonischen Charakter Mephistos betont; für ihn äußert sich die Dämonie in der Kommunikationslosigkeit (Verschlossenheit) und Kontinuitätslosigkeit („das Plötzliche"). *Franz* stellt in seiner Interpretation den Menschen Faust dem Dämon Mephistopheles gegenüber (S. 170): „Der Dämon ... ist unpersönlich. Auch in ihm zwar verbinden sich in gewisser Weise Sinnlichkeit und Geist, aber beide in der uneingeschränkten Entfaltung ihrer Niederungen. Ein Höchstmaß gemeiner Sinnlichkeit steht neben einem äußersten Grad zersetzender skeptischer Geistigkeit; er ist eine ‚Spottgeburt von Dreck und Feuer'. Er kennt kein Schamgefühl, und die sinnliche Liebe wird zum nackten Sexus, die Persönlichkeit, das Ich auslöschend, zum bloßen ‚Es'. Und analog die übergeistige, nicht gefühlsbeseelte Verstandesschärfe, in Sarkasmus und Ironie völlig negativ." Es ist freilich nicht zu übersehen, daß die Autoren, die Mephistopheles Dämonie zusprechen, diesen Begriff nicht im Sinne Goethes gebrauchen.

Auch andere Forscher betonen den *dämonischen Charakter* Mephistos. *Walter Muschg* (S. 336) sagt zu Goethes Äußerung: „Das tönt erstaunlich, denn am ‚Faust' sticht ja vielmehr eben der Umstand hervor, daß der Teufel nicht rein negativ, als das radikal Böse, gesehen ist und schon im Prolog nicht als widergöttliches Prinzip, sondern als schalkhafter Kamerad Gottes auftritt. Auch läßt er es als Verführer Fausts, als Wegbereiter zu Helena und zur irdischen Macht an Tatkraft ja wahrlich nicht fehlen, und es ist ihm sogar die Vision von den Müttern in den Mund gelegt, die man als eine tiefste religiöse Offenbarung Goethes bewundert. Nicht teuflisch eindeutig, sondern abgründig vieldeutig ist alles, was er sagt und tut. ..." Muschg sagt, der alte Goethe lebe als Dichter wieder in einer magisch beseelten, vom Dämonischen überschatteten Welt (S. 334); daher sei das Faust-Werk auch „ein dämonisch-magisch konzipiertes ‚inneres Märchen'" (S. 336). Im Mittelpunkt dieses „Pandämoniums" stehe die Gestalt Mephistos. „In seinen (Goethes) Augen ist jedes Ich ein dämonisches Wesen, vor allem aber das geniale Ich, das Individuum mit der mächtigsten Entelechie, dem zwingendsten Dämon" (S. 334).

Auch *Andreas B. Wachsmuth* (2 S. 55 f.) vertritt entschieden die Ansicht, Mephistopheles sei ein dämonisches Wesen: „Wie bedeutsam ist für Goethe der Begriff des Dämonischen. ... Das Dämonische ist ‚ein furchtbares Wesen', eine ‚die moralische Weltordnung ... durchkreuzende Macht'. Es ist gottähnlich in der Stärke, ungöttlich in der Gestaltungsfeindschaft, in der Vernichtungstendenz. So wirkt es als ein Gegenspieler in der göttlichen Schöpfung, stellt zwar ihren Bestand nicht in Frage, doch besitzt es Macht genug, ihre Ordnung zerstörend zu durchbrechen. Über seine Herkunft und seinen Ursprung schwieg Goethe, aber es erinnert zu deutlich an den von Gott abgefallenen Luzifer in der Schöpfungssage der Magie, auch Mephisto als ‚Teil der Kraft, die stets das Böse will', trägt Züge davon, und als ‚des Chaos wunderlicher Sohn' weist er sogar genealogisch auf diese Abstammung hin. Mit dem Begriff des Dämonischen drückte der alte Goethe die Überzeugung aus, daß die Gleichung Gott = Natur nicht ganz stimme, daß auch eine ungöttliche Macht von weltbeeinflussendem Charakter angenommen werden müsse oder daß vielleicht sogar im Göttlichen selbst eine letzte Polarität von *deus contra deum* bestehe, so ‚ungeheuerlich' auch der Gedanke sei. Mephisto wurde im späteren ‚Faust' zur Verkörperung dieses Begriffes monumentalisiert."

Daß Mephisto die Fähigkeit positiver Schöpferkraft besitzt, wird besonders in der Interpretation *Katharina Mommsens* deutlich. Sie ist der Ansicht, daß Mephisto im Helena-Akt nicht nur als Mitspieler auftritt, sondern daß er durch „magisches Erzählen" hier gleichsam selbst Dichter werde (S. 71) und als „Bewirker der Vorgänge" (S. 75) die Ereignisse überhaupt erst schöpferisch hervorbringe. Diese Fähigkeit werde gestützt durch seine tiefe Einsicht in das Wesen des Dichterischen, wie es sich in seinen Äußerungen in der Klassischen Walpurgisnacht und im Helena-Akt offenbare.

Mit der Frage, ob Mephisto ein *Prinzip* oder eine *individuelle Gestalt* sei, beschäftigen sich andere Interpreten. Daß er kein „Prinzip", sondern „eine dichterisch gestaltete Figur" sei, betont *Richard Friedenthal* (S. 696). Er sei „oft lebendiger als sein Partner Faust", und er spreche zuweilen „Goethes Anschauung deutlicher aus als der Doktor" (a.a.O.). Für *Thomas Mann* (S. 600) ist „der Teufel ... im Grunde nicht mehr als ein Weltmensch". *Wolfgang Streicher*, der die Funktion der Mephisto-Gestalt im Drama eingehender untersucht, sieht in ihr den „Übergang vom Begriff zum Charakter" (S. 68 ff.): „Das Böse als Begriff wächst allmählich ins rein menschlich Böse hinüber" (S. 68). „Die ‚Idealität' Mephistos bildet gewissermaßen den Rahmen, innerhalb dessen sich seine ‚Realität' ausbreitet" (S. 69). Mephisto müsse sich gleichsam als Person entfalten, um einen Zustand der Negation zu schaffen, in den Faust hinübergezogen werden könne. Als ein „Gegenfaust" müsse er, wie Faust selbst, die verschiedensten Rollen spielen, in ihnen sich gestalten und zum Entwurf einer gegenfaustischen Existenz gelangen (S. 72).

Im einzelnen führt *Streicher* dazu aus (S. 69 ff.): „Dabei findet das Prinzip der Diskontinuität, das bisher für die großen Linien der Strategie Mephistos galt, in dessen Charakter eine Entsprechung und Verfeinerung. Wie wir bei unserer Analyse der ‚Walpurgisnacht' zu zeigen versuchten, kann man im Sprunghaft-Übergangslosen, Diskontinuierlichen die moderne, durch Goethe inaugurierte Verwirklichung des Bösen sehen. In der ‚Walpurgisnacht' erschien das Prinzip der Diskontinuität als Prinzip, das in der ‚Totalität der Materie', in den Dingen liegt. Es findet sich jedoch auch in Psychologie und Assoziationsweise Mephistos selbst, zeigt sich als Tendenz zur Auflösung, zum Chaos, als dessen wunderlichen Sohn Mephistopheles sich selbst bezeichnet. Ironie, Verfremdung, Witz, zersetzende Reflexion in jeder Form sind seine sublimen, einer moralisch raffinierter gewordenen Welt entgegenkommenden Ausdrucksformen. Alle diese Eigenschaften sind echte Charaktereigenschaften und als solche realistisch: als verschiedene psychologische Schattierungen des ‚Geistes, der stets verneint', schaffen sie Diskontinuität, entfunktionalisieren die Handlung, intendieren als letztes Ziel die Atomisierung der Welt. So ist es kein Wunder, daß sich Mephisto zugleich als ‚Geist, der stets verneint' und als ‚des Chaos wunderlichen Sohn' bezeichnet. ... ‚Verneinen' bedeutet hier überhaupt nicht urteilen, sondern einen Zustand der Negation, der Leere zu schaffen, in den Faust allmählich hinübergezogen werden soll. Und dieses Hinüberziehen ist selbst funktionsbildend, es erfordert von Mephistopheles ein dämonisch-dienerhaftes Kleben an Wort und Geste seines Herrn, eine Form der Einfühlung, die ein vorzügliches Mittel zur Dialogführung ist. Und so dürfen alle Charaktereigenschaften Mephistos wie Witz, Reflexion, Parodie, Verfremdung nicht nur als handlungshemmende Elemente angesehen werden: sie sind zugleich Stimulantia der Dialogführung, was freilich nicht bedeutet, daß der Dialog schließlich nicht doch ins Leere führte. So erscheint unser Verhältnis von Funktionalität und Substantialität, ins Böse variiert und transponiert, als Verhältnis von Einfühlung und Rückzug, von Verführung und Loslassen, von Servilität und plötzlich ausbrechender Unverschämtheit. ... Wie Faust schlüpft auch er in die verschiedenen Rollen, die ihm die Welt anbietet: als Liebhaber, als Geiz, als Antiklassizist spielt er, eine Art Gegenfaust, verschiedene Rollen Fausts unter eigener Flagge; als Narr, als moralisierende Häßlichkeit verzichtet er zwar auf direkte Analogie zu Faust, parodiert diesen jedoch unausdrücklich in seiner nordischen Ernsthaftigkeit und seinem Eros zur Klassizität. Gegenfaust bedeutet dabei keineswegs Gegenspieler Fausts, sondern Entwurf eines mehr oder minder eindeutigen Gegenbilds zu Faust, was oft ohne unmittelbare Berührung oder gar Konfrontation mit diesem geschieht. Daneben bleibt es freilich seine zentrale Aufgabe, die Begegnungen Fausts mit der ‚Totalität der Materie' in Szene zu setzen, jede dieser Begegnungen in einer Kaskade von Witzeleien, Pointen, Verfremdungseffekten, ironischen Aperçus und zynischen Moralitäten als eine Begegnung mit dem Nichts zu interpretieren, um Faust allmählich müde zu machen."

Zu Mephistos *Sprache* sagt *Thomas Mann* (S. 600): „Man höre Mephistos Sprache: sie ist, in scharfem Gegensatz zu der ernsten, gefühlvollen, leidenschaftlichen Redeweise Faustens, burschikos-mondän, salopp, aber witzig, kritisch-souverän und abschätzig, mit Fremdwörtern gespickt und schlagend amüsant. Er spricht die gelungensten und einprägsamsten, weil leichtesten, im parlando hingeworfenen Verse:

Mein guter Herr, Ihr seht die Sachen,
Wie man die Sachen eben sieht;
Wir müssen das gescheiter machen ...

Das ist der Ton. Es ist die achselzuckende Überlegenheit des Weltmenschen (der Teufel ist im Grunde nicht mehr als ein Weltmensch) über den ernsten, tiefen, bemühten Menschen, den Pathetiker, der aus Verzweiflung an dem angestrebten Höchsten einen Bund mit ihm gemacht hat, in weltlichen Dingen sein Schüler ist und sich von ihm führen läßt." *Gerhard Storz* (S. 163) führt zur Sprache Mephistos aus: „Gleich mit seinen ersten Worten grenzt sich Mephisto vom Pathos der Rede ab, also vom Sprechen der Ergriffenheit. Freilich nicht kühle Sachlichkeit, nicht nüchterne Trockenheit setzt er dem bespöttelten Pathos der Erzengel gegenüber, sondern ein Gemisch von salopper Vertraulichkeit und scharfer Polemik. Weniges nur spricht er deutlich und geradezu aus, meist deutet er nur an, greift unbestimmt auf Früheres zurück, läßt Mögliches von ganz anderer Art, als er sagt, offen. Mit weltmännischer Leichtigkeit verbindet sich verstecktes Anrempeln, an die Stelle unmittelbarer Aussage tritt häufig die volkstümlich-bildliche Redensart und — vor allem — das Zitat und die Anspielung (z. B. ‚wie meine Muhme, die berühmte Schlange'). ... Das Gesagte steht also nicht klar, nicht fest da, weder als Ja noch als Nein, es gaukelt seltsam zwischen Andeutung und verschwiegenem Vorbehalt des anders oder besser Wissens. Mephistos Ironie wirkt hämisch, weil sie so sehr vorbehaltlich bleibt: in ihr begegnet das gerade Gegenteil zur sokratischen Ironie, die ebenso freundlich wie mitteilsam und aufhellend ist. Die mephistophelische Ironie hat ihren Ursprung darin, daß der Sprecher im eigenen Wort weder ganz noch klar sich stellt und ruhig in ihm steht, sondern gaukelnd sich im eigenen Wort und hinter ihm herumtreibt."

Ganz neue Aspekte bietet Mephistopheles im *zweiten Teil* des Werkes. Er erscheint hier fast als ein anderer Proteus. Dem *Chaotischen entsprossen* („des Chaos vielgeliebter Sohn", V. 8027), ist er der stärker naturphilosophischen Akzentuierung des zweiten Teils gemäß ein Geist der Natur, der jedoch wie diese in den Bereich des Geistigen hineinragt und sich in ihm nicht weniger souverän bewegt als in seiner Rolle als Herrscher über die Naturelemente. Er steht im *Ursprung* der Natur, Geschichte und Kunst und doch zugleich mitten in ihnen. Das zeigt besonders seine Rolle in der Klassischen Walpurgisnacht und im Helena-Akt. Er ist der Sieger in der irdisch-natürlichen Region, der als Herr der Elemente immer wieder alles Tun, jede schöpferische Tätigkeit „auf Vernichtung" hinauslaufen läßt (V. 11550). In der Welt der klassischen Schönheit, in der das Wesen der Natur kulminiert, in der die „Zwienatur“ (V. 11962) des Irdischen sich vollendet, ist er der moderne christliche Moralist, der die Harmonie des Geistigen und des Materiellen zerstören möchte; auch insofern ist er der Geist der Verneinung. Als solcher auch schickt er Faust die Sorge, eine vom christlich-moralischen Standpunkt her positive Macht, die Fausts Tätigkeit lähmen soll. Sofern er an der *Liebe* teilhat, kennt er sie nur als sinnlich-triebhafte Liebe, der er schließlich selbst erliegt. An der „ewigen Liebe“ (V. 11964), die das Geistige vom Materiellen trennt und eine reine Welt des Geistigen konstituiert, in der Faust neubeginnend fortexistieren kann, hat er keinen Anteil. So bleibt er der Naturdämon, dessen Macht in der irdischen Natur überragend ist, ein Wesen, das die Metamorphosen der Natur von ihren chaotischen Ursprüngen bis in die Höhen der überlegensten Intellektualität begleitet.

Einige Interpreten wiederum beschäftigen sich mit dem Problem, ob Mephisto im zweiten Teil noch als *Versucher* Fausts hervortrete. Wie schon zahlreiche ältere Forscher, so ist z. B. *Hjalmar H. Boyesen* (S. 134) der Ansicht, Mephistopheles habe „allmählich seine ganze Macht über Faust verloren, mit dessen jetzigen Bestrebungen er gar keine Geduld hat“. Auch *Friedrich Gundolf* (S. 776) stellt eine zunehmende Inaktivität Mephistos fest; er sei „fast während des ganzen Stückes zum ironischen Berater, Glossator, Vertrauten, Helfer, zu Epilog oder Parabase geworden, mehr eine Kritik der durchlaufenen Welten ad spectatores als ein mitwirkender Faktor“. *Georg Simmel* (S. 124) bestreitet überhaupt, daß Mephisto eine „kosmische Potenz“ sei: „Im zweiten Teil verschwindet überhaupt alles Prinzipielle aus seiner Rolle, er ist nur noch ein sozusagen technisch, aber nicht mehr innerlich notwendiges Glied der Ereignisse.“ Eine zunehmende Überlegenheit Fausts über Mephisto im zweiten Teile konstatiert *Benno v. Wiese* (4 S. 135 f.): „Besonders im zweiten Teil wachsen Fausts Erfahrungen über Mephisto hinaus, weil sie immer ganzheitlicher, umspannender und welthaltiger werden und damit Mephisto in verstärktem Maße ausschließen, bzw. ihn sich selbst ausschließen lassen. Faust verbraucht nicht nur die vom Teufel herbeigeschafften Mittel, die Welt wird ihm nicht nur zu einem magischen Raub; er gelangt auf diesem Umwege auch zu Gott und dringt in Mysterien ein, die Mephisto für immer verschlossen sind.“

Von einem Zurücktreten Mephistos im zweiten Teil ist auch *Emrich* überzeugt. Er weist dabei auf den Bruch im Charakter Mephistos, auf seine „Doppelhaltung“ (2 S. 135) hin; er schwanke „nunmehr eigentümlich zwischen hohem Wahrheitssinn, ernster Rhetorik und Teufelei“. Diese Doppelhaltung „entspringt ... der Preisgabe des inneren Konflikts Fausts mit der Welt, der Wendung Fausts zur poetischen Sphäre und der entsprechenden, rein phänomenologisch-vorweisenden Darstellung der magischen Mittel, durch die Mephisto sich und damit indirekt Faust beim Hof einführt“ (a.a.O.). Der Dualismus zwischen Faust und Mephisto werde eingeebnet (2 S. 136). Von einer *Versuchung* Fausts durch Mephisto könne keine Rede mehr sein: „Goethe hat sorgfältig alle Ansätze getilgt, die auf eine Versuchung Fausts durch Mephisto deuten. Faust wird — wenigstens in den ersten drei Akten — nicht mehr durch Mephisto versucht. Selbst Helena ist ... keine Versuchung mehr für Faust, sondern sie stellt im Gegenteil eine Höchstform des Daseins dar, nämlich alles Schöne, Künstlerische, Dichterische in reinster Prägung“ (1 S. 182). In die Entfaltung der Urphänomene von Schönheit, Kunst, Natur und Geschichte werde auch Mephisto mit einbezogen: „Er wird Teilerscheinung dieser Urphänomene. Und erst in den zwei letzten Akten, vor allem im fünften Akt, tritt wieder die Problemstellung des ersten Teils, das Problem der Wette und die alte Charakterstruktur Fausts und Mephistos zutage“ (1 S. 183).

Schließlich haben sich die Interpreten wiederholt zu der Frage geäußert, ob Mephisto selbst ein *tragisches* Schicksal erleide. *Flitner* (S. 296) sagt, es gehöre zu dem besonderen Reichtum der Mephisto-Figur, „daß der Teufel auch als eine tragische Gestalt gegeben ist. ... Er belügt nicht nur die Welt, sondern auch sich selbst; er weiß es und leidet daran. Mephisto hat sich seinen eigenen Mythus gemacht: die Finsternis sei anfangs alles gewesen, das stolze Licht mache ihr nur den Rang streitig. Und sogar Hoffnung hat der Teufel: das Licht werde mit den Körpern eines Tages vergehen (V. 1358). Im Grunde ist er in seinem Tun ein Verzweifelter ...". *Benno v. Wiese* (4 S. 134) rückt die Mephisto-Gestalt mehr in den Bereich des *Tragikomischen*. Zwar liege eine — allerdings subjektive — Tragik darin, „daß Gott immer stärker ist, das Sein dem Nicht-Sein stets überlegen bleibt." Andererseits aber sei zu sagen: „Das göttliche Liebeselement, das, von oben Rosen streuend, auf den Teufel herabbrennt, wird für ihn zur Sinnenglut, die ihn in eine tragikomische Situation verstrickt, trotz aller Weltklugheit in Torheit zu verfallen und über der absurden Liebschaft zu den Engeln das Faustische Unsterbliche zu verlieren. Dieser sich selbst bemitleidende Teufel, den alle Gescheitheit nicht vor der letzten entscheidenden Dummheit schützen konnte, wird zur komischen Figur. Die teufliche Gegenwirkung, die sich auf Erden uneingeschränkt entfalten durfte, verliert mit dem Einwirken transzendenter Mächte jede Kraft und kann nur noch sich selbst parodieren."

Auch nach *Böhms* Ansicht ist der Weg Mephistos durch die Dichtung tragikomisch: „Wenn er ein Schalk ist, nach des Herrn Wort, so endigt er in einer Tragikomödie, da er einer hohen Tragik nicht wert ist" (2 S. 285).

Ein weiteres Problem, mit dem sich einige Forscher beschäftigt haben, ist die Frage, ob Mephisto der *Erlösung* bedürftig und fähig sei. *Emrich* sagt, Mephisto könne gar nicht erlöst werden wollen, weil er durch eine Erlösung seines eigentlichen Wesens beraubt werde. Bei der Erlösung gehe es für Goethe um die „Gewinnung ureigenster Natur" (2 S. 408). Die Teufelsnatur sei ihrem Wesen nach dadurch definiert, daß sie jede Natur von sich abziehe. „Der Teufel muß sich selbst retten vor der Erlösung; denn Erlösung heißt bei Goethe grundsätzlich Erhellung und Aufklärung der im Verfremdeten verdüsterten vis activa et formativa des Geistes" (2 S. 409). *Albert Fuchs* (S. 51) hält den Teufel der Erlösung nicht für fähig; dies jedoch nicht im Sinne „einer erhaben kalten Metaphysik oder gnadenlosen Tugendlehre", sondern weil Erlösung bei Goethe ihrem Wesen nach Befreiung, Befreiung aus seelischer Not, Verworrenheit und Verzweiflung sei. Erlösung setze strebendes Bemühen und Verlangen nach Klarheit, Wahrheit und Liebe voraus. „Erlösung ist eine Frage der intellektuellen Redlichkeit und des Willens zur Selbstlosigkeit. Beide Haltungen sind dem Teufel, der in seinem Stolz sein Innerstes nicht verleugnen wird, untersagt, womit seine Aussichten festgelegt sind."

Gretchen

Es ist von den Interpreten immer wieder auf die Wirklichkeitsnähe der Gretchen-Gestalt und die realistische Darstellung ihres Lebensmilieus hingewiesen worden. Man hat Beziehungen zu Goethes Schuldgefühlen gegenüber Friederike Brion und zu der Hinrichtung der Frankfurter Kindesmörderin Susanna Margarethe Brandt im Jahre 1771, die Goethe tief beeindruckt haben dürfte, hergestellt (dazu Beutler S. 547 f.). Im übrigen war das Thema der verführten Unschuld und Kindesmörderin ein beliebtes Sujet der Sturm-und-Drang-Dramatik. Lag auch das Thema gleichsam in der Luft, so hat Goethe doch, worauf in der Kommentierung des Textes wiederholt hingewiesen worden ist, Gretchen in einer Weise *stilisiert,* die die Gestaltung ihres Schicksals weit über alle Realistik, über den Moralismus und die Sozialkritik paralleler literarischer Erzeugnisse emporhebt.

Gretchen ist Faust ebenbürtig. Dazu sagt *Requadt* (S. 353): „Wer wie Gretchen die ‚enge Pforte' durchschreitet, berührt in einem Nu beide Pole der Einschränkung und Ausbreitung: Indem er das eine wagt, wird ihm das andere zuteil. Daß Faust die Kraft zu dieser Entscheidung nicht abgeht, bewies sein Selbstmordversuch, Gretchen ist ihm darin ebenbürtig. Aber am Ende der Tragödie eilt sie ihm voraus, um ihn später nach sich zu ziehen."

Korff (I S. 240 f.) vergleicht *Gretchen* mit Egmonts *Klärchen* und stellt beide Figuren in einen geistesgeschichtlichen Zusammenhang: „Und die gar nicht zu überschätzende ideengeschichtliche Bedeutung dieser beiden Gestalten beruht in der Tat nicht nur auf der Offenbarung einer Region des Lebens, die über alle bürgerliche Sitte erhaben ist, sondern auch auf der Offenbarung einer *natürlichen Sittlichkeit,* die jede konventionelle Sittlichkeit an innerem Wert weit unter sich läßt. Eine Liebe wie diejenige Klärchens und Gretchens hat nicht nur den Charakter einer ausnahmsweise zu entschuldigenden Schuld, sondern verkörpert die Höhe einer sittlichen Unschuld, die nur ganz reinen Naturgeschöpfen eigen, von der gesellschaftlichen Sittlichkeit aber überhaupt nicht zu erreichen ist. Noch wundersamer als im ‚Egmont' ist es Goethe in der Faustdichtung gelungen, den Zauber holdester Liebesunschuld zu verkörpern. ... Denn während nicht nur das Liebesverhältnis Klärchens, sondern auch ihre ins Heroische hinüberspielende Gestalt es nicht allzu schwer machen, beiden ein Ausnahmerecht einzuräumen, haben wir in der Faustdichtung den völlig typischen Fall einer naiven Liebeshingabe, die weder durch die Gestalt des Mädchens noch durch diejenige des Mannes äußerlich einem Ausnahmerechte zu unterliegen scheint. Der heroische, aber auch sehr ideale Zug, der Klärchen nicht nur eine besondere menschliche Größe, sondern auch den Stolz eines guten Gewissens gibt, fehlt dem ganz realistisch gesehenen Gretchen völlig, die in keiner Hinsicht über die Bärbelchen, Lieschen und Sibyllen hinausragt und durchaus den Typus der kleinbürgerlichen Unschuld darstellt. Sie hat keineswegs jene innere Freiheit, die Klärchen in der Auffassung ihres Schicksals bekundet. Mit allen Fasern bleibt sie vielmehr den kirchlich und sozial gebundenen Anschauungen ihres kleinbürgerlichen Lebenskreises verhaftet. ... Völlig naiv lebt sie in den moralischen Anschauungen ihrer äußerlich und innerlich beschränkten kleinen Welt, deren sich grundsätzlich zu überheben ihr niemals in den Sinn kommen könnte. Ein Wort im Stile Klärchens: ‚Eine Verworfene? Faustens Geliebte eine Verworfene?!' ein solches Wort zu ihrer Mutter, die vielmehr durch einen Schlaftrunk ängstlich vor dem Geheimnis behütet werden muß, wäre in ihrem Munde undenkbar. Obgleich sie, ohne zu zögern, in rührender Selbstverständlichkeit dem Geliebten auch ihr Mädchentum hingibt, wird sie doch von dem Bewußtsein kaum jemals verlassen, eben damit eine Sünde zu begehen. Ganz anders als in Klärchen, die auch in dieser Hinsicht als eine Ausnahmenatur erscheint, schlägt in ihr das Gewissen der bürgerlichen Geschlechtsmoral, von der sie sich wohl durch die Tat, aber nicht im Geiste zu befreien vermag. Und gerade darauf beruht ihre Tragödie; gerade darin besteht die so viel tiefere Erschöpfung des hier obwaltenden Konfliktes, den Klärchen in seiner ganzen Tiefe gar nicht durchlebt. Im Verhältnis zu Gretchen ist Egmonts Geliebte eine Emanzipierte."

Die *marxistischen* Interpreten sehen in Gretchens Opferung ein historisch bedingtes und überwindbares Schicksal der Frau überhaupt: „Im Sinne der Gattungsperspektive muß Fausts Entwicklung über Gretchens ‚kleine Welt' hinweggehen, auch im Sinne der subjektiven Erhaltung und Entfaltung seiner Persönlichkeit muß Faust sich eines Tages, nachdem alle Höhen und Tiefen der Leidenschaft gewirkt haben, von Gretchen lösen, um sich frei entwickeln zu können. Das bedeutet bei Goethe, daß in Gretchens Opfergang, den Faust nur mitempfindend verfolgen, aber nicht aufhalten kann, die tiefe historische Wahrheit zum Ausdruck kommt, nach der sich der Aufstieg der Menschheit in dieser Epoche der Geschichte unter der Führung des männlichen Teils vollzieht. Die Opferung der Frau ist aber die tragische Bedingung dafür, daß der Mann als Persönlichkeit die führende Kraft der geschichtlichen Entwicklung sein kann, obwohl die Frau diejenige ist, die das neue Leben unter Schmerzen in die Welt setzt oder wie hier, ihm durch ihr schmerzensreiches Opfer weiterhilft" (Albrecht S. 438 f.).

Die Frage, ob die Gretchen-Handlung eine *Tragödie* sei, ist in der Literatur wiederholt erörtert worden. Dabei herrscht bei den Interpreten Einhelligkeit darüber, daß Gretchen ein tragisches Schicksal erleidet. Dieser Auffassung wird man zustimmen müssen, wenn man Tragik dahingehend definiert, daß sie beim Untergang menschlicher Größe empfunden wird. Weniger klar ist die Frage, in welchem Verhältnis Gretchens Tragik zum Dramatischen steht, zu beantworten. Hierüber reflektiert *Wolfgang Streicher* (S. 126 f.): „Der Übergang von Fausts Vorbereitung zur Liebe zu seinem ‚Liebesentwurf' vollzieht sich ohne jedes als Exposition dienende Zwischenglied: Faust, soeben mit neuer Liebesfähigkeit begabt, spricht unvermittelt ein junges Mädchen an. In diesem Ansprechen haben wir wie selten im ‚Faust' einen absolut freien, durch keinerlei Exposition (die bloße erotische Disponibilisierung kann, analog dem Auswerfen der Faustthesis im Pakt, nicht als echte Exposition betrachtet werden) eingeführten und bedingten Akt, einen reinen, nur aus sich selbst hervorgehenden Entwurf. So rein dieser Entwurfcharakter zunächst ist, so wenig läßt er sich jedoch in der Entwicklung des Geschehens aufrechterhalten. Vielmehr wird die Gretchentragödie mehr und mehr zu einem Komplex, in dem sich einmal Entworfenes nach immanenten Gesetzen weiterentwickelt und so keinen neuen Entwurf, sondern nur noch Reaktion zuläßt. Freilich bedeutet weder ‚Entwicklung nach immanenten Gesetzen', daß die Gretchentragödie im strengen Sinne des Worts eine Tragödie ist, noch ‚Reaktion', daß der Held einer echten ‚Situation' ausgeliefert ist und damit tragisch werden könnte. Die Unterschiede zur echten Tragödie sind vielmehr eindeutig zu bestimmen und gründen im Wesen der Faustkonzeption selbst. Das Verhältnis von Faust-Ich und ‚Materie' bleibt nämlich auch in der Gretchentragödie erhalten. Es wird hier zum Verhältnis von erotischem ‚Subjekt' und erotischem ‚Objekt'. Durch die Konzentration auf dieses Verhältnis wird das Geschehen zum rein erotischen Geschehen. Dies gilt nicht nur für den Akt des erotischen Entwerfens selbst, wo Bewußtsein des Verführens, Subjekt-Objekt-Bewußtsein noch vollständig vorhanden ist, sondern für den gesamten Ablauf des Geschehens, das wir als Fausts ‚Liebesentwurf' im erweiterten Sinne bezeichnen. Durch diese, Reinheit', d. h. Ausschließlichkeit des Erotischen unterscheidet sich die Gretchentragödie von anderen Liebestragödien wie etwa Shakespeares ‚Romeo und Julia'. Im Gegensatz zu diesen ist in der Gretchentragödie Liebe (und auch spätere, weniger rein erotische Gefühlsstadien) nicht, oder nur am Rande mit einer ‚Intrige' (dieser Begriff dient uns dazu, alles nicht unmittelbar erotische oder überhaupt Gefühlsgeschehen zu bezeichnen) verquickt, wird sie als Idee, als Nur-Liebe deutlich. Gibt es in der Gretchentragödie eine Geschehnisstruktur, so besteht diese primär in der Entwicklung des Liebesgeschehens selbst, eines Liebesgeschehens, das freilich durch die Begegnung zweier bestimmter Charaktere seine spezifische Färbung, seine spezifische Form der Tragik, seine spezifischen Konstellationen, kurz seine spezifische Entwicklung aufweist. Dies bedeutet jedoch nicht, daß es deshalb aufhörte, rein erotisches Geschehen zu sein und zum echten Drama würde. Worin besteht nun aber der Unterschied zwischen einem dramatischen Geschehen und einem Geschehen, dessen ‚Drama' ausschließlich die Liebe ist? Mit dieser Frage stoßen wir ins Zentrum der Gretchentragödie. Ein Geschehen, das sich darauf beschränkt, Liebe zu sein, ist notwendig relativ ‚allgemein'. Das eigentliche Geschehnismoment der Gretchentragödie liegt im Nacheinander einzelner modellhafter erotischer Stadien, Konstellationen und Vorgänge, die sich aus der Begegnung zwischen Faust und Gretchen ergeben. Ein solches Geschehen ist jedoch nur sehr eingeschränkt als dramatisch zu bezeichnen. Wie in der Helenatragödie bedarf jedoch auch hier das ‚Allgemeine', soll es eine lineare Entwicklung bekommen, gewisser Übergänge, gewisser Elemente einer ‚Intrige', die hier wie dort zumeist der Regie

Mephistos zufällt. Im Vergleich zur Helenatragödie weisen jedoch in der Gretchentragödie die einzelnen modellhaften Ausprägungen erotischen Verhaltens einen geringeren Grad an ‚Allgemeinheit' auf. Der Charakter des philosophischen Systems, in dem diese erst richtig zur Geltung kommt, fehlt hier vollständig. Das erotische Geschehen der Gretchentragödie ist bei aller ‚Allgemeinheit' durchaus realistisch-unbegrifflich. Dem entspricht, daß in der Gretchentragödie die einzelnen Ausprägungen des ‚Allgemeinen' viel organischer und natürlicher ineinander übergehen als in der Helenatragödie, wo es komplizierter und im Grunde oft recht künstlicher Machinationen Mephistos bedarf, um zwei Prinzipien miteinander in Berührung zu bringen und diese Berührung aufrechtzuerhalten." An anderer Stelle fährt Streicher (S. 134 f.) fort: „Die einzelnen erotischen Stadien Gretchens sind Stadien, die der Welt-, der ‚Materialseite' des ‚Faust' angehören, jener Seite, die primär auf Faust und seine Aktion reagiert und nicht selbst, oder zumindest nicht im eigentlichen Sinne des Wortes ‚agiert'. Freilich ist der Übergang zwischen Aktion und Reaktion fließend, nimmt doch die Reaktion des erotischen ‚Objekts', nachdem dieses einmal in Bewegung gekommen ist, eine Konsequenz an, die eine echte Aktion vorzutäuschen vermag. Umgekehrt wird Faust, das erotische ‚Subjekt', mehr und mehr in die Defensive gedrängt; bei der immanenten Konsequenz, bei der Gretchens erotische Entwicklung ihren Lauf nimmt, bleibt ihm nur noch die Möglichkeit der Reaktion. Dies bedeutet indessen nicht, daß das erotische ‚Objekt' nun zu einer Art ‚Subjekt' würde. Seine relative Zugehörigkeit zur ‚Materie' bleibt nach wie vor erhalten, zeigt sich darin, daß die einzelnen erotischen Stadien in hohem Grade ‚allgemein' sind; es sind die Stadien, die das erotische ‚Objekt', einmal verführt und sich überlassen, zu durchlaufen pflegt."

Wagner

Gerhard Storz sagt zu der Konfiguration Faust — Wagner (S. 170): „Dem Seher, dem Genie, das allein aus sich selbst lebt, tritt der Gelehrte gegenüber, dem das objektiv Gegebene alles bedeutet." Er stellt aber auch (a.a.O.) fest: „Wagner, nicht Faust, kann als Typ des Forschers gelten."

Wagner als *Forscher*, als *Wissenschaftler*, präsentiert sich uns wie Faust als eine Gestalt, die verschiedenen Wissenschaftsepochen anzugehören scheint. Sein erstes Auftreten in der Szene „Nacht" (V. 522 ff.) zeigt ihn als *humanistischen Gelehrten* des 16. und 17. Jahrhunderts. Dazu führt *Trunz* (S. 498 f.) aus: „Wie die bisherige Szene die ganze pansophisch-naturmystische Geistigkeit des 16. und 17. Jahrhunderts zusammenfaßte, so diese die ganze humanistisch-rhetorische. Kommt jene aus Paracelsischer Tradition, so diese aus Erasmischer; aber während jene in der Gestalt Fausts in ihrer Großartigkeit verkörpert ist, tritt von dieser in Wagner nur ein verknöchertes Zerrbild hervor. Was Wagner spricht, sind keineswegs eigene Gedanken, sondern solche des alten Humanismus, in dem sich das Autoritätsdenken des Mittelalters mit antikisierender Rhetorik vermischt; aber sie werden platt und unlebendig in Wagners Geist, dem die Welt nur rational begreifbar ist. Faust steht ihm gegenüber als der ganzheitlich denkende und empfindende, musisch und symbolisch begreifende, zugleich als der moderne, neuzeitliche Mensch. So vermischt sich der Gegensatz der Zeitalter ... mit dem der Geistestypen." Wagner erscheint zugleich als der weltfremde *bürgerliche* Gelehrte. Dazu sagt *Hans Mayer* (1 S. 182): „... der Famulus Wagner ist ein Rhetoriker ohne Öffentlichkeit. Eigentlich kennt er den Dialog nicht. Das Dröhnen der Auseinandersetzung zwischen Faust und Erdgeist deutet er sich, draußen vor der Tür, als Deklamation und Rezitation. Darum wagt er es mitten in der Nacht, den Meister zu stören. Die Regeln der Rhetorik sind ihm vertraut, Öffentlichkeit gibt es nicht, so als wäre es geboten, bei den Komödianten in die Schule zu gehen, um wenigstens eine Öffentlichkeit des Komödiantentums zu erwirken. ... Der Famulus repräsentiert gleichzeitig das Hohngebilde des anachronistischen Polyhistors *und* die gesellschaftliche Tragik und Aufklärungsdialektik eines Gotthold Ephraim Lessing. Wagner ist, von Goethe her gesehen, ein naher Verwandter des ‚Jungen Gelehrten', allein er gehört auch zur geistigen Familie Lessings." Wagners Gelehrtenexistenz verschiebt sich in die der *Aufklärung*. Fortschrittsglaube („Und wie wir's dann zuletzt so herrlich weit gebracht", V. 573), pädagogischer Eifer („Möcht' jeglicher doch was davon erkennen", V. 587) und enzyklopädischer Wissendrang („Zwar weiß ich viel, doch möcht' ich alles wissen", V. 601) sind typisch für die aufklärerische Geistigkeit.

Als ein ganz anderer erscheint Wagner im *zweiten Teil*. Zwar „Wagners Charakter blieb konstant. Nach wie vor ist er scheu, unvital, allen natürlichen Vorgängen gegenüber in hoher Abwehrbereitschaft" (Mayer 1 S. 191). Dennoch erscheint er hier als ein *moderner Naturwissenschaftler* und *Techniker* des Lebens, eine Figur fast des 20. Jahrhunderts. Ein moderner „Prometheus, der den Menschen nach seinem Ebenbild erschaffen möchte" (Mayer a.a.O.). Ein emanzipierter Forscher, der die Natur nicht mehr als Objekt frommer Versenkung, sondern als Gegenstand der unbeschränkten Veränderbarkeit und Machbarkeit ansieht. Wagner wird zum modernen Menschen, der gottähnlich die Natur beherrscht.

Wagner ist von vornherein als eine *Gegengestalt zu Faust* konzipiert und mit ihm und dem Schüler in eine *Konfiguration* gebracht worden. Das wird aus dem *Schema* der Jahre 1797—99 deutlich, in dem Goethe die wissenschaftliche Haltung der drei Personen stichworthaft beschreibt: Faust zugeordnet ist „ideales Streben nach Einwirken und Einfühlen in die ganze Natur". Zu Wagner und dem Schüler heißt es: „Helles, kaltes wissenschaftliches Streben — Wagner. Dumpfes, warmes wissenschaftliches Streben — Schüler." Zur

Interpretation dieser Charakteristik führt Mayer (1 S. 187 f.) aus: „Abermals wird evident, daß dem Famulus innerhalb der Tragödie immer wieder die Ehre zuteil wird, ein Kontrast-Programm zu Fausts Meinungen und Taten zu entwickeln. Wiederum zeigt es sich überdies, wie sehr auch Famulus und Schüler eng miteinander verbunden sind. ... Allein nicht minder wichtig war Goethe schon damals ihr Kontrapunkt. Beide bedeuteten Gegenstimmen zu jener des Doktor Faust. Auch hier, in diesem Schema, gehören sie zusammen als Gegensatz von Helle und Dumpfheit, Kälte und Warmherzigkeit. Der Schüler möchte, so versteht ihn Goethe, Leben und Wissenschaft miteinander vereinen. Darin gleicht er Faust, ohne ihn in der Reflexion dieses Vorgangs zu erreichen. Der Schüler hält — dumpf und naiv — eine Synthese aus Wissenschaft und Leben für möglich, die der helle und sentimentalisch-bewußte Faust als unlösbaren Gegensatz versteht. ... Die Wissenschaft und die Natur. Eine für Faust unmögliche Synthese. Unmöglich auch in den Augen des Famulus Wagner. Dem gesteht das Schema ein helles, kaltes wissenschaftliches Streben zu. Wagner ist nicht dumpf wie der Schüler, auch nicht warmherzig. Seine Reflexionskraft und Schärfe mißtrauen aller unreinlichen Vermengung von Natur und Geschichte, der Praxis demnach und Theorie. Sein Teil ist die Theorie, unter Aussparung der Natur. Genauer läßt sich die Funktion des Famulus Wagner gar nicht definieren als in Anwendung des Goetheschen Schemas: als Kontrast einmal zum Schüler, andererseits zu seinem Meister Faust."

Wagners *gesellschaftliche* Position als die eines bürgerlichen Gelehrten ist gekennzeichnet durch Abstand vom Volke und durch Anerkennung gesellschaftlicher Hierarchien. Der Distanz zum Volk entspricht die Differenz zwischen Wissenschaft und Leben. „Erfahrungsfülle versteht er immer noch als optimale Kenntnis der Primär- wie Sekundärliteratur. Seine Repliken während des Spaziergangs unterstreichen den stets selben Antagonismus. Die Volkswirklichkeit ist roh, seinen Vorstellungen von Gesangs- und Tanzkunst entspricht das Treiben der Bauern nicht im mindesten. Komisch mißdeutet er das Streben seines Professors zum Volk. ... Dabei trennt Wagner zwar in paradoxer Weise die Sonderexistenz des gelehrten Professors, der sein Vorbild bleibt, von allem profanen Menschumgang, hält andererseits jedoch an der bürgerlichen Natur und Herkunft dieses Priestertums der Wissenschaft fest. Die akademischen Hierarchien: Student, Baccalaureus, Famulus, Magister und Professor versteht Wagner gleichsam als Naturtatsachen: Gleichsetzung von akademischer Karriere mit Menschenwachstum vom Kind zum Greis; Gleichsetzung überdies des Menschenlebens mit dem Menschenfortschritt" (Mayer 1 S. 188). Gerhard Scholz geht so weit, Wagner als eine „Opportunistenfigur reaktionärer Weltanschauung" mit einer „negativen Physiognomie der Bürgerlichkeit" (S. 37) zu bezeichnen. Für ihn ist Wagner der Exponent einer reaktionären bürgerlichen Ideologie.

Wagner ist schließlich auch eine *komische* Figur. Die Komik Wagners ist nicht subjektiver Art. Er ist naiv, bescheiden, gutmütig, rührend, insofern kein Gegenstand des Belächelns. „Komisch ist, nach Goethes Absicht, seine geistige Position" (Mayer 1 S. 176). „Die Komik ist von Anfang an eine solche der trockenen Schwärmerei, der Diskrepanz nämlich zwischen Mittel und Ziel, Gefühl und Intellekt, im Grunde zwischen des Famulus Wagner Theorie und Praxis. Eine objektive, nicht subjektive Komik. ... Der Stürmer und Dränger Goethe entwarf in Frankfurt um 1774/75 die heiter verzerrte Gelehrten-Position einer totalen und gewollten Diskrepanz zwischen Wissenschaft und Leben. Ein Schwärmertum, das sich aufs Leblose stürzt. Passion fürs Ausgestorbene. Komik einer geistigen Nekrophilie" (Mayer 1 S. 177). Von andersartiger Komik freilich ist die Position Wagners im zweiten Teil. Hier ist eine eigentümliche Einheit von Theorie und Praxis hergestellt. „Wagners theoretische Schwärmerei im Laboratorium ist die angemessene Praxis zu seiner einstigen Theorie. Die Utopie des künstlichen Menschen, ein Wissenschaftlich-Zukünftiges, soll verwirklicht werden von einem, der von jeher die Gegenwart nur als Endzustand einer ehrwürdigen Vergangenheit hatte verstehen wollen" (Mayer, a.a.O.). Der rückwärtsgewandte Wagner, scheu und ängstlich, wagt ein Experiment, das in eine ferne Zukunft weist und ihn von aller bürgerlichen und religiösen Tradition trennt. „Was Wagner in seinem Laboratorium plant und betreibt, ist Ketzerei der höchsten Art" (Mayer 1 S. 191). Bei aller Komik dieser Figur darf nicht verkannt werden, daß Goethe sie auch mit einem Hauch von Tragik ausgestattet hatte. In seiner bescheidenen Unterordnung unter den genialen Professor, in seinem Genügefinden an der Endlichkeit der Erkenntnis, in seiner „betrübten" (V. 6999) Hinnahme der Emanzipation seines künstlichen Sohnes Homunculus liegt eine Entsagung, die ein Ausweis seiner Menschlichkeit ist.

Magie

Danckert (S. 466) berichtet über Goethes langjährige Beschäftigung mit der *Magie:* „Man weiß, wie es Goethe zu verschiedenen Zeiten zu ‚magischen' Stoffen hinzog. Aus dem Studium der Alchemisten, der magiegläubigen Theosophen erwuchs der Hintergrund des Ersten Faust. Ums Jahr 1770 las Goethe magisch-theosophisch-kabbalistische Schriften: Agrippa von Nettesheim, Peter Poiret, Jean de Bernière-Louvigny, Thomas a Kempis, Malebranche, Mosheims Notiz über die gnostischen Abraxas, Plotin, Welling, Starkey, Basilius Valentinus, die Aurea Catena Homeri, Campanella, Giordano Bruno, Kirchmeyer, Swedenborg, wahrscheinlich auch Dippel und Oetinger. Seine Kenntnisse von Nostradamus, Paracelsus und Helmont entnahm er der ‚Unpartheyischen Kirchen- und Ketzergeschichte' des Gottfried Arnold (1699/1700). Kurz vor der Italienischen Reise (Juni 1786) studierte er die

‚Chymische Hochzeit Christiani Rosenkreutz'. Richard M. Meyer weist darauf hin, daß Goethe in den Jahren 1797 bis 1800 in den ‚Bannkreis der Zaubereien' gerät: Interesse an Cellinis Aberglauben, Bakis' nostradamische Sprüche, die Erste Walpurgisnacht, schließlich Ausarbeitung der wichtigsten Faustszenen."

Magie ist im ersten Teil des „Faust" zunächst einmal Fähigkeit der *Geisterbeschwörung*. Der Magier bedient sich der Geister, über die er Macht gewinnt, um seine eigenen Fähigkeiten ins Übernatürliche zu steigern. Mit Hilfe der Magie kann auch die Macht anderer natürlicher oder übernatürlicher Wesen beschränkt und ihr Angriff abgewehrt werden. Dem Magier ist „die Geisterwelt ... nicht verschlossen" (V. 443). Als Magier beschwört Faust den Erdgeist, mit dessen Hilfe er einfühlende Erkenntnis des Ganzen der Welt gewinnen will. Dem übernatürlichen und bedrohlich sich vergrößernden Mephisto-Pudel will Faust mit magischer Beschwörung „begegnen" (V. 1271). Er will die Bedrohung abwehren und ihn zugleich zwingen, sich zu offenbaren. Auch der Todestrank aus der Phiole ist eine magische Handlung. Sie soll dazu dienen, die Grenzen des Daseins zu *erweitern*. So wird Magie „eine Steigerung der Faustischen Fähigkeiten und eine die ganze Welt umfassende Ausbreitung seiner ‚Monade'" (v. Wiese S. 164). Die *Verjüngung* in der Hexenküche ist ein magischer Akt, der die Ausbreitung der Monade auch in der Zeit zum Ziele hat. Führt die magische Handlung hier nur zu einer Erweiterung der Lebenszeit des Menschen, gewinnt Faust im *zweiten Teil* mit magischen Mitteln die Fähigkeit, ganze Geschichtsepochen der Vergangenheit zu durchschreiten und Zukunft zu antizipieren. Magie wird auf diese Weise auch Fähigkeit zur *Fiktion* und kommt der *Poesie* nahe. Magie „erweitert sich im zweiten Teile zu einer überteuflischen Daseinsbewältigung, für die Goethe mit dem Gang zu den Müttern, der klassischen Walpurgisnacht als dem Weg zu Helena und mit Faust-Helena-Euphorion eigene Mythen erfindet, die ein Hineinwachsen Faustens in einen menschlich-übermenschlichen Bereich poetisch verdeutlichen, der das Menschliche bis zur letzten Grenzlage steigert. Die so verstandene Magie, durch die sich Faust die Welt als Ganzes aneignet, weil jeder andere Weg für ihn zu kurz und zu begrenzt bemessen wäre, ist mit ihrer Aufhebung der Räume und Zeiten nicht mehr Zauberei, sondern ein mythisches Offenbarwerden des Magischen, dämonisches Lebenselement einer Seele, die das Unmögliche begehrt. ... Magie wird hier zum Organ höherer Erfahrungen des Geistes, bei denen der Teufel in zunehmendem Maße in die Rolle des bloßen Vermittlers herabgedrückt wird" (v. Wiese S. 165 f.).

Schon bei der Betrachtung des Makrokosmuszeichens aber „verschwistert sich das Magische mit dem Dichterischen" (Requadt S. 120). Die Fähigkeit, das Ganze im Einzelnen zu schauen, ist nicht nur *magisch*, sondern auch *poetisch*.

Magie ist zugleich auch übernatürliche *technische* Fähigkeit. Diese zeigt sich bereits bei dem Versuch der Befreiung Gretchens in der Kerkerszene, sie entfaltet sich voll bei der Landgewinnung im letzten Akt des „Faust II". In der technischen Magie manifestiert sich nicht mehr Wille zur Erkenntnis, sondern Wille zur Macht.

Magischer Helfer Fausts ist *Mephisto.* Naturgeist und Widernatur zugleich, eröffnet er Faust Wege zur Erkenntnis der Natur und entfremdet ihn zugleich der göttlichen Natur. Dazu sagt *v. Wiese* (S. 165): „Soweit der Teufel die magische Brücke schlägt, ist Magie immer Abkehr vom Göttlichen. Überall aber, wo Faust zu neuen Wahrheiten und neuen Irrtümern seines Daseins vorstößt — beides untrennbar miteinander verflochten — geschieht es mit Hilfe Mephistos. Mephisto hat den Schlüssel zu den Müttern, wenn er auch den Weg ins nicht zu Betretende nicht selber zu gehen vermag; Mephisto ermöglicht die magische Vereinigung von Faust und Helena; Mephisto leitet die Gespensterheere, die den Krieg gewinnen und dadurch Faust die Belehnung mit dem Meeresufer verschaffen; Mephisto schließlich ist es, der mit durchaus teuflischen Mitteln die Voraussetzung für das Faustische Werk der Kolonisation schafft und keinen Zweifel darüber läßt, daß die Faustischen Dämme sehr bald ein Schmaus der Elemente sein werden und sein ganzes Werk auf ‚Vernichtung' hinausläuft. Wohl führt alles, was Faust mit Mephistos Hilfe unternimmt, in einen übermephistophelischen Bereich, an den der Teufel nur indirekt heran kann. Die klassische Walpurgisnacht, Helena und der letzte Traum von Herrschaft und Volk, das sind Wirklichkeiten der nie ermüdenden, schaffenden Faustischen Seele, die sich mit keinem Teufelsmaß messen lassen. Aber es ist die Tragik des Faustischen Dämons, daß alle seine Werke dem Untergang geweiht sind, daß auch der höchste Aufschwung an mephistophelische Magie gekettet bleibt ... ".

Magie ist Steigerung menschlicher Möglichkeiten, sie führt aber auch zur Abkehr von der Humanität. „Die Magie ist Steigerung menschlicher Hybris; sie macht Faust frei von aller materiellen Sorge ... " (Trunz S. 475). Faust fällt der Sorge anheim, nachdem er der Magie abgeschworen hat (V. 11404 ff.). Er verliert an Macht, die Welt, in die er sich ausgebreitet hat, verengt sich ihm drastisch, er gewinnt aber an Menschlichkeit. Er gibt sein Gewaltherrschertum auf und konzipiert die utopische Vision einer reinen Tat, die er mit Hilfe der Magie nicht realisieren konnte, weil diese die Abwendung von der Natur und eine verstärkte Verstrickung in Schuld mit sich brachte.

Magie prägt sich im „Faust" in verschiedenen Formen aus, die *historischen* Epochen zugeordnet werden können. Magie als Beschwörung von Geistern ist eine Sache der späten Renaissance: „Magie soll nicht Macht, sondern Erkenntnis bringen, Verbindung mit den wirkenden Geistern; sie soll offenbaren, ‚was die Welt im innersten zusammenhält'. Die Vorstellungswelt Fausts ist dabei die des 16. Jahrhunderts" (Flitner S. 248). Magie als poetische

Weltgestaltung weist auf das zeitgenössische Denken der Romantik hin. Magie als technisch-ökonomische Beherrschung der Welt schließlich signalisiert den Geist des 19. und des beginnenden 20. Jahrhunderts.

Der Augenblick

An zwei Gipfelpunkten des Werkes spricht Faust vom *„Augenblick"*: in der zweiten Studierzimmerszenerie beim Angebot der Wette („Werd' ich zum Augenblicke sagen: / Verweile doch! du bist so schön! ... " ; V. 1699 f.) und unter Wiederaufnahme des Wortlauts unmittelbar vor seinem Tode im fünften Akt des zweiten Teiles (V. 11581 ff.):

„Zum Augenblicke dürft' ich sagen:
Verweile doch, du bist so schön!
Es kann die Spur von meinen Erdetagen
Nicht in Äonen untergehn. —
Im Vorgefühl von solchem hohen Glück
Genieß ich jetzt den höchsten Augenblick."

Mephistopheles nimmt das Stichwort kurz danach auf (V. 11589 f):

„Den letzten, schlechten, leeren Augenblick,
Der Arme wünscht ihn festzuhalten."

Vom „höchsten" Augenblick spricht *Faust,* vom „schlechten", „leeren" Augenblick *Mephistopheles.* Mephistos Interpretation des Begriffs ist im Zusammenhang der Textstelle zu sehen; er kommentiert Fausts letzte Worte (V. 11587 f.):

„Ihn sättigt keine Lust, ihm gnügt kein Glück,
So buhlt er fort nach wechselnden Gestalten."

Für Mephisto gibt es nur leere Augenblicke, sie gehören zum „Ewig-Leeren" da sie inhaltlos, sinnlos sind und nur Langeweile produzieren. Das Geschehen in der Welt ist für den Nihilisten Mephistopheles eine stete Wiederholung des Gleichen, ein „vollkommenes Einerlei" (V. 11596), ein Getriebe im Kreis (V. 11602), ein immer erneutes Hinwegraffen des Geschaffenen (V. 11599). Der leere, ziellose Kreislauf des Natur- und Weltgeschehens erlaubt nicht den erfüllten Augenblick. Es ist ein mechanistisches, dem Zufälligen Raum gebendes Weltbild, aus dem Mephisto sein Verständnis des Augenblickes schöpft. Das Weltgeschehen besteht aus lauter aneinandergereihten leeren Augenblicken.

Der „schöne" Augenblick, der „höchste" Augenblick, den *Faust* meint, ist nicht das punktuelle Jetzt, sondern ein Zeitmoment, in dem sich Vergangenheit, Gegenwart und Zukunft verdichten. Der „verweilende" Augenblick

(V. 1700; 11582) hält das Vergangene fest, bezieht das Zukünftige ein: „Es kann die Spur von meinen Erdetagen / Nicht in Äonen untergehn" (V. 11583 f.). Er ist verdichtete Ewigkeit, sinnlich und gefühlhaft vernehmbare Unendlichkeit. Er vermittelt ein „hohes *Glück*" (V. 11585) religiösen Charakters, weil sich in ihm eine meditative Schau Gottes vollzieht, die sich in der Wirklichkeit im hohen Augenblick für den Menschen konkretisiert, der sich im Stadium höchster Steigerung seiner Persönlichkeit befindet. Im Augenblick konzentriert sich die Wirklichkeit, die für Goethe als Ganzes „Gleichnis, Zeichen, Symbol des Absoluten, des Göttlichen" ist (Schadewaldt S. 81). *Emil Staiger* (2 S. 126) sagt: „Den klassischen Augenblick, worin Vergangenheit beständig, Künftiges voraus lebendig ist, haben wir als ein Begreifen des Allgemeinen im Besonderen, das heißt zugleich als ein symbolisches Denken und Anschaun erklärt."

Goethes Begriff des Augenblickes hat *Wolfgang Schadewaldt* in einer Abhandlung über „Goethes Begriff der Realität" genauer untersucht. Er weist nach, daß dieser Begriff und die damit verbundene Vorstellung das gesamte Werk Goethes durchziehen. Im Augenblick begegnen sich *symbol*hafte Konkretion der Wirklichkeit und der Mensch im Moment höchster Selbstverwirklichung: Es sind „im Wandel der Zeitlichkeit, der der Mensch nun einmal überantwortet ist, nur wenige kurze Bruchteile der Zeit, in denen der Mensch jene höchste, volle Selbstverwirklichung gewinnt. Sie haben den Charakter von Ereignissen, ein höchstes gesammeltes Gegenwärtigwerden des Seienden, Realen vollzieht sich in ihnen, und zugleich mit einem solchen Gegenwärtigwerden erfährt der Mensch eine ihn überstürzende Glückseligkeit und Freude. Sie gehen vorüber, aber fassen in sich Ewigkeit. Goethe hat dafür den Namen ‚Augenblick'. Was Goethe sonst gern ‚Gegenwart' nennt und worunter er den Zustand versteht, in dem ein Seiendes in seinem Sein mit größter Unmittelbarkeit, Nähe, Klarheit, Ersichtlichkeit anwesend und Erscheinung wird, es drängt sich in diesem seinem ‚Augenblick' gleichsam in einen Punkt zusammen. ‚Augenblicke' in diesem Sinne sind es, in denen die Realität für den Menschen in größter Gänze und Entschiedenheit eigentlich ‚da' ist, in denen er selbst am meisten ‚da', am meisten wirklich und real ist. Wo dieses nun aber im höchsten Grade Ereignis wird, spricht Goethe von ‚höchsten Augenblicken'. Diese sind Gipfel des Daseins und als solche wohl auch ‚entscheidend' für das Leben" (S. 83). „Höchste" Augenblicke verwirklichen sich — so weist Schadewaldt nach — im Bereich der *Liebe*, im Bereich der *Schau* und im Bereich des tätigen Wirkens und der Leben und Welt neu verwirklichenden *Tat*. „Nicht zufällig sind darum Liebe, Schau und Tat die drei Stufen, auf denen Faust auf dem Wege seines ebenso bemühten wie beirrten Strebens in Liebesleidenschaft, Schönheitsgenuß und Schöpfungsgenuß dreimal den höchsten Augenblick genießt" (S. 85). Diese höchsten Augenblicke bieten sich ihm in der Liebe Gretchens (V. 3193 f.), in der Schau Helenas als Schönheit, die der Gipfel der Natur ist (V. 9412), und im Vorblick auf die neue, dem Meer abgerungene Erde (V. 11585). „Die Verwirklichung des Menschen in höchster Steigerung seines ganzen Selbstseins in einem solchen höchsten Augenblick, der Ewigkeit ist, ist, was den Menschen angeht, für Goethe nun aber mit dem Gefühl des höchsten Glücks, der ‚Lust' und vor allem der ‚Freude' verbunden" (S. 86).

„Faust" als Theodizee

Fritz Strich schreibt (S. 95): „Ich nenne den Goetheschen ‚Faust' eine Theodicee, eine Rechtfertigung Gottes dafür, daß es das Böse im göttlichen Weltplan gibt. Der ‚Faust' offenbart den Sinn und die Notwendigkeit des mephistophelischen Prinzips im göttlichen Schöpfungsplan. Mephisto, der Feind allen Werdens, aller Verjüngung, allen Strebens, ist in Wahrheit der ewige Stachel zur ewigen Verjüngung, zum unendlichen Werden. Er ist der Geist, der ‚stets das Böse will und stets das Gute schafft'".

Das *Theodizee*-Problem ist von einer Reihe von Interpreten im Zusammenhang mit dem „Prolog im Himmel" und den Anklängen an das *Buch Hiob* erörtert worden. Sicherlich wird man nicht bezweifeln können, daß Goethe dem „Prolog", aber auch dem ganzen Werke den Gedanken einer Theodizee zugrunde gelegt hat, wenn auch der Begriff als solcher nicht genannt wird. Eine Rechtfertigung Gottes angesichts der Übel in der Welt und der Beweis, daß diese mit Gottes Allmacht, Allgüte und Gerechtigkeit nicht im Widerspruch stehen, war ein Thema des voraufklärerischen und des aufklärerischen Zeitalters und lag daher für Goethe gleichsam in der Luft. Der erste berühmte Versuch einer Theodizee findet sich in *Leibniz'* „Essais de Théodicée sur la bonté de Dieu, la liberté de l'homme et l'origine du mal" aus dem Jahre 1710. Diese waren gegen den französischen Skeptiker *Bayle* gerichtet, der die Existenz des Bösen mit der Annahme eines allmächtigen und vollkommenen Gottes für unvereinbar erklärt hatte. Gegen Leibniz' Optimismus schrieb *Voltaire* im Jahre 1759 den philosophischen Roman „Candide", in dem er die Thesen des deutschen Philosophen bekämpfte. *Immanuel Kant* verfaßte 1791 eine Schrift „Über das Mißlingen aller philosophischen Versuche in der Theodizee". Kant legt dar, daß es rationale Rechtfertigung Gottes nicht geben könne, sondern daß diese vielmehr eine Sache des Glaubens sei.

Eine Verbindung zwischen dem Faust-Thema und dem Theodizee-Gedanken findet sich, wie *Tokuzawa* nachgewiesen hat, schon bei *Pfitzer* und dürfte Goethe von diesem nahegebracht worden sein. Tokuzawa (S. 40) führt aus: „Wie schon erwähnt, nannte Pfitzer den Grund, warum Gott dem Teufel erlaube, jeden Menschen zu versuchen. Um diese Begründung noch klarer herauszustellen, wollen wir den Kontext anführen: Der Grund, aus welchem

Gott dem Teufel die Erlaubnis gibt, die Frommen zu versuchen und sich ihnen in trügerischer Gestalt zu zeigen, besteht in dem Wunsch, daß sie, auf Gottes Seite, den Unfrommen ihren Glauben und den unerschütterlichen Mut im Trotz wider den Feind bekunden und dann, wenn jener seinen Willen hartnäckig durchsetzen will, um so entschlossener und beständiger ihrem Herrn gehorchen. Der Teufel will deshalb seinen Willen durchsetzen, weil er möchte, daß sich die Frommen von Gott abkehren, ihn lästern und verfluchen. Er hat es schon mit Hiob versucht. — Er will nun mit Faust denselben Versuch machen; so ergibt sich ein klassischer Fall der Theodizee."

Von den neueren Interpreten befaßt sich *Wilhelm Flitner* intensiver mit dem Theodizee-Problem. Zu dem „marionettenhaften Prolog" und dem „opernartigen Schluß" sagt Flitner (S. 293): „Poetische Weissagungen über letzte Weltgeheimnisse werden in diesen visionären Akten verhandelt: die Gerechtigkeit Gottes, die Frage nach dem Ursprung des Bösen, nach dem Leben im Jenseits und die der Gnade." Die Prologszene sei dem Buche Hiob nachgebildet und rücke schon dadurch das Theodizeeproblem in den Mittelpunkt. „Wie Hiob wird Faust als ein Knecht Gottes vom Herrn selbst bezeichnet, als ein ‚guter Mensch', der sich ‚in seinem dunklen Drange' — dem Erosdrang zur Gottesnähe hin — wohl verirre, aber doch den rechten Weg im Sinn behalte und von seinem Urquell durch Teufelsmacht nicht abzuziehen sei. Dies ist der erste Lichtstrahl, der von der transzendenten Welt auf das Menschenschicksal geworfen wird. Goethe verbindet altkirchliche Denkweise mit seinen naturphilosophischen Vorstellungen. Altkirchlich ist es gedacht, wenn Gott nicht nur das Vorauswissen der Zukunft hat — Präszienz — sondern auch die Seelen zum Heil vorausbestimmt — wenn eine Prädestination zur Gnade der Seele mitgegeben wird. Naturphilosophisch gesehen hat jeder Mensch einen Dämon — eine bei der Geburt unmittelbar gegebene, begrenzte Individualität, ‚wodurch sich der Einzelne von jedem anderen bei noch so großer Ähnlichkeit unterscheidet'. Allgemein ist den Menschen die Richtung auf die irdischen Sorgen und hinter allen Zwecken die höchste Heilssehnsucht — der Drang zum Selbst und der zur Hingabe; der Dämon Fausts hat daraus die doppelte und zwiespältige Sehnsucht nach ‚Fülle' werden lassen, die sein Problem war. Diese Naturbegabung schließt nach dem Prolog die Gnade ein; sie macht aber auch für das Böse anfällig. So wird Faust dem Teufel in seinem Erdenleben überlassen und zugleich die Heilssehnsucht in ihm durch die Gnade befestigt. Das Geheimnis von Freiheit und Gnade, Naturnotwendigkeit und geschichtlichem Tun wird in dieser Szene berührt. Wie für Augustin und Luther ist auch für Goethe die Gnade der Lebensgrund; naturforschend verehrt er die Notwendigkeiten in der Schöpfung, die Gesetze und umfassenden Urphänomene; für das Willkürliche hat er seit den Tagen in Rom keinen Raum mehr. Wohl aber steigert er den Sinn für das Bildende, das freie Abwandeln der Gesetze und Urphänomene: eine unerschöpfliche Fülle von Gestalten, von Bauplänen wird genialisch-frei von der Natur innerhalb der strengen Maße des Gesetzlichen erzeugt. Ebenso fließt die Geschichte über von Neuschöpfung und Variation. In diesem bestimmten Sinne muß auch für die Freiheit des Willens Raum bleiben. Wie Goethe in der Autobiographie die Trennung von den Herrnhutern mit seinem Pelagianismus begründete, so läßt er auch in dem Schlußgedicht der Sammlung ‚Gott und Welt' die Fragen nach der Willensfreiheit und dem angeborenen Bösen satirisch durch Zeno und Pelagius abfertigen; beide haben aber gelehrt, daß der Mensch sich zum Guten aus eigener Kraft bestimmen könne. So ist der metaphysische Rahmen des Faustspiels aufzufassen: die Notwendigkeiten des angeborenen Charakters und die der göttlichen Lenkung schließen nicht aus, daß der Mensch frei handeln kann und verantwortlich leben muß. Die Lehren von der Gnadenwahl und die von den ‚ehernen, ewigen Gesetzen' in der Natur dürfen auf keinen Fall fatalistisch verstanden werden. Wie Herder verwarf Goethe den Determinismus des Spinoza, der ihn eine Zeitlang, als er ihn nur halb kannte, beruhigt hatte. Erst recht galt ihm die mechanistische Denkweise des Lukrez als eine Verirrung. Geprägte Form entwickelt sich lebend; das Notwendige bildet in Freiheit, die Gnade wirkt auf ein eigentätiges Selbst. — Die Frage, warum das Böse in der Welt ist, erläutert der Herr, nachdem er Mephisto die Erlaubnis gegeben hat, Faust zu versuchen; seine Worte sind erst an den Teufel, dann an die Zuschauer gerichtet. Augustins Auffassung ist maßgebend: das Böse ist kein eigenes Prinzip und der Teufel kein böser Gott, sondern selbst eine Kreatur, die von ihrem Schöpfer abgefallen ist und doch seinen Zwecken dienen muß. Nach Augustin ist das Böse nichts als das fehlende Gute, bei Goethe eine Kraft, die im Sinne Gottes indirekt wirkt; darin aber ist es auch nach Goethe ein bloßer Gütemangel, daß es entsteht, wenn Gott seine Hand vom Menschen abzieht und sich ‚entfernt'. Die Funktion des Bösen ist, den Menschen zur höheren Tätigkeit zu reizen" (S. 293 ff.). „Die Goethesche Auffassung vom Bösen gehört zusammen mit der Auffassung vom höchsten Gut; auch diese wird im Prolog sogleich angedeutet. Der Mensch, so sagt der Herr, liebt sich ‚die unbedingte Ruh'; aber Gott wünscht den Menschen tätig und produktiv. Das Böse stachelt den Menschen nicht nur in seinen Erdenzwecken, sondern auch in den ewigen zu unaufhörlichem Streben und Versuchen. Wie es im Diesseits nur eine bedingte Ruhe zuläßt, so macht es im Jenseits eine weitere Läuterung und Bildung nötig" (S. 297).

Von „Faust I" zu „Faust II"

Das Problem der *Einheit* der Faust-Dichtung gehört heute nicht mehr zu den erregenden Gegenständen der wissenschaftlichen Diskussion. Der Streit zwischen den Vertretern der Einheit des Werkes (den „Unitariern") und denen, die einen systematischen Zusammenhang des Gesamtwerkes leugnen (den „Fragmentariern"), von *Friedrich Theodor Vischer* erstmals mit seinem Vorwurf des Stilbruchs entfacht, hat heutzutage einer ruhigeren und differenzierteren Betrachtungsweise Platz gemacht. Obwohl Goethe selbst in seinen Äußerungen über das Werk die Unterschiede zwischen dem ersten und dem zweiten Teil stärker hervorhebt, hat sich allmählich weitgehend, wenn auch nicht ausschließlich, die Ansicht durchgesetzt, daß das Werk als eine Einheit zu betrachten ist.

Es stellt sich in diesem Zusammenhang die Frage, ob die typischen Strukturen des Werkes auch im *zweiten Teil* wiederkehren. Bei der Beantwortung dieser Frage wird man untersuchen müssen, ob das Prinzip der Systole und Diastole auch das Geschehen des zweiten Teils bestimmt, ob das Geflecht der Leitmotive und Symbole, das den ersten Teil durchzieht, auch im zweiten Teil wiederzufinden ist, ob Konfiguration, Spiegelung, Polarität und Steigerung auch den zweiten Teil nicht nur strukturieren, sondern ihn auch mit dem ersten Teil verklammern. Eine umfassende Antwort auf diesen Komplex von Fragen liegt noch nicht vor, da einschlägige wissenschaftliche Untersuchungen hier noch fehlen. Daher kann *Emrich* in seinem Buch über „Die Symbolik von Faust II" (2 S. 13) mit Recht feststellen, „daß die entscheidende Frage nach der ‚Einheit' des Werkes und dem Verhältnis des Ganzen zu den Teilen immer noch ungelöst vor der Forschung steht".

Es hat seit langem an Versuchen nicht gefehlt, einheitliche Strukturen in dem Gesamtwerk festzustellen oder ihm zu unterstellen. *Hermann August Korff* ist wohl der letzte der Interpreten, die die Systematik des Werkes in der Idee einer „Aufwärts-Entwicklung" des Helden (II S. 391) begründet wissen wollten. *Heinrich Rickert* sieht beide Teile in einer philosophischen Idee vereint, in der Idee der „reinen Tätigkeit", die Faust auf immer höhere Stufen seiner Existenz führe. Die Versuchungen Fausts dienten dazu, ihn von der Entfaltung einer immer reineren Tätigkeit abzulenken (2 S. 281). *Wilhelm Flitner* konstatiert eine „ausgewogene architektonische Einheit" des Gesamtwerkes (S. 259), die in einer kunstvollen Verklammerung einer Rahmen- und einer Binnenhandlung durch Verträge, Wetten, Expositionen und Abschlüsse hergestellt sei. *Wolfgang Streicher* sieht in dem Werke eine quasi-epische Reihung von Existenzformen, die Faust in dem Drang nach immer reinerer Tätigkeit entwerfe. Nach der Vorstellung der *Marxisten* ist der Zusammenhang der Teile ein quasi-historischer, indem Faust als ein Repräsentant der Menschheit verschiedene historische Epochen durchlaufe und damit die Möglichkeit eines in einer Generation lebenden Individuums überschreite. Hier ist es also wiederum eine philosophische Idee, die Einheit stiftet.

Paul Requadt, der das Gesetz des Wechsels von Systole und Diastole als das tragende architektonische Fundament des ersten Teiles der Dichtung ansieht, ist der Frage nachgegangen, ob sich dieses wesentliche Strukturelement auch im zweiten Teile wiederfinde. Er hat dabei vor allem derartige Beziehungen zwischen dem ersten Teil und dem Faust-Schluß herstellen können. Die Antithetik von *Systole* und *Diastole* kehrt in der Philemon-Baucis-Szene wieder, wo der Wanderer die Tendenz zur Ausbreitung, das Paar der Alten die zur Enge repräsentiert. Auch die antithetisch geordneten Örtlichkeiten Palast / Hütte, Palast / Grab („ins enge Haus", V. 11529) sind hier einzuordnen. Als eine systolische Situation im Sinne einer „äußersten Verengung" (Requadt S. 366) ist vor allem *Fausts Erblindung* anzusehen. Dieses Ereignis sieht Requadt (a.a.O.) als das „Zentrum des letzten Faustaktes" an. Die Erblindung bedeutet für Faust den radikalen Weltverlust, sie ist aber zugleich Durchbruch des „inneren Lichts". Requadt deutet im Anschluß an die Interpretation der Szene durch *Peter Michelsen* Fausts *inneres Licht* als seinen illusionären Irrtum: Faust sei durch Überspannung der Ausdehnungstendenz, „weil er in seinem regimentalen Handeln durch die im Zauber symbolisierte Vermittlung ohne die Andacht des Wanderers vor der Natur sie zum Stoff degradiert und sich damit des Gegenhaltes in der Welt beraubt" habe, in eine „Disproportion zum Äußeren" (Requadt S. 371) geraten. „Seine Erblindung ist nur Folge und Ausdruck dieses Weltverhältnisses: die Augen, die das Unendliche sehen wollen, sehen nichts" (Michelsen S. 34). „Es ist ... der radikalste Irrtum seines Lebens" (Requadt S. 371). Er beharre in diesem Irrtum bis zu seinem Tode, indem er Befehle gebe, die man nicht mehr befolge. Anstatt sein Werk zu vollenden, schaufele man sein Grab. Im *Tode* allerdings kehre Faust aus dem Irrtum zurück, indem er die Vision eines freien Verhältnisses zur Natur denke, das frei von Magie und imperatorischem Zwang sei. Erst im Tode, in dem die Welt von ihm abfalle, sei das innere Licht in der Lage, die „Wahrheit" zu finden, nämlich die „reine" Tat zu tun. „Der Faust, der nach Verlust des Augenlichts weiter Befehle austeilt und sie sogar verschärft, hat noch nicht am reinen Tun teil, denn er handelt, von sich aus gesehen, noch in die reale Welt hinein. Erst als diese wirklich (d. h. im Sterben) verlorengeht, in seinen letzten Worten, verwirklicht er die ‚reine Tat'" (Requadt S. 384). „Was Goethe in Fausts letzten Worten dokumentiert, ist nicht mehr eine reale Tat, wie es die Ausführung des Selbstmords gewesen wäre: Es ist innere Aktion, Rückkehr aus dem Irrtum, d. h. aus jener Überspannung menschlicher Autonomie in der Befehlshaltung und Naturfremdheit, und Hinwendung zu einem Zustand, in dem es kein Befehlen und kein Gehorchen mehr gibt. Und diese Rückkehr kann als ‚reine Tat' gelten, weil der Zauber, der bis dahin Fausts unangemessene Weltaneignung ermöglicht hatte, im Übergang vom Leben zum Tode abgestreift und weil das ‚innere Licht', bar jeder Weltsubstanz ..., herausgetreten ist. Deshalb konnte man auch von einer Leistung Fausts sprechen, zu der die Gnade ergänzend hinzukommt" (Requadt S. 386).

Wie auch immer man Fausts Erblindung deuten mag, es kann nicht gezweifelt werden, daß hier Faust in eine Situation äußerster Systole gelangt ist. Diese Situation ist aber zugleich die eines Durchgangs durch eine *„enge Pforte"*, durch die Faust ein neuer Durchbruch gelingt. Damit wird deutlich, daß auch im zweiten Teil die *Leitmotivtechnik* von Goethe nicht aufgegeben wird. Zwar tritt sie gegenüber der *Symbolik,* die Emrich ausführlich untersucht hat, in ihrer Bedeutung zurück, dennoch aber bleiben leitmotivische Strukturen auch hier erhalten und verbinden den zweiten mit dem ersten Teil. Auf die konsequente Fortführung des Leitmotivs des *Irrens* ist bereits hingewiesen worden. Das *Hüttenmotiv* spielt in der Philemon-Baucis-Szene eine entscheidende Rolle. Der *Mond* leuchtet, das irdische Geschehen spiegelnd, über der Klassischen Walpurgisnacht, und verharrt über dem ägäischen Fest im Zenith. Das *Sorge*-Motiv wird aus dem ersten in den zweiten Teil übertragen. *Antithesen* und *Konfigurationen* spielen eine wesentliche Rolle (Faust / Mephisto; Faust / Lynkeus; Faust / Helena; Phorkyas / Helena; Lynkeus / Wanderer usw.). Die leitmotivische Antithetik von *Geist* und *Buchstabe* kehrt im letzten Akt wieder: Mephisto glaubt, sich an den Buchstaben halten zu müssen, nachdem Faust die Worte „Verweile doch, du bist so schön" (V. 11582) gesprochen hat. „Die umstrittene Einheit der Faustdichtung scheint uns auf diese Weise gesichert. Es sind (abgesehen von dem Zusammenhang der Handlung) Formprinzipien, die sie herstellen, indem sie den Faustschluß mit dem ersten Werkteil verklammern: die Prinzipien der ‚wiederholten Spiegelungen' und der ‚Steigerung'. Die Motivfolge: Enge — Durchbruch zur ‚reinen Tat' — Reflex der Transzendenz kehrt am Ende wieder. Nur darin besteht der Unterschied, daß jetzt, nach Aneignung der Welt, Fausts Scheiden aus ihr gleichsam legitimiert wird, Spiegelung also und zugleich Kontrast" (Requadt S. 388).

In der *Spiegelung* der Teile sieht auch *Wilfried Malsch* die Einheit der Faust-Dichtung begründet. Es seien nur einige Beispiele angeführt: „Im Zauberspiegel der Hexenküche erblickt Faust ‚das schönste Bild von einem Weibe' (V. 2436). Es deutet voraus auf Gretchen und wird übertroffen von der lebendigen Wirklichkeit des Schönen. ... Zugleich deutet es voraus auf Helena und wird übertroffen von der als wirklich vorgestellten höchsten Möglichkeit des Schönen (V. 6495—6497)" (Malsch S. 135). „Die Hexenküchen-Szene deutet auf die Korrespondenz der dargestellten natürlich-lebendigen Erscheinung des Schönen in Gretchen mit der in Helena dargestellten künstlich-lebendigen Erscheinung der Idealität des Schönen voraus. Formt die Verlockung der ‚Zauberspiegelung' Fausts Phantasie ästhetisch vor für die sogleich auf der ‚Straße' erfolgende Begegnung, so setzt die künstlerische Neuformung des schönen Frauengebildes die von Gretchen verheißene ‚Wonne', die ‚den Göttern nah und näher bringt' (V. 3241 f.), wieder in ästhetische Verheißung um" (S. 136 f.). Der Szene „Wald und Höhle" des ersten Teils korrespondiert die Eingangsszene des vierten Aktes: „Wie im ersten Teil der Tragödie die Szene ‚Wald und Höhle' den Übergang von der steigenden zur fallenden Handlung rück- und vordeutend unterbricht, so im zweiten Teil die Szene auf dem ‚Hochgebirg'. Beide Male gewinnt Mephistopheles Macht über Faust, sobald dieser konkret zu Gewinnendes ins Auge faßt. In der ästhetisch distanzierten Betrachtung seiner Monologe und des griechisch-hesperischen ‚Spiels im Spiel' bleibt Faust jedoch frei" (S. 139). In „Wald und Höhle" könne Faust der Verstrickung schon nicht mehr entrinnen, während er auf dem „Hochgebirg" seinem Untergange schon überlegen sei, ehe er sich — diesesmal völlig autonom — in die Welt verstricke. Hier habe Faust nicht mehr nur einen freien Rückblick, sondern einen ebenso freien Zukunftsblick, dessen symbolisches Objekt das Wolkengebilde sei, in dem poetisch verklärte Vergangenheit und verheißungsvolle Zukunft zugleich getrennt und vereinigt seien. „Die beiden entgegengesetzten Betrachtungen vereinigt Faust auf dem ‚Hochgebirg' ... dadurch, daß er die in ‚Wald und Höhle' als gescheitert angesehene Hoffnung (V. 3360—3365) sowohl als vergangene Erfüllung (V. 10050) als auch — nach der Wiedererkenntnis der ersten Liebe (V. 10058—10063) — als noch ungewordene Möglichkeit vor seinen Augen ‚sieht'. Die Sonne der Zukunft nun im Angesicht, nicht mehr im Rücken, erleuchten ihm ihre von der antiken Wolke gemilderten Strahlen die Bedeutung Helenas für Gretchens ‚ersten, kaum verstandenen Blick' ..." (S. 142). Zahlreich sind die Spiegelungen der Gretchen-Handlung in der Schlußapotheose des zweiten Teiles. Es sei nur auf das Beispiel der Verse Gretchens im „Zwinger" (V. 3587 ff.) hingewiesen, die in V. 12069 ff. „in strahlendstes Dur" verwandelt (Fähnrich S. 257) wiederkehren. Über die wechselseitigen Spiegelungen Arkadiens im ersten und zweiten Teil ist oben wiederholt gesprochen worden. Malsch legt schließlich noch dar, daß alle Teile und Episoden sich im Helena-Spiel spiegeln. Hier reflektiert sich der Übergang von einer Epoche in die andere im Bild und in der Sprache; alle Welten, die Faust durchwandert, werden hier zusammengefaßt. „Arkadien ist der von Goethe universalgeschichtlich vorgefühlte und vorgeformte Zenit, zu dem alle ... Traditions- und Weltelemente dieses Gedichtes organisiert sind ..." (S. 154 f.).

Zur Theatergeschichte des „Faust“

Goethe stand einer Aufführung des ersten Teils des Werkes anfänglich offenbar skeptisch gegenüber. Durch die bildende Kunst erst entfaltete sich vor ihm die Möglichkeit einer Verbindung des Textes mit der optischen Dekoration durch das Bühnenbild. *Julius Petersen*, der 1929 die Theatergeschichte des Werkes zusammenfassend dargestellt hat, berichtet (S. 7 f.): „... der romantische Geist einer jüngeren Generation (fand) im Motivreichtum des Faust eine Phantasiebefruchtung, wie sie noch keine deutsche Dichtung je der Bildkunst geboten hatte. In den Jahren 1810 bis 1812 traten nicht weniger als fünf große Zyklen von Faustillustrationen an Goethe heran: die Werke von Stieglitz, Nauwerck, Retzsch, Cornelius und Naecke, denen später (1829) Rambergs Kupfer im Taschenbuch Minerva folgten. Die Bildkunst trat ein für die fehlende Bühne; sie erfaßte das Sichtbare des theatralischen Gehaltes in sinnlicher Prägung; sie erlebte die Vision der scharf umrissenen Erscheinungen; sie verlieh den Gestalten des Faust, des Mephistopheles, Gretchens und der Frau Marthe ihre charakteristischen Physiognomien und Kostüme; sie stellte diese Figuren in Gruppen vor einen szenischen Hintergrund: damit gab sie allen Einzelheiten der Erscheinung einen so bestimmten Umriß, daß spätere Bühnentradition zunächst nicht anders konnte, als sich der Führung der Bildkunst zu überlassen.“

Diese Bildzyklen sowie die Darstellung einiger Szenen im Schattenspiel durch Falk in einer Weimarer Gesellschaft im Jahre 1809 hatten Goethe wohl den Gedanken einer Aufführung des Werkes wieder nähergebracht. So bittet er Zelter in einem Brief vom 18. November 1810, eine Musik zu einer „Faust“-Aufführung beizusteuern: „Schließlich melde, daß uns ein seltsames Unternehmen bevorsteht, nämlich den ‚Faust‘ aufzuführen, wie er ist, insofern es mir einigermaßen möglich werden will. Möchten Sie uns wohl mit einiger Musik beistehen, besonders bei dem Ostergesang und dem Einschläferungslied ‚Schwindet ihr dunklen Wölbungen droben‘.“ Zelter aber winkt offenbar ab, denn Goethe schreibt ihm am 28. Februar 1811: „Daß Sie ablehnen, die Musik zum ‚Faust‘ zu komponieren, kann ich Ihnen nicht verargen. Mein Antrag war etwas leichtsinnig wie das Unternehmen selbst.“ Aus dem Jahre 1810 ist noch ein eine Aufführung vorbereitendes Szenar des Schauspielers Pius Alexander Wolff mit Zusätzen Goethes erhalten, das den ersten Teil des „Faust“ in fünf Akte gliedert. Wahrscheinlich stammen aus dieser Zeit auch die sieben eigenhändigen Zeichnungen Goethes, „deren Gegenstände (Prolog im Himmel, Erdgeist, Hexenküche, Walpurgisnacht) deutlich erkennen lassen, wo Schwierigkeiten und Unsicherheit der Darstellungsmöglichkeit lagen“ (Petersen S. 10). „Die Tradition der Opernbühne, die seit der Barock-Zeit für heidnische Göttererscheinungen in Wolkenwagen und Schwebemaschinen das Unmögliche möglich gemacht hatte, versagte für die christliche

Allmacht. Die mittelalterliche Anschauung, die Gottvater als alten König mit weißem Bart ... über dem Spielfeld thronen ließ, war verloren gegangen, und der Ersatz, den das Jesuitentheater in allegorischen Sinnbildern schuf, hatte den Barockstil nicht überlebt" (Petersen a.a.O.).

Eine erste private Dilettantenaufführung fand 1819 in Berlin durch den Fürsten *Radziwill* statt. Dieser hatte eine Musik zu „Faust" komponiert, besuchte Goethe im April 1814 und spielte ihm Teile der Musik auf dem Cello vor. Goethe ließ sich für den Plan einer melodramatischen Aufführung des Werkes gewinnen und steuerte „einzelne operntextliche Ergänzungen" (Petersen S. 13) bei. 1819 und 1820 wurde diese melodramatische Fassung wiederholt im Schlosse Monbijou durch Schauspieler (Pius A. Wolff als Faust) und vornehme Dilettanten der Hofgesellschaft vorgeführt.

1820 erfolgte die erste *öffentliche* Theateraufführung in Breslau, freilich mit fragmentarischem Text. Zum ersten Male vollständig aufgeführt wurde der „Faust I" am 19. Januar 1829 durch *Klingemann* im Braunschweiger Hoftheater. „Klingemanns Bearbeitung und Inszenierung leistete alles, was nach den Bedingungen des damaligen Theaters erwartet werden konnte" (Petersen S. 16). Noch im selben Jahre brachten die Theater in Hannover, Bremen, Dresden, Frankfurt am Main, Leipzig und Weimar anläßlich von Goethes 80. Geburtstag das Werk in der Klingemannschen Bearbeitung auf die Bühne.

Zur *Bühne der Zeit* führt *Petersen* (S. 16 f.) aus: „Die Bühnenform jener Zeit war die Verwandlungsbühne der Oper, die indessen durch den Realismus des bürgerlichen Dramas, durch die Ausstattung der Innenräume mit plastischen Möbeln und durch die Belastung der Szene mit praktikabeln Versatzstücken ihrer ursprünglichen Beweglichkeit beraubt war. Die Zauberkünste des Barocktheaters, dessen blitzartige Verwandlungsmöglichkeiten unerschöpflich waren, hatten ihre Wunderwirkung eingebüßt. Jede auf offener Szene durchgeführte oder durch den Zwischenvorhang gedeckte Verwandlung bedeutete mit ihrem schwerfälligen Apparat einen empfindlichen Verlust an Zeit und eine Zerstörung der Stimmung. Unter diesen Verhältnissen war das dramaturgische Gebot aller Theaterbearbeitungen, auch derer, die Goethe und Schiller für das Weimarer Theater unternommen hatten, die möglichste Ersparnis an Verwandlungen durch Zusammenlegung von Szenen, die vor der gleichen Dekoration gespielt werden konnten, und durch Streichung von Szenen, deren Bedeutung in keinem Verhältnis zu dem von ihnen erforderten Dekorationsaufwand stand."

Schwierigkeiten der Aufführung ergaben sich nicht nur aus der damaligen Bühnentechnik, sondern auch aus einer engstirnigen und prüden *Zensur.* Über die erste Weimarer Aufführung nach Goethes 80. Geburtstag und über die Zensur bei anderen Aufführungen der Zeit berichtet Petersen (S. 18 ff.): „Da mußten nicht allein alle Nennungen Gottes beseitigt werden, sondern auch die Liebesszenen wurden für den Gebrauch der Töchterschule zurecht gemacht. Gretchen durfte nicht ‚heut Nacht', sondern nur ‚noch heut' in Fausts Armen ruhen; ‚Brust an Brust' wurde in ‚Blick in Blick', ‚Busen' in ‚Mund' und das ‚Strumpfband', das Fausts Liebeslust ersehnt, in ein ‚Armband' verwandelt. Zu alledem mußte Goethe seinen Segen geben, und wenn solche Zimperlichkeit für uns heute Quelle der Erheiterung ist, so können wir doch nachfühlen, welche ohnmächtige Verzweiflung den Dichter packte. Weit schlimmer erging es seinem Werk an anderen Orten, wo die persönliche Rücksichtnahme auf den Verfasser in Wegfall kam. Protestantische und katholische Gegenden unterschieden sich wenig in dem Grad der Empfindlichkeit gegenüber Mephistos Ausfällen auf die Kirche. In Sachsen war namentlich die Nennung des Dr. Luther im Rattenlied unzulässig, und man begnügte sich nicht allein mit der banalen Änderung ‚das macht das gute Futter', sondern für Leipzig dichtete Theodor Hell die ganze Strophe in törichtester Weise um:

Es war eine Ratt' im Kellernest
lebt' nur von Fett und Käse,
hatt' sich ein Ränzlein angemäst',
wie der gelehrteste Chinese.

In Wien, wo einzelne Szenen des Stückes zum erstenmal im Jahre 1832 gespielt wurden, war das Wort ‚Pfaffen' verpönt, weshalb Faust gleich im Anfang sich gescheiter zu fühlen hatte:

‚als alle die Tröpfe,
Seh' stolz herab auf die hohlen Köpfe.'

Auch durfte Faust nicht ‚leider auch', sondern nur ‚zuletzt auch noch Theologie' studiert haben.

Auf dem Burgtheater, der Heimstätte der ‚Komtessenstücke', war man zudem der adligen Zuschauerschaft besondere Rücksicht schuldig, und der faux pas Fausts, der die nur dem Adel zukommende Anrede ‚Fräulein' an Gretchen wandte, das als Bürgerskind mit ‚Jungfer' zu titulieren war, mochte Anstoß erregen. So ist es denn eine bei späteren Aufführungen wohl mögliche, wenn auch nicht sicher verbürgte Anekdote, daß Fausts Begrüßung nicht anders lauten durfte als ‚Meine schöne Jungfer, darf ich's wagen', und daß Gretchen dann die entsprechende ablehnende Antwort zu geben hatte."

Charakteristisch für die Aufführungen in der ersten Hälfte des 19. Jahrhunderts ist, daß die Tragödie Gretchens in den Vordergrund gestellt wurde. Das führte zu Kürzungen in den Faust-Szenen. Da der zweite Teil sich die Bühne noch nicht erobert hatte, wurde auch der „Prolog im Himmel" meistens gestrichen; dieser kam 1856 in Bremen und in Leipzig erstmalig zur Aufführung.

Später, in der „Zeit des Gastspielvirtuosentums", verlagert sich das Schwergewicht, „und Mephistopheles wird die Paraderolle der großen Charakterdarsteller" (Petersen S. 25). Dabei ist es übrigens bis zu der aufsehenerregenden Mephisto-Darstellung durch Gustav Gründgens im wesentlichen geblieben, wenn man es vom Ende des 19. Jahrhunderts an auch vermieden hat, das ganze Stück zusammenzustreichen, um es in den Dienst einzelner Rollen zu stellen. Seydelmann, Döring, Lewinsky, Dessoir, Mitterwurzer, Kainz, Bassermann und Wegener waren berühmte Mephisto-Darsteller. Die Rolle Gretchens wurde im 19. Jahrhundert am überzeugendsten von Maria Seebach gespielt.

Über die Möglichkeiten, die die Rolle Mephistos dem Schauspieler bietet, sagt *Rudolf Bach* (S. 194 f.): „Und so ist die Figur auch für den Schauspieler unerschöpflich. Man kann ihn als Grandseigneur darstellen, so hat ihn Goethe, den Berichten zufolge, dem ersten Vertreter, La Roche, einstudiert, er läßt sich breit, saftig, vital spielen, wie Wegener es getan hat, oder gegen den Volksteufel hin, gegen den Mimus des genialen Komödianten, so sahen wir ihn von Pallenberg, in dem noch Geist vom Geiste der commedia dell'arte lebendig war (wunderbar kam da vor allem die ‚Spottgeburt aus Dreck und Feuer' heraus), und er läßt sich ganz aus dem Wort, aus dem kalten Glanz der Rede gestalten, mit der geistigen Schwermut des gefallenen, gestürzten Engels; so sei Kainz gewesen, erzählten sie, in dieser Richtung liegt in unseren Tagen die Leistung von Gründgens. Es sind insgesamt lauter Variationen über ein vielleicht nie ganz zu fassendes Thema. Ist es erlaubt, von einem Schauspieler zu träumen, der sie allesamt mit sich selbst musizieren könnte? Gäbe es ihn, so empfinden wir wohl vom Theater herab eine Ahnung von der Daseinsgewalt, die in dieser Figur aufgespeichert ist."

Man wagte es allmählich auch, den zweiten Teil des Werkes aufzuführen. Goethe hat sich über dessen Bühnengestaltung mehr Gedanken gemacht als über die des ersten Teils. In seinem Gespräch mit Eckermann am 20. Dezember 1829 führte der Dichter aus: „Mir trat indes der ‚Faust' wieder vor die Seele, und ich gedachte des Homunkulus und wie man diese Figur auf der Bühne deutlich machen wolle. ‚Wenn man auch das Persönchen selber nicht sähe', sagte ich, ‚doch das Leuchtende in der Flasche müßte man sehen, und das Bedeutende, was er zu sagen hat, müßte doch so vorgetragen werden, wie es von einem Kinde nicht geschehen kann.'

‚Wagner', sagte Goethe, ‚darf die Flasche nicht aus den Händen lassen, und die Stimme müßte so kommen, als wenn sie aus der Flasche käme. Es wäre eine Rolle für einen Bauchredner, wie ich deren gehört habe, und der sich gewiß gut aus der Affäre ziehen würde.'

So auch gedachten wir des großen Karnevals und inwiefern es möglich, es auf der Bühne zur Erscheinung zu bringen. ‚Es wäre doch noch ein wenig mehr', sagte ich, ‚wie der Markt von Neapel.'

‚Es würde ein sehr großes Theater erfordern', sagte Goethe, ‚und es ist fast nicht denkbar.'

‚Ich hoffe es noch zu erleben', war meine Antwort. ‚Besonders freue ich mich auf den Elefanten, von der Klugheit gelenkt, die Viktoria oben, und Furcht und Hoffnung in Ketten an den Seiten. Es ist doch eine Allegorie, wie sie nicht leicht besser existieren möchte.'

‚Es wäre auf der Bühne nicht der erste Elefant', sagte Goethe. ... ‚Aber das Ganze ist viel zu groß und erfordert einen Regisseur, wie es deren nicht leicht gibt.'

‚Es ist aber so voller Glanz und Wirkung', sagte ich, ‚daß eine Bühne es sich nicht leicht wird entgehen lassen. Und wie es sich aufbaut und immer bedeutender wird! Zuerst schöne Gärtnerinnen und Gärtner, die das Theater dekorieren und zugleich eine Masse bilden, so daß es den immer bedeutender werdenden Erscheinungen nicht an Umgebung und Zuschauern mangelt. Dann, nach dem Elefanten, das Drachengespann, aus dem Hintergrunde durch die Lüfte kommend, über den Köpfen hervor. Ferner die Erscheinung des großen Pan, und wie zuletzt alles in scheinbarem Feuer steht und schließlich von herbeiziehenden feuchten Nebelwolken gedämpft und gelöscht wird! Wenn das alles so zur Erscheinung käme, wie Sie es gedacht haben, das Publikum müßte vor Erstaunen dasitzen und gestehen, daß es ihm an Geist und Sinnen fehle, den Reichtum solcher Erscheinungen würdig aufzunehmen.'

‚Geht nur', sagte Goethe, ‚und laßt mir das Publikum, von dem ich nichts hören mag. Die Hauptsache ist, daß es geschrieben steht; mag nun die Welt damit gebaren, so gut sie kann, und es benutzen, soweit sie es fähig ist.'"

Aus dem *zweiten Teile* wurde der Helena-Akt erstmalig von Gutzkow zu Goethes 100. Geburtstag am 28. August 1849 im Dresdener Hoftheater unter dem Titel „Der Raub der Helena“ auf der Bühne dargestellt. Gutzkow berichtet von der Aufführung: „Den Abend des 28. leitete ein Gedicht Theodor Hells ein, von Frau Bayer-Bürck mit gewohnter Innigkeit gesprochen. Dann folgte das kleine Schäferspiel Goethes ‚Die Laune des Verliebten‘, hierauf eine Anzahl von mir ausgesuchter lebender Bilder nach bedeutenden Meistern und zum Schluß der Versuch, theatralisch Brauchbares aus dem zweiten Teil des ‚Faust‘ festzuhalten und wiederzugeben. Es paßte für das zweiaktige Ganze, das ohne besonderen Zwang entstand, der Titel: ‚Der Raub der Helena‘. Nur mußte die Musik stark eingreifen und sowohl die Lücken und Übergänge verdecken als die starken Anmutungen an märchenhafte Voraussetzungen unterstützen. Theodor Liedtke spielte den an sich unerquicklich, ich möchte sagen, zu Goethisch gewordenen Faust, der sich mit dem Zaubergebilde der Helena, das ihm Mephisto gestellt hat, vermählt, wodurch gewissermaßen Goethes Doppelnatur, die deutschvaterländische und die griechischkünstlerische, erklärt werden soll. Leider blieb Liedtke bei der dritten Vorstellung auf seiner Luftfahrt, die er aus den Armen der sich in Wolken auflösenden Helena machte, in dem Tauwerk der Maschinerie hängen und glaubte so sehr sein Leben in Gefahr, daß er mit den Schnürbodenarbeitern vor allem Publikum menschlich zu zetern anfing“ (zitiert nach dem Programmheft des Schillertheaters Berlin zur Aufführung des „Faust II“ 1966/67).

Der erste Versuch einer Aufführung des „Faust II“ erfolgte 1854 im Hamburger Stadttheater in einer entstellenden Bearbeitung von Wollheim da Fonseca; dieser hatte von den 7498 Versen 5928 gestrichen, 88 verändert und 169 neue Verse hinzugefügt.

In der zweiten Hälfte des 19. Jahrhunderts wurden erstmalig Aufführungen des *gesamten* Werkes („Faust“ I und II) geplant. 1876 hatte Franz v. Dingelstedt als Direktor des Wiener Burgtheaters den Plan einer Faust-Trilogie konzipiert, die beide Teile zusammenfaßte. Otto Devrient führte noch im gleichen Jahre beide Teile des „Faust“ als „Mysterium in zwei Tagewerken“ im Weimarer Hoftheater auf. Über seine Ziele sagt Devrient: „Meine Absicht ist, mit pietätvoller Auslösung des großen Planes, mit Hinweglassung von Zeitanspielungen und Coteriebeziehungen dem Publicum ein einfacheres und klareres Bild zu verschaffen“ (zitiert nach dem Programmheft des Schillertheaters Berlin 1966/67). 1877 brachte Hermann Müller in Hannover eine vierteilige Bearbeitung auf die Bühne. Adolf Wilbrandt führte in Wien 1883 eine dreiteilige Bearbeitung auf; Raphael Löwenfeld verteilte 1900 im Berliner Schillertheater das Gesamtwerk auf zwei Abende. Auch der Versuch, beide Teile an einem Abend zusammenzufassen, wurde gemacht: erstmalig von Julius Werther 1882 in Mannheim. Weitere hervorragende Aufführungen in der Zeit vor dem ersten Weltkrieg sind die von Witkowski in Leipzig 1907 und von Max Reinhardt 1909 und 1911 im Berliner Deutschen Theater. Es hatte sich jetzt auch das Prinzip durchgesetzt, das Werk textgetreu aufzuführen.

Nach den Vorschlägen von *Eduard Devrient* („Geschichte der deutschen Schauspielkunst“ 1848) wurde im 19. Jahrhundert für die Darstellung des

„Faust" die *dreistöckige Mysterienbühne* verwendet, auf der die drei Stockwerke die Ebenen Himmel, Erde und Hölle bedeuteten. Diese Vorstellung entspricht übrigens nicht der mittelalterlichen Simultanbühne, auf der Himmel und Hölle nicht übereinandergeordnet, sondern in Gegenüberstellung an beiden Enden des Spielfeldes placiert waren.

Max Reinhardt benutzte erstmalig für seine „Faust"-Aufführung die *Drehbühne* und ersetzte das Übereinander der Mysterienbühne durch ein Nacheinander der Handlungselemente. Das Kölner Werkbundtheater bediente sich 1914 einer anderen Form der Simultanbühne, „indem drei durch Säulen auseinandergehaltene Bildfelder nebeneinander gesetzt wurden, von denen eines beispielsweise Fausts Studierstube, das zweite den Himmel, das dritte Auerbachs Keller darstellte, während die drei Felder beim Osterspaziergang durch Aufhebung des Rahmens verschmolzen werden konnten" (Petersen S. 38). Nach dem ersten Weltkrieg wird die Bühnendekoration zunehmend stilisiert. Erlers Inszenierung auf dem Münchener Künstlertheater grenzte das Blickfeld durch einen Rahmen ab; für jede Szene wurde ein neuer Prospekt aufgerollt. Auf perspektivische Tiefe der Bühne wurde verzichtet. Carl Zeiß' Frankfurter Inszenierung des „Urfaust" arbeitete nur mit Lichteffekten; ähnlich ging Jeßner bei seiner Aufführung des „Faust" im Berliner Staatstheater im Jahre 1924 vor.

Nach dem zweiten Weltkrieg sind beide Teile des „Faust" auf verschiedenen deutschsprachigen Bühnen inszeniert und zur Aufführung gebracht worden. Die herausragendsten und profiliertesten Inszenierungen der Nachkriegszeit dürften die von *Gustav Gründgens* gewesen sein: im Düsseldorfer Schauspielhaus „Faust I" 1949 und 1952; im Deutschen Schauspielhaus Hamburg „Faust I" 1957, „Faust II" 1959. Gründgens hat in allen seinen Inszenierungen die Rolle des Mephistopheles selbst übernommen. Faust wurde in den Hamburger Aufführungen von Will Quadflieg, Gretchen von Antje Weisgerber gespielt. Gründgens hat in seiner Inszenierung das Werk aus dem historischen Kontext herausgelöst und Faust, der am Sinn der Forschung zweifelt und verzweifelt, zur Symbolgestalt moderner Forschertragik gemacht. Mephisto ist in Gründgens' Darstellung „der moderne Skeptiker, dessen Stimme nur manchmal ausbricht, als sei die Figur von Sartre, um Grundsatzpositionen des Nichts zu proklamieren" (Johannes Jacobi in „Die Zeit" vom 2. 5. 1957).

Entsprechend ist auch der Bühnenraum modernisiert: *Siegfried Melchinger* (S. 14 f.) schreibt: „Der Hamburger ‚Faust' kennt den Spitzbogen nicht mehr. Das Zeichen, das ihn ersetzt, ist ein Glaskugelsystem, das dem Brüsseler Atomium ähnelt. ... Der Spitzbogen hatte den Monolog noch immer in einen geschichtlichen Ort verlegt, zu dem wir uns in Distanz setzen sollten; unser Bildungsverstand hatte zu identifizieren ‚ah, gotisch'. Das Glassystem bedarf keiner solchen Erklärung, weil es sich nicht in Distanz von uns befindet. Die Szene ist völlig Gegenwart geworden." An anderer Stelle (S. 34 f.) fährt Melchinger fort: „Fausts Welt wird, wenn wir sie aus der

Zeit- und Stoff-Bedingtheit ebenso herausheben wie aus den Projektionen, die frühere Generationen in sie hineingesehen hatten, der unsrigen sehr ähnlich: von Dämonien umgeben und durchwirkt sucht ein Mensch seinen Weg; mit wachsender Skepsis schauen wir seinen Unternehmungen zu; so wie deren Ausgänge sich uns darstellen, zwingen sie uns zu eindeutiger Bilanz: alles Streben, alle Tätigkeit erscheint im Hinblick auf die Möglichkeit, etwas zu erreichen und darauf weiter zu bauen, als vergeblich. Faust ist mehr Objekt als Subjekt, mehr Spielball als Spieler. An seinem Grab greift Satan nach seiner Seele. Aber was ist noch von Satan geblieben? Wo ist der, dem er dient, dem er als Einzigem sein Geisterdasein verdankt: wo ist Gott?" J. Jacobi beschreibt die Szene der Hamburger Faust-I-Inszenierung in der „Zeit" vom 2. 5. 1957: „Einen aufsehenerregenden Beitrag zur Klassiker-Erneuerung hat jetzt das deutsche Schauspielhaus in Hamburg geleistet. Gustav Gründgens inszenierte Goethes ‚Faust'. Er interpretierte ‚der Tragödie ersten Teil' aus dem Blickwinkel des später folgenden zweiten Teiles. Darüber hinaus aktualisierte Gründgens die Faustfabel durch bildliche Hinweise auf das Atomzeitalter. Am gelungensten erschien die Symbolik dank Teo Ottos Bildnerphantasie in einem spätgotisch verschlungenen Glasgerät, das, fast einziges Inventar von Fausts Studierzimmer, Alchemistenretorte und atomare Molekülstruktur verband. Deutlicher wurde die Gegenwart in der Walpurgisnacht angespielt: Über einen Rock 'n' Roll tanzenden Hexenchor stieg der Rauchpilz einer Atombombenexplosion auf. Diese äußerlichen Hinweise zeugten von einem in die Werksubstanz vorstoßenden Interpretationswillen." Zur Hamburger Faust-II-Aufführung schreibt Jacobi in der „Zeit" vom 15. 5. 1958: „Auch die scharf aktualisierenden Fingerzeige des Regisseurs Gründgens wurden fortgesetzt. ... Der Bezug auf Faust als Magier der modernen Naturentschleierung wird noch einmal variiert, wenn Mephisto Wagners Laboratorium betritt: um Zugang zu dem Reaktor zu erlangen, in dem Homunculus gemischt wird, zeigt Mephisto zwei Polizisten eine kleine Kennkarte vor. Das gläserne Atomgebilde über dem Schalttisch berührend, macht Mephisto mit einem Satz, von jedem Zuschauer begriffen, diesen Teil der Gründgens'schen Faust-Deutung klar: ‚Am Ende hängen wir doch ab von Kreaturen, die wir machten'."

Das Werk modernisierend ging auch *Ernst Schröder* bei seiner Inszenierung des „Faust II" im Berliner Schillertheater 1966 vor (Faust: Wilhelm Borchert; Mephistopheles: Erich Schellow). Die Szenerie beschreibt Peter B. Schumann im Saarländischen Rundfunk am 9. 5. 1966: „Der Wille zu modernistischer Stilisierung gab sich allerorten kund, wurde aber nicht durchgehalten. Er zeigte sich im farbigen Glasrohrgestänge des Laboratoriums, wo Wagner seinen Homunculus züchtet, den Menschen aus der Retorte, der, den Oberkörper in einer Glasblase, über die Bühnenwelt schwebt. Er zeigte sich weiter im Surrealismus, der Phantastik der Walpurgisnacht, wo praktikable Skulpturen, ein bißchen von Henry Moore, Nischen für die Geisterwelt hergaben, die ein bißchen sehr nach Salvador Dali und Juliettas Geistern aus dem Fellini-Film schmeckten. Er reichte über die strenge Helle der hellenischen Welt zur farbenprächtigen Kostümwelt des Mittelalters, reichte auch von den Fliegerdressen ähnlichen Gewandungen der Schlachtszenerie mit dem kampfschiffgleichen Vorgebirgsaufbau bis hin zum Anzug von der Stange in der Philemon-und-Baucis-Szene und Mephistos Bluejeans im Schlußakt. Das Angebot war reichhaltig." Anders als bei Gründgens wird hier Faust (mit der dramaturgischen Assistenz von Hans Mayer) im Sinne der Nachkriegsdeutung der Faust-Gestalt als der große, magische Täter interpretiert, dessen Werk Teufelswerk bleibt und der an dem Teufelspakt scheitert. Dazu berichtete die Zeitschrift „Theater heute" (Theater 1966. Chronik und Bilanz des Bühnenjahres, Sonderheft von „Theater heute", S. 42): „Faust wird, entschiedener und deutlicher als bisher, kritisiert. Er ist kein letztlich hehrer Sucher mehr, sondern ein verwegener, das Kriminelle und Hochstaplerische nicht scheuender, ein frevelnder Experimentator. Die Brüchigkeit, Fragwürdigkeit, schmerzhafte Widersprüchlichkeit der Welt, die er durchschreitet und mitbestimmt, wurde schonungslos vorgezeigt. Die skeptischen, bitteren, gar nihilistischen Weltaspekte überwogen. ‚Faust II' als Warnbild, als in sich reiches Schreckbild der negativen menschlichen Möglichkeiten — auf diese, natürlich etwas enge Formel kann man Schröders Konzeption bringen."

Heftige Kritik ist der unhistorischen Inszenierung von Gustav Gründgens in der DDR zuteil geworden. *Hans-Georg Werner* stellt im Zusammenhang mit einer Polemik gegen Gründgens und seinen Apologeten Melchinger in den „Weimarer Beiträgen" 1971 Überlegungen zu einer *„sozialistischen"* Faust-Aufführung an. Dabei nimmt er Bezug auf eine Inszenierung des Werkes durch eine unter Leitung von Horst Schönemann stehende Regiegruppe des Landestheaters Halle. Ziel einer solchen „Faust"-Aufführung müsse es sein, dem Publikum die marxistische Auffassung des Werkes nahezubringen. „Als Ausgangspunkt der Debatten stand von vornherein außer Frage, daß eine sozialistische ‚Faust'-Aufführung die in der Dichtung angelegte Wirkung für die sozialistische Gesellschaft realisieren müsse — nämlich ein an der Erkenntnis des gesellschaftlichen Lebens objektiv interessiertes und auf den gesellschaftlichen Fortschritt angewiesenes Publikum zum Verständnis des weltgeschichtlichen Prozesses zu führen und zu der Überzeugung zu bringen, daß es diesen Prozeß mit allen seinen Kräften voranzutreiben habe. Die Aufführungskonzeption erfolgt also in Widerspruch zu allen Inszenierungsunternehmungen, die den philosophischen Gehalt der ‚Faust'-Dichtung im Theaterspiel vernachlässigten und auf diese Weise subjektiven Deutungen Platz gaben" (S. 131). „Im ‚Faust' sind gewaltige Schwierigkeiten bewältigt; sie resultieren aus der Aufgabe, die Notwendigkeit und Problematik der Selbstbehauptung eines Individuums, das als Repräsentant der Gattung Mensch aufgefaßt ist, dichterisch zu erfassen. Es sind die Schwierigkeiten, die sich demjenigen entgegenstellen, der die fundamentalen Probleme einer ganzen Etappe der Menschheitsgeschichte — soweit diese vom höchsten Punkt bürgerlicher Ideologieentwicklung in Deutschland zu überblicken war — künstlerisch zu bewältigen unternimmt. Hegel stellte daher fest, daß die von Goethe ‚versuchte Vermittlung des subjektiven Wissens und Strebens mit dem Absoluten' dem ‚Faust'-Drama ‚eine Weite des Inhalts' gegeben habe, ‚wie sie in ein und demselben Werke zu umfassen zuvor kein anderer dramatischer

Dichter gewagt hat'. Der Größe der gelösten Schwierigkeiten entspricht die Schönheit der Dichtung, und demgemäß sind auch die Anforderungen an eine theatralische Realisierung des ‚Faust'-Dramas, die dessen Schönheitsanspruch gerecht werden soll. Sie muß zeigen, welche Schwierigkeiten durch die dichterische Gestaltung aufgehoben sind und wie sie bewältigt wurden. Überdies muß sie mit den Schwierigkeiten ihres Zeigens, ihrer Aneignung, fertig werden. Diese liegen einerseits in der Notwendigkeit, auf Grund des dichterischen Textes komplizierte Vorgänge des wirklichen Lebens durch einfachere zu modellieren, nicht ‚um die Vorgänge zu vereinfachen, sondern um ihre wesentlichen Seiten zu verdeutlichen'. Es sind theatralische Lösungen zu finden, die mit den Problemstellungen des dichterischen Textes auch die Stellung des Ensembles zu ihnen sinnlich faßbar machen und überdies das Publikum so stark wie möglich veranlassen, seine sozialen Erfahrungen, Bedürfnisse und Urteile ins Spiel einzubringen. Die Schwierigkeiten des ‚Zeigens' ergeben sich andererseits aus der Aufgabe, das Schwierige mit Leichtigkeit zu bieten. Lockerheit, Eleganz und Spaß einer Aufführung — Ausdruck jener subjektiven Freiheit, die entsteht, wenn Schwierigkeiten bewältigt sind — schaffen dem Publikum den Genuß, der es ihm lohnend erscheinen läßt, sich den Schwierigkeiten von Dichtung und Aufführung zu stellen, aus deren Bewältigung ihm neuer Genuß zukommt. Die künstlerischen Anstrengungen eines sozialistischen Schauspielensembles werden also einem in diesem Sinne volksverbundenen Theaterspiel gelten, das klassische Dichtung und lebendiges Volksinteresse miteinander verbindet" (S. 134 f.).

Zu einzelnen Szenen führt *Werner* aus: Die Auseinandersetzung im „Prolog im Himmel" dürfe nicht mystifiziert werden; die Kontroverse zwischen dem Herrn und Mephistopheles müsse „als Projektion sehr irdischer Konflikte in einem sehr anthropomorph aufgefaßten Himmel begriffen" werden (S. 136). Zur Darstellung der Faust-Gestalt sagt der Autor (S. 141): „Für eine Inszenierung wird es ... zur konzeptionell wichtigsten Aufgabe, die revolutionäre Dynamik, mit der Faust zu neuen Erkenntnissen, Taten, Erlebnissen drängt, als die wesentliche, auszeichnende Eigenschaft dieser Gestalt erscheinen zu lassen und zugleich die komplizierte Beziehung seines individuellen Selbstverwirklichungsdrangs zu den gesellschaftlichen Möglichkeiten und Notwendigkeiten ins Bewußtsein zu bringen. Das erfordert eine historisch-materialistische Analyse der Faust-Gestalt Goethes und ihrer Umweltbeziehungen." Die Herausnahme der Handlung aus ihrem historischen Milieu wird abgelehnt (S. 147): „Die dichterische Individualität Faust entfaltet sich nur durch die Auseinandersetzung mit konkret erfaßter gesellschaftlicher Wirklichkeit. Und es muß schließlich mit Nachdruck betont werden, daß sozialistischem Theater die wissenschaftliche Erkenntnis der gesellschaftlichen Bedingtheit jedes menschlichen Individuums zugrunde liegen muß. Eine Inszenierung des ‚Faust' kann auf diese Weise die Position eines sozialistischen, auf einer materialistischen Gesellschaftswissenschaft beruhenden Humanismus verdeutlichen. Damit wird der literarische Text in keiner Weise beschädigt; im Gegenteil, es werden die außerordentlichen Anstrengungen und Leistungen der deutschen Klassik zur realistischen Erfassung der bürgerlichen Individualität aufgenommen und weitergeführt." Die gesellschaftliche Bedingtheit der Figuren solle betont werden. „Gretchen zeigt dem Zuschauer den plebejischen Aspekt der Welt, in der Faust vorwärtsdringt" (S. 157). Eine Gestalt wie die der Frau Marthe lasse sich ebenfalls in ihrem Verhalten aus ihrer gesellschaftlichen Situation verstehen und dürfe nicht auf den „komischen Typ einer moralisch korrupten Frau" festgelegt werden: „Es läßt sich durchaus in Übereinstimmung mit dem Goetheschen Text zeigen, daß die Marthe dem Teufel nicht gierig auf den Leim geht; und das in der Beziehung zwischen Marthe und Gretchen sichtbar werdende sozial-moralische Problem besteht nicht darin, daß eine korrumpierte Frau zum sozialen Katalysator für die Verbindung zwischen Gretchen und Faust wird, sondern darin, daß die Nüchternheit und Illusionslosigkeit der Marthe dem Gretchen hilft, sich aus kleinbürgerlicher Beschränktheit ein wenig zu lösen; Gretchen wird dadurch für Faust menschlich frei, allerdings verliert sie die Lebensstützen, die ein kleinbürgerliches Gemeinwesen durch seine Verhaltensnormen mitgibt." (S. 156).

Der betonte Gegensatz zu der Gründgens-Inszenierung und die marxistische Interpretation des Werkes sind für die Darstellungen auf den Bühnen der DDR maßgebend geworden. Die ersten Aufführungen waren noch bestimmt von der Interpretation Fausts als negativer Symbolfigur. In der ersten deutschen Inszenierung des Gesamtwerkes nach dem zweiten Weltkriege auf der Bühne des Deutschen Nationaltheaters in Weimar (1948/49; Inszenierung durch den Generalintendanten *Bortfeldt)* wurde „das Bohrende, Grübelnde, Zerquälte im Wesen des alten Faust" stark betont („Thüringische Landeszeitung" vom 1. 9. 1948). *Wolfgang Langhoff* wollte seine Berliner Inszenierung des „Faust I" von 1949 „als eine Zeugenaussage im Prozeß gegen die faschistische Vergangenheit Deutschlands verstanden wissen" (Werner S. 141). „Der (Weimarer — H. K.) ‚Faust' von 1948 (war) noch nicht als der nach vorn drängende Entdecker seiner Welt und ihr Überwinder zu erfassen" (Menchén S. 30). Erst die Weimarer Inszenierungen von *Otto Lang* („Faust I" 1961) und *Fritz Bennewitz* („Faust I" 1965; „Faust II" 1967; „Faust" I und II 1975) sowie die Leipziger Inszenierung von *Karl Kayser* („Faust" I und II 1965) stellen Faust als „Schöpfer seiner Welt" dar, geben dem „Entwicklungsgedanken" im Sinne der marxistischen Faust-Interpretation Raum und wenden sich hin „zu einer klaren historischen Haltung, im Versuch, Fausts wechselvolles Schicksal als einen Akt des Ringens mit seiner Zeit, mit den überholten Erscheinungen zu begründen" (Menchén S. 35 f.). Die Auseinandersetzung mit Gründgens wird bewußt gesucht: „War bei Gründgens der Faust ein vulkanischer Geist, der am Schluß vor den Konsequenzen seines Tuns zurückschreckt, so galt es nun in Weimar, die Bannmeile des für das Bürgertum unlöslichen Konflikts in einer neuen Harmonie des Optimismus aufzulösen" (Menchén S. 34). „In einem Interview (mit der Zeitung ‚Das Volk' am 18. Januar 1967) erklärt Regisseur Bennewitz seine Absicht: ‚Es ist einer der Kerngedanken unserer Konzeption,

Faust als den großen Herausforderer der Welt darzustellen. ... Man muß den Helden auch an seine Tiefpunkte, in seine Depressionen, man muß ihn an den äußersten Rand der Versuchung und Versuchbarkeit, des Erliegenkönnens führen, um echte heldische Entscheidungen auf der Bühne zu erreichen, sich selber immer wieder im Kampf zu gewinnen, nichts an fertigen Erkenntnissen parat haben, sondern sich jedesmal wieder neu erobern. Darin liegt doch die große aktivierende Sprengkraft der Goetheschen Gedanken auch für uns'" (Menchén S. 38).

Andere Regisseure sind bei ihren Inszenierungen nach dem zweiten Weltkriege andere Wege gegangen. *Leopold Lindtberg* hat das Gesamtwerk am Ende der 50er Jahre im Schauspielhaus *Zürich* auf die Bühne gebracht („Faust I" 1957/58; „Faust II" 1958/59). Den Faust spielte Matthias Wiemann, den Mephisto Ernst Ginsberg, Gretchen Margrit Winter. Als Bühnenbildner war Theo Otto tätig. Lindtberg lehnte jede Aktualisierung unter dem Motto „Faust im Atomzeitalter" bewußt ab. Er wollte vielmehr das Poetische des Werkes hervorheben; er betonte den Spielcharakter des Kunstwerks und zielte auf eine ästhetische Stilisierung unter Einbeziehung von Licht, Farbe und Musik hin. Faust wurde von Wiemann dargestellt als Suchender und Schauender, mehr der Kontemplation hingegeben als der Tat. Das Böse auch in Faust trat mehr in den Hintergrund. Die Basler „National-Zeitung" schreibt am 1. 2. 1957, Lindtberg zeige den Faust als „modernes Mysterienspiel"; er betone „durch raffiniert gestufte, von Ellen Widmann einstudierte Oster-, Hexen- und Geisterchöre seinen oratorienhaften Charakter". Lindtberg selbst sagt im Programmheft der Aufführung 1958/59 (S. 3): „Konsequent und wohl auch reizvoller schiene es mir, den Faust mit einem Minimum von szenischem Behelf als gesprochenes Oratorium aufzuführen, und für bestimmte Teile des Werkes wird dieser Weg in der gegenwärtigen Aufführung versucht. Dem Versuch liegt der Wunsch zugrunde, die meist gestrichenen oder stiefmütterlich behandelten chorischen Stellen des Faust einmal zu der vom Dichter beabsichtigten Wirkung zu bringen. Die gewichtige Rolle, die den Chören im dramatischen Sinn zugedacht ist, geht wohl stärker aus dem zweiten Teil der Tragödie hervor, doch ist die poetische Überhöhung, die sprachliche Absetzung der Oster-, Hexen- und Geisterchöre schon im ersten Teil unüberhörbar."

Die Kritik hat sich zu den Inszenierungen Lindtbergs durchweg äußerst positiv geäußert. Zur Aufführung des „Faust I" schreibt Ulrich Seelmann-Eggebert im „Darmstädter Echo" vom 4. 12. 1957: „Mit einem Genrebild im Stile van Eycks beginnt der Prolog im Himmel: geigende Engel im Gehäuse, aber in der Intimität dieses Raumes und seiner verhalten gotischen Architektur sprechen die Erzengel doch wieder in aller sakralen Erhabenheit ihren Hymnus. Leopold Lindtberg hat für seine Inszenierung des ‚Faust I' am Schauspielhaus Zürich sozusagen die szenische Anweisung vom Gebrauch des großen und kleinen Himmelslichtes wörtlich genommen: das Spiel im geistigen Sinne sich auf zwei getrennten und doch einander durchdringenden Ebenen abwickeln zu lassen, es also in seinen dramatischen Partien durchaus realistisch und farbig zu gestalten, es in den chorisch-poetischen Teilen jedoch zum gesprochenen Oratorium zu überhöhen. Hatte Gründgens in Hamburg an Goethes Menschheitsgedicht die Perspektiven der jüngsten physikalischen Forschung gelegt und den Atompilz als Menetekel an die Kulissen gemalt, so braucht Lindtberg keine Aktualisierung, sondern zielt in die dichterische Substanz und holt dort das Gültige ans Licht. Nur selten hat man die Chöre, die ja nicht nur Zäsuren setzen, sondern in den Versen der Engel zum Osterfest und in der Domszene die geistigen Wendepunkte bedeuten, in dieser Vollständigkeit erlebt; wohl kaum einmal hat man sie aber auch in solcher Eindringlichkeit zu hören bekommen, wie sie hier Ellen Widmanns Kammersprecher virtuos darbot. Lindtberg läßt jede Szene in ihrem eigenen Charakter bildhaft zu Wort kommen; so mag vielleicht das durchgehende strenge Stilprinzip fehlen, aber das Dichterische kommt in all seinen tausend Einzelheiten zu vollem Recht, bei aller Souveränität der Regiehand doch in dienender Werkgesinnung entfaltet. Das Horchen auf die Stimme des Herrn im Prolog hatte Lindtberg gleichsam zum Leitmotiv des Abends erhoben, von da her entwickelte er auch die Figuren."

Zur Aufführung des zweiten Teiles schreibt die Zürcher „Weltwoche" am 14. 11. 1958: „Mit der Betonung des effektvoll Theatralischen ist das Wesen dieser Inszenierung bereits angedeutet. Sie faßt auch den zweiten Teil der Tragödie komödiantisch auf, kraftvoll und direkt, mit einer raffiniert eingesetzten naiven Spielfreude. Faust Nr. 2 wurde zurückgeholt aus der Literaturgeschichte, befreit von den Einführungen und Fußnoten, von den professoralen Ausdeutungen und den pedantischen Sachregistern. Behutsam befreit aber: mit sachkundiger Klugheit, mit Weisheit und Liebe holte Leopold Lindtberg aus dem Poem das Theaterstück heraus, ohne der Poesie Gewalt anzutun. Aber auch — und das ist ihm besonders anzurechnen — ohne unziemlich auf die Aktualität zu drücken, ohne einen ‚Faust im Atomzeitalter' zurechtzubasteln."

Auf andere Weise als Gründgens hat *Max Fritzsche* mit seiner Inszenierung des „Faust I" auf den Bühnen der Stadt *Köln* in der Spielzeit 1966/67 das Werk zu modernisieren gesucht (Faust: Siegfried Wischnewski; Mephistopheles: René Deltgen). Der unhistorische Charakter dieser Aufführung zielte ins Saloppe; jedes klassische Pathos wurde betont heruntergespielt. Das zeigte sich besonders an der sprachlichen Gestaltung Fausts durch Wischnewski, die den Vers zu prosaisieren sich bemühte. Von der Presse wurde diese Inszenierung im allgemeinen als wenig gelungen bezeichnet.

Friedrich Berger wählt im „Kölner Stadtanzeiger" zur Kennzeichnung der Inszenierung die Worte „Entheroisierung", „Entdämonisierung" und „Entrümpelung" und schreibt zur Premiere am 15. 6. 1967: „Die Bühne ist offen. Man blickt, an den beim Proszenium sichtbaren Lampen vorbei, in ein sich zur Tiefe hin stark verkürzendes Guckkastenloch, das seitlich und hinten kahle Kinoleinwände begrenzen; von einem Podest unter der abschließenden Wand neigt sich ein breiter Steg im Zickzack zur Vorderbühne. Auf diese treten der Theaterdirektor in grauem Kittel, der Dichter und die Lustige Person in salopp fallenden dunklen Anzügen und

Rollkragenpullovern. ... Daß das Publikum ans Beste nicht gewöhnt sei, man vernimmt es hierorts mit wissendem Grinsen. Daß Prospekte und Maschinen nicht geschont werden sollen, man hört es, die aufgeschlagenen Pfosten betrachtend, voller Zweifel. Doch da nähern sich Bühnenarbeiter dem Direktor und der Lustigen Person, hängen jedem eine Stola um und reichen ihm eine gestielte Maske: Gottvater und Mephisto sind's nun. Nein, diese schreiten nicht himmelan zum Podest, sie bleiben hübsch unten. Und Mephisto läßt auch die Maske, hinter der er ein paar Verse des Prologs mit gräßlichem Pathos heruntergeplärrt hat, alsbald wieder sinken und spricht wie ein heutiger Mensch. Gottvater (der leutselige Wilhelm Pilgram) macht's schließlich genauso. Selbst die Sonne tönt nicht mehr nach alter, sondern nach heutiger und gleich fast nach Stockhausens elektronischer Weise, in schöner Stereophonie über Lautsprecher, durch Echoeffekte und Flüstergeräusche verfremdet und nur eine einzige Strophe lang. ... Vor gleichmäßig grauen Zwischenprospekten oder einzelnen Stellwänden, die mit dünner Graphik bedeckt sind, spielt allcs übrige. Flach an die Rampe gedrängt die Studierzimmerszenen, aufs Greifbarste beschränkt, die Späße in Auerbachs Keller. Der radikalen Vereinfachung des Bühnenbilds entsprechen rigorose Kürzungen des Textes. Textumstellungen, Zusammenziehungen von Szenen. ... Was gezeigt wird, hat kleines, sehr kleines Format, wirkt oft leer und langweilig. Dahin muß Abstraktion nicht führen. Im Gegenteil, sie sollte Raum für eine neue theatralische Sinnfälligkeit, für neue, zeitnahe Sinnbilder schaffen. Vor allem aber für Goethes bekennerische Sprache. Da ist man beim wundesten Punkt der Kölner Aufführung angelangt. Die titanisch bebenden Faust-Deklamatoren sind heute nicht mehr möglich. Siegfried Wischnewski ist auch gar keiner. Aber die Angst vor dem Rhythmus, vor dem klassischen Pathos der Verse läßt ihn nun Sätze sinnlos zerhacken. Es ist, als ob er einen Text mit falscher Interpunktion spräche. René Deltgen, das Double, ist der ungleich gesammeltere Schauspieler und der im ganzen nuanciertere Sprecher. Allerdings auch kein Satan mehr, kein Dämon. Ein ziviler Teufel, verkehrt er mit Faust wie ein älterer Herr mit dem anderen."

Literaturverzeichnis

Goethes Werke außer „Faust" werden zitiert nach der Hamburger Ausgabe (Goethes Werke in 14 Bänden, Hamburg 1949 ff.: HA) oder nach der Weimarer Ausgabe (Goethes Werke, herausg. im Auftrage der Großherzogin Sophie von Sachsen, Weimar 1887 — 1919: WA).

Dieses Literaturverzeichnis enthält alle diejenigen Arbeiten, auf die im Text hingewiesen wird oder aus denen zitiert wird. Ein vollständiges Verzeichnis der gesamten Sekundärliteratur findet sich bei *Hans Henning:* Faust-Bibliographie, 2, Band 2, Sekundärliteratur zu Goethes Faust, Halbbände 1 und 2, Berlin und Weimar 1970.

Albrecht, Günter; Bastian, Hans-Jürgen; Mittenzwei, Johannes: Erläuterungen zur deutschen Literatur: Klassik. 5. Auflage Berlin 1967.

Atkins, Stuart: Goethe's Faust. A Literary Analysis. Cambridge Mass. 1958.

Bach, Rudolf: Faust-Tagebuch. In: Leben mit Goethe. München 1960.

Bastomsky, Beatrice und Saul: Eine Deutung der Verse 1705 und 11 593 / 94 in Goethes „Faust". In: Jahrbuch des Wiener Goethe-Vereins. Neue Folge der Chronik, 74. Band, 1970, Seite 58 — 60.

Beutler, Ernst: Faust und Urfaust. Erläutert von Ernst Beutler. Leipzig 1940.

Binder, Alwin: Das Vorspiel auf dem Theater. Poetologische und geschichtsphilosophische Aspekte in Goethes Faust-Vorspiel. Bonn 1969.

Böckmann, Paul: Die zyklische Einheit der Faust-Dichtung. In: *Paul Böckmann:* Formensprache. Hamburg 1966. Seite 193 ff.

Böhm, Wilhelm (1): Faust der Nichtfaustische. Halle/S. 1933.

Böhm, Wilhelm (2): Goethes Faust in neuer Deutung. Köln 1949.

Boyesen, Hjalmar Hjorth: Ein Kommentar zu Goethes Faust. Autorisierte deutsche Übersetzung von Otfrid Mylius. Leipzig o. J.

Brinkmann, Henning: Zwischen Prometheus und Luzifer. Über den Sinn der faustischen Existenz. In: *Henning Brinkmann:* Studien zur Geschichte der deutschen Sprache und Literatur, Band II. Düsseldorf 1966. Seite 307 — 354.

Browning, R. M.: On the Structure of the „Urfaust". In: Publications of the Modern Language Association of America, Vol. 68, 1953, p. 458 — 495.

Bub, Douglas F. (1): The Crown Incident in the Hexenküche. A Reinterpretation. In: Modern Language Notes, Vol. 73, 1953, p. 200 — 206.

Bub, Douglas F. (2): The Intermediate Spirits in Goethe's „Faust". In: Modern Language Notes, Vol. 78, 1963, p. 413 — 418.

Buchwald, Reinhard: Führer durch Goethes Faustdichtung. 4. Auflage Stuttgart 1955.

Busch, Ernst: Goethes Religion. Die Faust-Dichtung in christlicher Sicht. Tübingen 1949.

Chamberlain, Houston Stewart: Goethe. 2. Auflage München 1932.

Danckert, Werner: Goethe. Der mythische Urgrund seiner Weltschau. Berlin 1951.

Daur, Albert: Faust und der Teufel. Heidelberg 1950.

Diener, Gottfried: Fausts Weg zu Helena. Urphänomen und Archetypus. Stuttgart 1961.

Dietze, Walter: Der Walpurgisnachtstraum in Goethes Faust: Entwurf, Gestaltung, Funktion. In: Publications of the Modern Language Association of America, Vol. 84, 1969, p. 476 — 491.

Emrich, Wilhelm (1): Das Rätsel der Faust-II-Dichtung. Versuch einer Lösung. In: Die Pädagogische Provinz, 14. Jahrgang 1960, Heft 4, Seite 176 ff.

Emrich, Wilhelm (2): Die Symbolik von Faust II. 2. Auflage Bonn 1957.

Engelsing, Rolf: Die Entstehung von Goethes Faust im sozialgeschichtlichen Zusammenhang. In: Colloquia Germanica, 1972, Seite 126 — 164.

Errante, Vincenzo: Musik und Malerei in Goethes Faust, dargestellt an Faust I, Auerbachs Keller. In: Thema, 2. Jahrgang 1949, Heft 2, Seite 39 — 42.

Eschmann, Ernst Wilhelm: Fausts Utopie. In: Hamburger Akademische Rundschau, 3 (1949), Seite 608 ff.

Fähnrich, Hermann: Goethes Musikanschauung in seiner Fausttragödie — die Erfüllung und Vollendung seiner Opernreform. In: Goethe. N. F. des Jahrbuchs der Goethe-Gesellschaft, 25. Band, Weimar 1963, Seite 250 ff.

Fairley, Barker (1): Goethe. Aus dem Englischen übertragen von Prof. Dr. F. H. Ehmke. München 1953.

Fairley, Barker (2): Goethe's Faust. Six Essays. Oxford 1953.

Flitner, Wilhelm: Goethe im Spätwerk. Hamburg 1947.

Frankenberger, Julius: Walpurgis. Zur Kunstgestalt von Goethes Faust. Staat und Geist, Band 2. Leipzig 1926.

Franz, Erich: Mensch und Dämon. Tübingen 1953.

Friedenthal, Richard: Goethe — sein Leben und seine Zeit. München 1963.

Fuchs, Albert: Goethe-Studien. Berlin 1968.

Geerdts, Hans Jürgen: Klingers Werke in zwei Bänden, ausgewählt und eingeleitet von *Hans Jürgen Geerdts.* Berlin und Weimar 1964. (Einleitung im ersten Band.)

Gillies, Alexander: Goethe's Faust. An Interpretation. Oxford 1957.

Gundolf, Friedrich: Goethe. 12. Auflage Berlin 1925.

Hefele, Hermann: Goethes Faust. 3. Auflage Stuttgart 1946.

Hegel, Georg Wilhelm Friedrich: Ästhetik, herausg. von *Friedrich Bassenge.* Berlin 1955.

Hippe, Robert: Der „Walpurgisnachtstraum" in Goethes „Faust". Versuch einer Deutung. In: Goethe. N. F. des Jahrbuchs der Goethe-Gesellschaft, 28. Band, 1966, Seite 67 — 75.

Hohlfeld, Alexander Rudolf: Fifty Years with Goethe. Madison Wisc. 1953.

Ibel, Rudolf: Goethe, Faust I. Grundlagen und Gedanken zum Verständnis klassischer Dramen. Frankfurt/M. (Diesterweg) o. J.

Jantz, Harold S.: The Function of the „Walpurgis Night's Dream" in the Faust Drama. In: Monatshefte für Deutschen Unterricht, Deutsche Sprache und Literatur, Band XLIV, 1952, Seite 397 ff.

Kayser, Wolfgang: Goethes Dichtungen in Stanzen. In: *Wolfgang Kayser:* Kunst und Spiel. Fünf Goethe-Studien. Göttingen 1961. Seite 86 ff.

Kierkegaard, Sören: Der Begriff Angst. Übersetzt von Emanuel Hirsch. Düsseldorf 1952.

Kleinschmidt von Lengefeld, Wilhelm Freiherr: Goethes Faust — Tragödie oder Fabeldichtung? In: Jahrbuch des Freien Deutschen Hochstifts, 1970, Seite 98 — 126.

Koch, Friedrich: Christliches und Scheinchristliches in Goethes „Faust". In: Germanisch-romanische Monatsschrift, N. F. Band XVI, 1966, Seite 244 — 263.

Kommerell, Max: Gedanken über Gedichte. Frankfurt/M. 1943.

Korff, Hermann August: Geist der Goethezeit. I. Teil, 2. Auflage Leipzig 1955; II. Teil, 2. Auflage Leipzig 1955.

Lukács, Georg: Faust-Studien. In: *Georg Lukács:* Faust und Faustus. Reinbek 1967.

Maché, Ulrich: Zu Goethes Faust: Studierzimmer I und Geisterchor. In: Euphorion, Band 65, 1971, Seite 200 — 205.

Malsch, Wilfried: Die Einheit der ‚Faust'-Dichtung Goethes in der Spiegelung ihrer Teile. In: Festschrift für Klaus Ziegler, herausg. von *E. Catholy* und *W. Hellmann.* Tübingen 1968. Seite 134 ff.

Mann, Thomas: Über Goethes „Faust". In: *Thomas Mann:* Adel des Geistes. Berlin und Weimar 1965. Seite 575 — 617.

Mason, Eudo C. (1): Goethes „Erdgeist" und das Pathos des Irdischen. In: *Eudo C. Mason:* Exzentrische Bahnen. Göttingen 1963. Seite 24 — 59.

Mason, Eudo C. (2): Goethe's Faust. Its Genesis and Purport. Berkeley and Los Angeles 1967.

Maurer, O.: Der „Walpurgisnachtstraum" als Gehalt- und Gestaltteil der Faustdichtung. In: Zeitschrift für Deutschkunde, 43. Jahrgang, 1929, Seite 145 ff.

May, Kurt: Faust II. Teil in der Sprachform gedeutet. München 1962.

Mayer, Hans (1): Der Famulus Wagner und die moderne Wissenschaft. In: Gestaltungsgeschichte und Gesellschaftsgeschichte. Literatur-, kunst- und musikwissenschaftliche Studien. In Zusammenarbeit mit *Käthe Hamburger* herausg. von *Helmut Kreuzer.* Stuttgart 1969. Seite 176 — 200.

Mayer, Hans (2): Goethe und Hegel. In: *Hans Mayer:* Von Lessing bis Thomas Mann. Pfullingen 1959. Seite 180 ff.

Melchinger, Siegfried: Faust für uns. In: *gustav gründgens:* faust. Frankfurt/Main 1961.

Menchén, Georg: Faust in Weimar. Goethes dramatisches „Weltgedicht" auf der Bühne des Weimarer Theaters von den ersten Versuchen bis zur Gesamtinszenierung 1965/66. Weimar o. J.

Michelsen, Peter: Fausts Erblindung. In: Deutsche Vierteljahrsschrift für Literaturwissenschaft und Geistesgeschichte, Band 33, 1962, Seite 26 — 35.

Minor, Jakob: Studien zur Goethe-Philologie. Wien 1880.

Mommsen, Katharina: Natur und Fabelreich in Faust II. Berlin 1968.

Müller, Joachim: Fausts Tat und Tod. Umriß einer Motivanalyse. In: Goethe. N. F. des Jahrbuchs der Goethe-Gesellschaft, 29. Band, 1967, Seite 139 — 165.

Müller-Seidel, Walter: Komik und Komödie in Goethes „Faust". In: Das deutsche Lustspiel. Erster Teil, herausg. von *Hans Steffen.* Göttingen 1968. Seite 94—119.

Muschg, Walter: Goethes Glaube an das Dämonische. In: Deutsche Vierteljahrsschrift für Literaturwissenschaft und Geistesgeschichte, Band 32, 1958, Seite 321 ff.

Obenauer, Karl Justus: Der faustische Mensch. Jena 1922.

Petersen, Julius: Goethes Faust auf der deutschen Bühne. Leipzig 1929.

Pniower, Otto: Goethes Faust und das Hohe Lied. In: Goethe-Jahrbuch, herausg. von *Ludwig Geiger,* 13. Band, 1892, Seite 181 ff.

Politzer, Heinz: Vom Baum der Erkenntnis und der Sünde der Wissenschaft. Zur Vegetationssymbolik in Goethes Faust. In: Jahrbuch der Deutschen Schillergesellschaft, 9. Jahrgang, 1965, Seite 346 ff.

Pütz, Peter: Faust und der Erdgeist. In: Untersuchungen zur Literatur als Geschichte. Festschrift für Benno v. Wiese, herausg. von *Vincent J. Günther, Helmut Koopmann, Peter Pütz, Hans Joachim Schrimpf.* Berlin 1973. Seite 171 — 181.

Rehder, Helmut (1): Entwurf zu einer Einführung in Goethes „Faust". In: Festschrift für Detlev W. Schumann, herausg. von *Albert R. Schmitt.* München 1970. Seite 145 — 165.

Rehder, Helmut (2): Das Symbol der Hütte bei Goethe. In: Deutsche Vierteljahrsschrift für Literaturwissenschaft und Geistesgeschichte, XV. Band, 1937, Seite 403 — 423.

Requadt, Paul: Goethes „Faust I". Leitmotivik und Architektur. München 1972.

Resenhöfft, Wilhelm (1): Existenzerhellung des Hexentums in Goethes „Faust". Bern 1970.

Resenhöfft, Wilhelm (2): Fausts Magie: geistige Realität in poetischer Verfremdung. In: Ansichten zu Faust, herausg. von *Günther Mahal.* Stuttgart 1973. Seite 69 — 98.

Reske, Hermann: Faust — eine Einführung. Stuttgart 1971.

Rickert, Heinrich (1): Der Erdgeist in Goethes Faust und die Erdgeisthypothese. In: Jahrbuch des Freien Deutschen Hochstifts, Frankfurt/M. 1930, Seite 91 — 130.

Rickert, Heinrich (2): Goethes Faust. Die dramatische Einheit der Dichtung. Tübingen 1932.

Roethe, Gustav: Die Entstehung des „Urfaust". In: Sitzungsberichte der Preußischen Akademie der Wissenschaften, Jahrgang 1920, Seite 642 — 679.

Roß, Werner (1): Johann Wolfgang Goethe: Es war ein König in Thule. In: Wege zum Gedicht, II. Interpretation von Balladen, herausg. von *R. Hirschenauer* und *A. Weber.* München und Zürich 1963. Seite 147 — 153.

Roß, Werner (2): „Vorspiel auf dem Theater" und „Prolog im Himmel". Eine Anleitung zum genauen Lesen. In: Wirkendes Wort, 12. Jahrgang, 1962, Seite 237 — 243.

Schadewaldt, Wolfgang: Goethes Begriff der Realität. In: Goethe. N. F. des Jahrbuchs der Goethe-Gesellschaft, 18. Band, 1956, Seite 44 — 88.

Schmidt, Erich: Goethes Werke, Band 1. 1909.

Schneider, Reinhold: Fausts Rettung. In: *Reinhold Schneider:* Schriften zur Zeit. Baden-Baden 1948. Seite 43 ff.

Scholz, Gerhard: Faust-Gespräche mit Prof. Dr. Gerhard Scholz. Berlin 1967.

Schwerte, Hans: Faust und das Faustische. Ein Kapitel deutscher Ideologie. Stuttgart 1962.

Seidlin, Oskar: Ist das „Vorspiel auf dem Theater" ein Vorspiel zum „Faust"? In: *Oskar Seidlin:* Von Goethe zu Thomas Mann. Göttingen 1963. Seite 56 — 64.

Simmel, Georg: Goethe. 3. Auflage Leipzig 1918.

Spengler, Oswald: Der Untergang des Abendlandes. I. Band. 33. — 47. Auflage Leipzig 1923.

Staiger, Emil (1): Goethe. Band 2 (1786 — 1814). Zürich und Freiburg i. B. 1956.

Staiger, Emil (2): Die Zeit als Einbildungskraft des Dichters. Zürich und Leipzig 1939.

Stöcklein, Paul (1): Die Sorge im Faust. In: *Paul Stöcklein:* Wege zum späten Goethe. Darmstadt 1970. Seite 93 — 162.

Stöcklein, Paul (2): Wie beginnt und endet Goethes „Faust"? In: Literaturwissenschaftliches Jahrbuch, im Auftrage der Görres-Gesellschaft herausg. von *Hermann Kunisch*, N. F. Band 3, 1963, Seite 29 — 51.

Storz, Gerhard: Goethe-Vigilien. Stuttgart 1953.

Streicher, Wolfgang: Die dramatische Einheit von Goethes „Faust". Tübingen 1966.

Strich, Fritz: Zu „Faust I". In: Deutsche Dramen von Gryphius bis Brecht, herausg. von *Jost Schillemeit*. Frankfurt/M. 1965.

Tokuzawa, Tokuji: Der Prolog im Himmel in Goethes Faust. In: Ansichten zu Faust, herausg. von *Günther Mahal*. Stuttgart 1973. Seite 35 — 48.

Trautmann, Ernst: Goethes Faust nach Entstehung und Inhalt erklärt. 2. Auflage München 1919, Band I.

Trunz, Erich: Anmerkungen des Herausgebers zu Goethes „Faust" (Goethes Werke, Hamburger Ausgabe, Band III, 5. Auflage Hamburg 1960).

Türck, Hermann: Eine neue Fausterklärung. Berlin 1901.

Wachsmuth, Andreas B. (1): Die Faustgestalt Goethes. In: Das Menschenbild in der Dichtung, herausg. von *Albert Schäfer*. München 1965. Seite 118 — 151.

Wachsmuth, Andreas B. (2): Geeinte Zwienatur. Aufsätze zu Goethes naturwissenschaftlichem Denken. Berlin und Weimar 1966.

Weinhandl, Ferdinand: Die Metaphysik Goethes. Berlin 1932.

v. Wiese, Benno: Die deutsche Tragödie von Lessing bis Hebbel. Band I. Hamburg 1948; 4. Auflage Hamburg 1958 (diese zitiert: 4).

Werner, Hans-Georg: Probleme einer sozialistischen „Faust I"-Aufführung. In: Weimarer Beiträge, 17. Jahrgang, 1971, 4, Seite 127 — 160.

Willoughby, Leonard Ashley: Goethe's Faust. A Morphological Approach (1949). In: *Elizabeth M. Wilkinson* and *L. A. Willoughby:* Goethe, Poet and Thinker. London 1962. p. 95 — 117.

Winkler, Michael: Zur Bedeutung der verschiedenen Versmaße von Faust I. In: Symposium, Band 18, Seite 5 — 21.

Witkowski, Georg: Goethes Faust, herausg. von *Georg Witkowski*, Band 2. 10. Auflage Leiden 1950.

Grundlagen und Gedanken zum Verständnis des Dramas

Für den Schulgebrauch zusammengestellt. Herausgeberisch betreut von Hans-Gert Roloff.

Ältere Dramenliteratur

Aischylos, Die Perser. (D. Böer) 59 Seiten (6357)
Büchner, Dantons Tod. (H. Ritscher) 75 Seiten (6392)
Büchner, Leonce und Lena. (R. Kühn) 56 Seiten (6411)
Büchner, Woyzeck. (H. Ritscher) 63 Seiten (6393)
Goethe, Egmont. (R. Ibel) 68 Seiten (6466)
Goethe, Faust I. (Neubearbeitung von H. Kobligk) 158 Seiten (6360)
Goethe, Faust II. (H. Kobligk) 184 Seiten (6358)
Goethe, Götz von Berlichingen. (R. Ibel) 67 Seiten (6465)
Goethe, Iphigenie auf Tauris. (Neubearbeitung von G. Holst) 74 Seiten (6467)
Goethe, Torquato Tasso. (Neubearbeitung von H. Kobligk) 79 Seiten (6410)
Grabbe, Scherz, Satire, Ironie und tiefere Bedeutung. (H. Hollo) 55 Seiten (6394)
Grillparzer, Der Traum, ein Leben. (H. Prang) 59 Seiten (6395)
Kleist, Der zerbrochne Krug. (R. Ibel) 63 Seiten (6399)
Kleist, Prinz Friedrich von Homburg. (R. Ibel) 72 Seiten (6400)
Lessing, Emilia Galotti. (W. Fischer) 79 Seiten (6391)
Lessing, Minna von Barnhelm. (W. Fischer) 71 Seiten (6390)
Lessing, Nathan der Weise. (H. Ritscher) 84 Seiten (6380)
Schiller, Don Carlos. (R. Ibel) 64 Seiten (6470)
Schiller, Die Jungfrau von Orléans. (R. Ibel) 76 Seiten (6387)
Schiller, Kabale und Liebe. (R. Ibel) 75 Seiten (6398)
Schiller, Maria Stuart. (R. Ibel) 67 Seiten (6469)
Schiller, Die Räuber. (R. Ibel) 73 Seiten (6468)
Schiller, Wallenstein. Wallensteins Lager, Die Piccolomini, Wallensteins Tod. (R. Ibel) 75 Seiten (6389)
Schiller, Wilhelm Tell. (R. Ibel) 68 Seiten (6388)
Shakespeare, Hamlet. (R. Flatter) 66 Seiten (6386)
Shakespeare, Macbeth. (R. Flatter) 73 Seiten (6385)
Sophokles, Antigone. (N. Zink) 86 Seiten, 2 Abb. (6383)
Sophokles, König Ödipus. (N. Zink) 96 Seiten, 3 Abb. (6384)

Diesterweg

Grundlagen und Gedanken zum Verständnis des Dramas

Für den Schulgebrauch zusammengestellt. Herausgeberisch betreut von Hans-Gert Roloff.

Neuere Dramenliteratur

Anouilh, Antigone (W. Schrank) 66 Seiten	(6070)
Beckett, Warten auf Godot. (M. und G. P. Knapp) 78 Seiten	(6081)
Brecht, Herr Puntila und sein Knecht Matti. (S. Mews) 100 Seiten	(6076)
Brecht, Das Leben des Galilei. (H. Knust)	(6084)
Brecht, Der kaukasische Kreidekreis (S. Mews)	(6082)
Dorst, Toller. (R. Taëni) 83 Seiten	(6077)
Dürrenmatt, Der Besuch der alten Dame (G. M. Labroisse)	(6080)
Dürrenmatt, Die Physiker. (G. P. Knapp)	(6079)
Frisch, Biedermann und die Brandstifter (G. Jordan)	(6085)
Hofmannsthal, Jedermann. (H. Müller) 67 Seiten	(6366)
Kipphardt, In der Sache J. Robert Oppenheimer. (F. van Ingen)	(6078)
Sartre, Die schmutzigen Hände. (V. Sabin) 87 Seiten	(6365)
Shaw, Die heilige Johanna. (J. Hardin) 67 Seiten	(6075)
Sternheim, Die Hose. (J. Ukena) 74 Seiten	(6364)
Weiss, Marat/Sade. (G. Weinreich) 64 Seiten	(6074)
Zuckmayer, Der Hauptmann von Köpenick (S. Mews) 87 Seiten	(6363)
Zuckmayer, Des Teufels General. (S. Mews) 77 Seiten	(6367)

Diesterweg